从卢梭到尼采

耶鲁大学公选课

[美]弗兰克·M.特纳/著

[英]理查德·A.洛夫特豪斯/编

王玲/译

FRANK M. TURNER

EDITED BY
RICHARD A. LOFTHOUSE

本书第一章、第三章至第六章、第九章至第十五章由王玲翻译；第二章、第八章由王美玲翻译，第七章由雷晓嫒翻译，全书统一由王玲校对修订。

纪 念
弗兰克·M. 特纳
1944 — 2010

生命及其蕴含之力能，最初由造物主注入到寥寥几个或单个类型之中；当这一行星按照固定的引力法则持续运行之时，无数最美丽与最奇异的类型，即是从如此简单的开端演化而来，并依然在演化之中；生命如是之观，何等壮丽恢弘！

——查尔斯·达尔文，《物种起源》

"为了使我更加有用,我是不是现在就可以做些准备?我想学学拉丁文和希腊文的念法,使我能够为你朗读这些书,尽管我不懂得它们的意义,就像弥尔顿的女儿为她们父亲所做的那样,这成吗?"

"对你而言,这恐怕是一件吃力的事,"卡苏朋先生回答,笑了笑,"真的,要是我没有记错,你提到的那几位小姐,就为了要念她们不懂得的语言,反抗过她们的父亲。"

"是这样,不过,首先,她们都是淘气的女孩子,要不然,能够帮助这么一位父亲,她们应该感到自豪;其次,她们应该好好学习,使她们懂得她们所念的东西,这样就会发生兴趣了。我想,你不致希望我成为一个淘气而愚蠢的人吧?"

——乔治·艾略特,《米德尔马契》

因此问题不在于怎样重建贵族社会，而是如何使自由从上帝为我们安排的民主社会中生发出来。

——阿历克西·德·托克维尔，《论美国的民主》

编者前言

本书源于耶鲁大学一门本科课程，授课内容一共十五讲。作者弗兰克·特纳是耶鲁大学约翰·海·惠特尼历史学讲席教授，他积多年之功，倾注于此课。众人口中以编号"历史271"亲切相称的，便是历史系开设的这门人气旺盛、选者云集的课程。选课学生一贯超过百人，所以弗兰克每次至少可招六名助教，本书编者便是其中一员。授课方式是教授每周一次面向所有学生讲授，再由助教们（均是博士生）分节讲解，通常是晚上在较小的研讨室里进行。弗兰克对待所有助教都如同未来的同事，很珍视闲谈间得到的反馈，保证了此门大课的品质。他每周都请助教们去吃"Yorkside Pizza"，那是一家位于约克街的老式餐馆，而且总是他买单。他开玩笑说，大多数人显然出于客气，强忍馋虫，点的都是清淡的金枪鱼沙拉，但总有某位助教会无所顾忌，叫上炸鸡三明治和大份薯条，或许还有什么甜点。此处抖出的这些趣闻轶事，想说明的不仅是弗兰克的慷慨（总是他请客），还有他得体的幽默——这门课的教学始自20世纪90年代，恰逢研究生政治在耶鲁大行其道。

弗兰克身上尤其体现了耶鲁历史系的强大传统，这也能从北美其他文科名校得到呼应，包括弗兰克本科就读的那所著名大学——地处弗吉尼亚州的威廉玛丽学院。这种学术传统包括运用既不晦涩又很学术的方式来描述诸多观念，此为更专深研究之前提。关于耶鲁大学思想史传统的确切起源还不甚清楚，不过，弗兰克的直系前辈暨博导富兰克林·勒·凡·鲍默（Franklin le Van Baumer, 1913—1990），以亲历者的身份见证了20世纪中期历史系的脱胎换骨，他是耶鲁这一研究方向的现代缔造者。他对研究历史的人太多颇有微词。给鲍默写生平的人指出，他"拒绝固守某一种历史哲学"，只提供"原始材料给学生，鼓励他们形成自己的哲学观"。特纳延续其师路径，常常打趣说思想史最好是历史而不是思想。在本书所呈现的这些课堂讲授中，他仍是把原始材料放在首位，从不羞于大段引用材料，而非代之以自己的描述。

弗兰克善于以大量的图片来展示史实，尤其是在讲解第十三章关于性别角色的内容时。他还会运用艺术，找来那些能够引发美感共鸣的绘画，在课堂上展示。在讲解瓦格纳（Richard Wagner）时，弗兰克明白不能仅仅描述音乐，所以他带了一部便携CD播放机，播放歌剧《汤豪舍》（*Tannhauser*）高亢的乐章或类似片段，并适时调节音量，避免让整个大讲堂都震荡着乐音，只是将在座的学生带入一种略微激动的状态。正如他后来所讲，这些怪趣的效果是修过这门课的学生最为津津乐道而念念不忘的。

这一课程最突出之处是它的严谨，这一点是经年努力而形成的，也体现在了本书中。特纳既没有把教育与娱乐混淆，也没有过度表现他本人的专精学术而让课程失去平衡与全面。例如，他对英国牛津复兴运动主要人物约翰·亨利·纽曼（John Henry Newman）很有研究，在2002年还出版了纽曼的思想传记，影响深远，但在本书中却只是简略地提及纽曼；弗兰克讲到马克思时，也未曾流露出对这个德国哲学家一丝一毫的愤恨，他只想让马克思摆脱人们在其身后形成的观念成见。不管所讲到的思想家如何为人诟病或者有多麻烦（他常开玩笑说，"你可以说你怎么喜欢尼采，但你真的没法带回家给妈妈"），他总是只专注于讲解他们在其时代背景下究竟想要说什么，同时会设身处地去思索他们的影响。

当然，弗兰克的博学在本书中也处处可窥，尤其是第六章谈及历史化的自然，特纳视其为达尔文进化论必然的思想先导，故而紧随其后便是第七章的内容。在这两章中，弗兰克慧眼独具，以史料说明达尔文终其一生对威廉·佩利（William Paley）及自然神学均态度亲近，并无敌意，尽管两者当时已招致否定而被弃之不用。

只要你仔细聆听，弗兰克的冷幽默会层出不穷。听他简明地讲述了理查德·瓦格纳那令人炫目的飞黄腾达，以及人们对他的狂热之后，紧接着我们得知，"次年瓦格纳在威尼斯去世，他最后的居所成了当地的赌场"。去一趟威尼斯就会知道这一点，你可以想象弗兰克找到这个细节时的欣喜。他不时地会把一组事实与另一组事实冷静地放在一起对比，听众们都会心地笑了，而弗兰克却从不带倾向性。正如他所认为的，历史的探索是严肃的，不可轻浮。当然，他从未忘记他的年轻听众，所以会特意在讲课中点评人类所经历的某些荒谬之事。

闪耀的眼眸伴随着犀利。举个例子，在首讲之初，我们被一种独特的观点惊呆了，"是卢梭挑起了文明人对自己文化的憎恶"。如果说这一评价透露出一种文化保守主义的立场，那只是因为弗兰克希望他的学生对流行理论及运动保持警醒。他心中秉持的历史学家的使命，就是揭露假话背后的真相，如其所是地让研究对象呈现出来，祛除眼下及过去的虚妄。

2010 年弗兰克突然离世，令人悲痛万分，一项伟业戛然而止，也使得他在系列专著《耶鲁西方思想史》（*The Yale Intellectual History of the West*）所承担的文卷无法面世。这一套书力图依照时间之序来展开西欧从中世纪早期至今的思想历程和观念发展，其中三卷由科利什（Colish）、鲍斯玛（Bouwsma）与伯罗（Burrow）执笔，分别负责公元 400 年至 1400 年、1550 年至 1640 年、1848 年至 1914 年三个不同时段。弗兰克的这一卷应为《革命时代的知识分子，1750 年至 1860 年》（*Intellectuals in a Revolutionary Age*，*1750-1860*）。这本未竟之作无疑会取自这门课，尽管如此联系纯属个人揣测。鉴于弗兰克原定著作的空缺，这门课程当属珍贵异常的记录。

本书选择的三则题记反映了弗兰克对这几位作者的认同：弗兰克非常尊敬达尔文，因为面对着各种各样大发现却又无法安顿的知识，达尔文尽其可能地守护着文明。之所以要引用乔治·艾略特，是因为弗兰克一生都在捍卫妇女和少数族群的权益，在讲社会性别那堂课上，他总是提醒听者，好像随意地自言自语，又带着丝毫不减的惊异：在记忆犹新的不久以前，这个课堂还清一色全是男生。再者，他欣赏托克维尔对民主之现实性的高见，随着冷战结束、苏联解体，弗兰克对民主有了新的认同。

本书所发表的是2003年至2004年之间的授课。当时的录音和内容都保存了下来，所有主要引文均已核实并准确标注，在必要时，所用的材料及译文都更新为最新的学术版本。推荐阅读书目也是全新的，反映了近年来的增补，以更好地实现本书的初衷：给学生、研究者及广大读者提供诸多理念的宽广阐释，以便我们理解自己生活于其中的21世纪。

本书的筹备工作得到了两位牛津学者的鼎力相助：亨利·米德博士（Henry Mead）和约翰-保罗·麦卡锡博士（John-Paul McCarthy），编者在此对二位致以最诚挚的感谢。还要鸣谢牛津大学贝利奥尔学院的西蒙·斯金纳博士（Simon Skinner）的鼓励和高见。编者还希望感谢好友及在纽黑文的耶鲁博士同窗帕利·阿格纳（Parley Agner），他核对了保存在斯特林图书馆里的耶鲁历史系记录；感谢费尔菲尔德大学校长杰弗里·P.冯·阿克斯神父（Jeffrey P. von

Arx），他曾是富兰克林·勒·凡·鲍默的博士生，与弗兰克同辈，提供了对鲍默的回忆。深深感谢弗兰克的遗孀，尊敬的艾伦·蒂洛森（Ellen Tillotson），她将讲课记录从电脑硬盘中抢救出来，既给予编者充分的自由，又不断鼓励。最后要感谢耶鲁大学出版社，尤其是伦敦分社总经理罗伯特·鲍多克（Robert Baldock），在本书编写出版的整个过程中，他不断勉励，惠赐良多。

理查德·A. 洛夫特豪斯
2014 年于伦敦

目 录

第一章	卢梭对现代性的挑战	001
第二章	托克维尔与自由	027
第三章	小密尔与19世纪	047
第四章	主体性转向	069
第五章	中世纪主义与文艺复兴的发明	089
第六章	历史化的自然	111
第七章	达尔文与创造论	135
第八章	马克思与先进的工人阶级	161
第九章	对艺术家的膜拜	181
第十章	民族主义	205
第十一章	种族与反犹太主义	231
第十二章	瓦格纳	255
第十三章	分隔两性领域的意识形态	275
第十四章	信仰之今昔	299
第十五章	尼采	323
注 释		355
人名简释表		365
延伸阅读		383
索 引		391

第一章 卢梭对现代性的挑战

让-雅克·卢梭（Jean-Jacques Rousseau，1712—1778）可谓是欧洲现代思想之源。尽管他不是这段时期的唯一人物，但却是最重磅的。艾萨克·牛顿（Isaac Newton）无疑在科学方面更重要；伏尔泰（Voltaire）以其批判理性与辛辣讽刺为其时代创立制度提供支撑之力量；大卫·休谟（David Hume）使经验主义传统那些似是而非的确定性受到质疑；孟德斯鸠（Montesquieu）的《论法的精神》堪称18世纪最具影响力的政治哲学之作；亚当·斯密（Adam Smith），我们将看到，他重塑了经济思想之魂；伊曼努尔·康德（Immanuel Kant）开启了众所周知的哲学上的哥白尼革命。然而，18世纪最具争议又无法绕开的思想家，卢梭确为不二之选。

卢梭做了什么呢？他建立了知识分子的观念及其文化作用，这不单对西方，于世界大部分区域的现代文化亦颇有影响。他使得知识分子不再单单是有影响力的作家，而为知识分子确立了社会角色和社会功能，即做一位疏离于他/她的社会的批评者，同时又深深扎根于其社会中生活。过去，基督宗教的牧师与教士及犹太教拉比们，一直是从宗教或神圣授命的角度谴责人间的罪与恶，而卢梭将对人间的审判置于人间之中。自卢梭而始，非宗教的欧洲知识分子们和作家们就将评判社会、为社会之罪恶寻求解决方法作为自己的权利，甚至视为自己的责任。他们所看到的社会之罪恶，其实与那些伟大的宗教传统所指出的罪恶，已然发生了彻底的转化。与宗教传统迥然相异，卢梭所指出的转化会发生在历史之中，或曰发生在世纪之中，却已不是在永恒生命的语境中了。

卢梭也为知识分子建立了新的个人立场。他可以被视作是真诚之父。虽然卢梭绝非强调真诚之重要性的第一人，可他却是最以真诚之态度打动读者的人，还没有其他作家堪为其匹。对卢梭而言，他自己以及他之后的作者和社会批评家之所以有权去评说，正是源于真诚。他从两个途径建立起这种真诚：其一，在他的《忏悔录》（*Confessions*）中，卢梭袒露了不少个人生活细节，这比之前的欧洲作家们都要更敞开。他向读者们展示了自己的童年；性生活经历，暴露了自己身体的私密细节；还有他的交友、他的情人们，他的背叛，他的恐惧，他的不安，他的软肋。他说他不会有意回避任何方面。读者可以自己判断是否如此，可卢梭似乎是毫无遗漏地坦陈了自己的一切。其二，他将情感置于理智之上，以加固这种真诚。在卢梭的笔触间，他更倾向于展露自己的情感，呼唤读者们的情感而不是读者们的理性。

然而，可能是他一生真正爱过的唯一女性，在她的暮年，如此描绘的这个人，又是谁呢：

> 他那么丑陋，足以吓到我，生活也没有让他更有魅

力。但他是个可怜人,我温柔和善地对他。他就是个有意思的疯子。[1]

让-雅克·卢梭于1712年生于日内瓦。他的家庭信仰新教,出生时正值共和国——他在"论文二"(*Second Discourse*,即《论人类不平等的起源和基础》——译按)的简介中曾称赞过。他到三十好几岁还只是个落魄的杂家,曾做过秘书、乐师、乐谱的抄写员、侍从等诸如此类的工作。他同若干女性有不少风流往事,这在他的《忏悔录》中都有表露,这些情节恐怕当时的人都会引为羞惭。在这些年中,他有一段长期的交往关系,并做了五个孩子的父亲,后来这些孩子一个个都被送到了孤儿院里。近四十岁时,卢梭写了一部成功的歌剧,得到了法兰西国王的赞誉,又与德尼·狄德罗(Denis Diderot)建立了工作关系,为狄德罗主编的《百科全书》(*Encyclopedia*)提供了音乐方面的词条释义。尽管如此,卢梭还是把他人生中的前四十年看做是落寞的、不被欣赏的、失意的。不过,他确实有着脆弱的性格。

1750年,狄德罗在樊尚的监狱中囚禁数月,卢梭打算去探望他的朋友。在前往樊尚的路途中,卢梭决定参加一个由第戎科学院举办的征文比赛,随后即以他的"论文一"(*First Discourse*,《论科学与艺术的复兴是否有助于使风俗日趋纯朴》——译按)赢得了征文比赛。稍后我将充分讨论这篇文章。卢梭在文中决意主张艺术和文学对人类进步没有任何作用,由此而声名鹊起。之所以能瞬间成名,主要是由于卢梭抛弃了（或者说挑战了）他文化中已被普遍接受的观念，标新立异。一个无名小卒找到了如何成名享誉之路。在此后的十二年中，卢梭写下了他最负盛名的几本著作。

他后期过着一种简单的生活。穿着简单，到后来不论去哪里就只穿长袍。他写下了《忏悔录》并在有生之年发表，然而人们对它的阅读却是持久不衰的。他将自己转变为一种外显人格。他成名之后，得以出入巴黎最高端的沙龙，并得到英国的赞助（包括一份王室津贴），可卢梭却摆出一副被迫害的形象。他认定到处都是敌人。不假，他是面临不少批评——很多批评声来自启蒙运动，如伏尔泰——但卢梭坚持说是路易十六的国务大臣谋划迫害他。只有生活在他身边的人才了解卢梭的被害妄想；而欧洲的读者们知道的只是卢梭书中所表现出的那个形象——一个真诚的、情感化的、率直的人——人间的先知。恰恰这后一种人格形象在法国大革命中受到尊敬，他的骨灰得以存入先贤祠。这后一种人格形象在18世纪后半期被顶礼膜拜。正是卢梭站在知识分子的角度造就了对自己文化的憎恶。

卢梭的《爱弥儿》（*Emile*，1762年）是一部关于教育的长篇小说论文，他视之为开启他思想的钥匙。故此，我们最好从此篇开始，随后再回溯他之前的作品，以便理解他在18世纪中期所达到的见地——这一时期欧洲刚刚经历了奥地利王位继承战争和英法七年战争，被无常不安所笼罩。在《爱弥儿》第一卷中，卢梭说：

由于不得不同自然或社会制度进行斗争，所以必须在教育成一个人还是教育成一个公民之间加以选择，因为我们不能同时教育成这两种人……自然人完全是为他自己而生活的；他是数的单位，是绝对的统一体，只同他自己和他的同胞才有关系。公民只不过是一个分数的单位，是依赖于分母的，它的价值在于他同总体，即同社会的关系。好的社会制度是这样的制度：它知道如何才能够最好地使人改变他的天性，如何才能够剥夺他的绝对的存在，而给他以相对的存在，并且把"我"转移到共同体中去，以便使各个人不再把自己看做一个独立的人，而只看做共同体的一部分。罗马的一个公民，既不是凯尤斯，也不是鲁修斯，他就是一个罗马人……凡是想在社会秩序中把自然的感情保持在第一位的人，是不知道究竟想要什么。如果经常是处在自相矛盾的境地，经常在他的倾向和应尽的本分之间徘徊犹豫，则他既不能成为一个人，也不能成为一个公民，他对自己和别人都将一无好处。我们今天的人，今天的法国人、英国人和中产阶级的人，就是这样的人；他将成为一无可取的人。[2]*

---

* 〔法〕卢梭：《爱弥儿：论教育》，李平沤译，商务印书馆1978年版，第9—11页。

需要说明的是，本书正文中的注释均为译者注，原书注释单独放在正文之后。

不仅在此处，卢梭的所有作品中皆有一系列的二元对立，他也把克服这些二元论视为自己的义务：人—公民；自然—公民社会；古代—现代；偏好—责任；片面的社会存在—整体的社会存在。对卢梭而言，现代社会的最基本特征就是这些紧张关系和矛盾。我们所有人都已然相当熟悉这些二元对立，因为我们及我们所阅读的许多其他作家和哲学家，统统都是卢梭的子孙。

卢梭在18世纪50年代到18世纪60年代间所发展出的观点对现代西方思想至关重要。简而言之：**现代社会具有某种特性，它要么使人丧失人性，要么令人无法实现他的人性**。这一观点成了现代思想的基本观念。我们接下来将关注其中的几个方面。

为何人类会在社会关系中遭遇不幸与邪恶？宗教的解释，或者更确切地说是基督教的解释，被卢梭上面的观点暗暗地抛弃掉了。基督教的作家们，不论是罗马天主教还是新教，都把人类社会的种种错误归咎于原罪。人类因由自己传自始祖以来的罪恶天性，无法协调地彼此相处，无法在人群中融洽，无法与上帝和谐。基督教背景作家之间的分歧，只是原罪如何以及在何种程度上作用于人类，但他们都认同人类的问题是源于其有罪。关于人类之罪的解决方案，大概是一个强有力的政府以抑制人的反社会行为，基督教会担负起为社会秩序提供道德指引的重任，以及对被上帝拣选以获得永生的信念。这些基本上都是卢梭的同代人乔纳森·爱德华兹（Jonathan Edwards）、约翰·卫斯理（John Wesley）的观点。

卢梭认为人类社会使人类失去人性，这个观点也与当时欧洲社会非基督教的观念相悖。我们下周学习亚当·斯密时再充分讨论这个问题。当时，绝大多数的启蒙思想家相信，理性在大众生活中的传播，加上科学及经济的发展，将使人类更健康、更幸福、不再相互伤害，可卢梭却否定了这种解决人类冲突和不幸的办法。换言之，卢梭不仅反对宗教观念，更与当时世俗的、非基督教的观念截然对立。

留心这种对立非常关键，因为人们对现代精神生活有严重误解。学者及评论家们长期倾向于把现代精神文化生活视为宗教与世俗观念之间的争斗。教俗之争确实存在，但只是全景中的一部分。现代精神生活中还存在着宗教范围的思想纷争以及世俗范围的众说纷纭。卢梭在这两个阵线中皆有争持，因此是一个关键人物。他的著作，或同时或轮番被日内瓦教宗及巴黎毁禁，又受到伏尔泰门徒的声讨。

回到1750年的卢梭，看他的论文"……**关于这个问题……论科学与艺术的复兴是否有助于使风俗日趋纯朴?**"第戎科学院提出这个题目的要点在于，14世纪以来欧洲精神生活的发展——文艺复兴与科学革命——是否真的让欧洲人的道德品质变好了。几乎所有的欧洲知识人，包括基督教背景的，都会做出肯定的回答。的确，在接下来的章节中我们将看到，历史学的整个理论都是建立在这个前提上的。

7　之前数个世纪,欧洲的精神和社会都被认为是进步的,卢梭却一反常论,提出退步的观点。值得注意的是,从卢梭之日至今,退步论一直强烈吸引着西方的兴趣。卢梭对比了物质进步及其文明作用与他认为的道德衰退。卢梭所做的乃是重新定义了争论的用语。物质进步如果伴随着道德衰退,或更严重地,直接引起道德滑坡,则物质进步与文明发展无关。更进一步,卢梭认为文明、礼仪、科学及启蒙的出现一定会带来道德衰退。在被文明潜移默化塑造之前,"我们的风尚是粗犷的,然而却是自然的;从举止的不同,一眼就可以看出性格的不同"。[3] 卢梭并不认为欠缺文明的状态更好,他认为那更真,在实质和表相之间没多少矛盾。对他而言,社会就是个假相与造作的世界。人们之间的关系如此无常,因为我们根本就不了解那些与我们有关系的他人。卢梭解释:

> 是怎样一长串的罪恶在伴随着这种人心莫测啊!再也没有诚恳的友情,再也没有真诚的尊敬,再也没有深厚的信心了!怀疑、猜忌、恐惧、冷酷、戒备、仇恨与背叛永远会隐藏在礼义那种虚伪一致的面孔下边,隐藏在被我们夸耀为我们时代文明之依据的那种文雅的背后。[4]

体面所带来的是道德堕落与虚伪。在卢梭看来,随着"我们的科学与我们的艺术……趋于完美"[5],造就了一个虚假的世界和伪善的社会表象。卢梭甚至说,"随着科学与艺术的光芒在我们的地平线上升起,德行也就消逝了,并且这一现象是在各个时代和各个地方都可以观察到的"。[6]卢梭在各个时代和各个地方都发现了这种堕落。

然而,在知识与文明的衰落上有一个例外,那就是古代斯巴达。卢梭这样写斯巴达:

> 我难道会忘记,就在同一个希腊的境内我们也看见了另一个城邦的兴起,它的名闻遐迩就正是由于它那幸福的无知以及它那法律的贤明,它简直是个半神明的共和国,而不是人世上的共和国了。他们的德行显得是多么的超乎人世之上啊!啊,斯巴达,你永远是对空洞理论的羞辱![7]

这段话通常会令现在的读者感到讶异甚至震惊,如果他们对斯巴达黩武好战的可怕名声比较熟悉的话。

卢梭认为,斯巴达人延续着一种人性化的模式,与现代模式全然不同。斯巴达人——他们的奴隶制,他们的战士组织,他们的共有制生活,他们对于艺术柔化作用的拒绝,他们科学发展的失败,他们凶悍的精神——所有这些聚合成一个在卢梭看来完全不同于现代人类生活的模式。他们证明了一个人类社会可以是实质与表象统一的,人们可以是充分融入共同体的,这种社会是存在的。在斯巴达人快活的无知中已具备的美德,现代人却在艺术、科学、理性和奢靡中丧失了。

卢梭将沉思与哲学的生活看做是无用的公民所干的事，他们对共同体几乎没什么贡献。这些有知识、有理性的人到处用那种理性破坏共同体的信仰与道德：

> 他们鄙夷地嘲笑着祖国、宗教这些古老的字眼，并且把他们的才智和哲学都用之于毁灭和玷污人间一切神圣的事物。这倒不是因为他们从心底里仇恨德行或者我们的信条，而是因为他们仇视公认的见解，所以要想使他们回到神坛底下来，只要把他们流放到无神论那里去就行了。专求标新立异的人，还有什么事情做不出来呢！[8]

卢梭接着就对现代提出了最关键的批评：

> 古代的政治家从不休止地讲求风尚与德行，而我们的政治家则只讲求生意和金钱。[9]

卢梭力图将古代斯巴达与现代世界相对比，古代斯巴达以其军事优势和宗教价值观念确保了德行的繁盛，而在腐化的、奢靡的现代世界里，一切都以金钱和商业来衡量。卢梭想让现代政治家们明白"人们虽可以用金钱获得一切，但却决不能获得风尚与公民"。[10]卢梭不断地力劝当时的人去思考古代淳朴的生活，那是由美德引领着政治与社会生活的。他谴责现代和现代教育，把人引向了孱弱的体格、道德的败坏、军事纪律与价值的丧失，以及对责任的漠视。现代的问

题是:

> 我们有的是物理学家、几何学家、化学家、天文学家、诗人、音乐家和画家,可是我们再也没有公民,或者说,如果还有的话,也是分散在穷乡僻壤,被人漠视和轻蔑而终于消逝。[11]

卢梭在"论文一"的结尾,赞扬了伟大的天才人物如培根和牛顿,但他认为他们都是特例,不能成为普罗大众的典范。对大多数人而言,生活的目标应当是德行,而并非去过一种智识、理性的生活。

1754年,卢梭写了《论人类不平等的起源和基础》,此书通常被称做"论文二"。它是18世纪最激进、最有影响力的著作之一。"论文二"论述了我们这门课将会讲到的几种历史观中的第一种。在这篇文章中,卢梭试图解释人类社会中如何存在不平等,讲述了人类从自然状态的纯洁堕落到社会状态的邪恶的过程。在此过程中,人类从以同情之情感为主导的生物,堕落成以虚荣情感和虚妄认知为主导。同样在此过程中,人类从一个真实的世界堕落到一个虚妄的表象世界。基督教讲人类从伊甸园堕落,而卢梭为基督教解释建立了一个世俗的版本。

由于我后面的课还会讨论这个话题,这里就不多说。我想强调的是在"论文二"的开篇,就区分了两种不平等。一种是"自然的或生理上的(不平等),因为它是基于自然,由年龄、健康、体力和心性特质的不同而产生的",而"另一种可以被称为精神或政治上的不平等,因为它起因于一种协定,基于人们的同意而建立,或者至少它的存在为众人所认可"。[12] 在其他著述中,卢梭继续用这种区别来划分各种各样的不平等,最显而易见的就是男女不平等。

在迅速作出这种区分之后,卢梭给出了一个可能是他最有名的观念,即他所认为的自然状态。关于自然状态的理念,早非新鲜话题。不少人已经探讨过自然状态,认为人类曾经如此那般生活过。古代神话也讲述着黄金时代,或是所称的上古史纪。在卢梭的时代,有两种关于自然状态的学说最有名:一是托马斯·霍布斯(Thomas Hobbes)于1650年在《利维坦》(*Leviathan*)中探讨的;另一是约翰·洛克(John Locke)于1690年在《政府论(下篇)》(*Second Treatise of Government*)中描述的。

洛克把自然状态描绘成一个这样的时代:社会中有大大小小的社会组织,人类生活于其中,并且或多或少依凭着他们的自然理性。在洛克的自然状态中,人们需要的是一个类似于仲裁者的政府。换句话说,在出现政府机构以前,洛克的人类是社会化的,但也是没有规矩的。

霍布斯的自然状态全然不同。在霍布斯笔下,人类是贪欲和争斗的生物。他们骨子里就反社会,必定会落入彼此残酷的斗争中。霍布斯以"肮脏、粗野而短暂"[13] 来形容这个自然状态下的生活。霍布斯认为,由于人类有一种与生俱来的对死亡的恐惧,他们最终会为了人身安全和财产安全而建立一种绝对政府,以此来制约他们反社会的倾向。

针对霍布斯,卢梭建立了自己的自然状态说。他写道:"所有研究过社会基础的哲学家们都认识到了回归自然状态的必要性,但他们没有一个人达到这种状态。"[14]卢梭试图超越洛克和霍布斯去探索更遥远的人类历史。他会穿过洛克及霍布斯所说的自然状态追溯人类的历史,但在卢梭眼里,洛克和霍布斯的自然状态并非自然状态,而是人类离开自然状态之后的人类社会阶段。卢梭说:"他们在讨论原始状态的人,但描绘的却是文明人。"[15]

对卢梭而言,已存的人类社会不管多么原始,或用他的话来说"野蛮",都无法显示人类的自然状态。故而,他的自然状态是一个彻底的政治寓言,那是一个与文明社会中的人类之恶相对照的思想背衬。在卢梭的自然状态中,人类都是一个个游荡的个体,彼此实质上没有什么交流联结,无法被称为"社会"。他们发生不稳定的性关系,产下孩子,父母双亲之间却没有长期的关系。因此,他的自然状态既非一个简单社会,也非一个纯洁社会。它根本就不是一个社会。这是重点。这个状态可以有很多好处。人类不在任何重要意义上需要彼此,他们全然独立。他们健康而强壮。原始人除了自我生存之外别无其他考虑。这些人类与动物的区别是他们有能力成为自由主体。在这种状态下,人类受情感左右而不为理性控制。在这方面,卢梭与同时代的大卫·休谟同声相应，休谟早几年写道："理性是激情的奴隶。"不仅如此，在自然状态下人类毫无远虑。人类在卢梭的自然状态中不具备任何人性应当具备的特征，卢梭设想他们只是具有潜能的生物，而没有任何确定的个性。换言之，在卢梭的自然状态中，人性根本上是模糊不定的。

在自然状态中人类之所以能免于行恶，是由于其内在的怜悯心，一种先于理性的本能。人们会出于怜悯心而对其他生物产生同情，避免伤害他们。怜悯心调节着人类的行为，也调节着人类的自爱之情。此外，在自然状态中，还避免了社会存在的其他邪恶，例如在拿自我和他人相比较中所生出的虚荣、轻蔑、愤怒。卢梭说：

> 那时的野蛮人在森林中流浪，没有工作，没有语言，没有住所，没有战争，人与人之间也没有任何关系，他对于同类没有任何的需求，相应也没有任何伤害他人的愿望，甚至他很可能无法辨认同类中的任何一个。他的情欲如此之少，并且能够自给自足，因此他只拥有适合于这种状态的情感和知识。他所感觉到的仅仅限于自己真正的需要，所看到的仅仅限于他认为有必要看到的东西，他的智力不会去追索他认为无价值的东西。如果偶尔有所发明，由于他连自己的孩子都不能辨认，所以不能将发明传授给他人。技艺随着发明者的逝去而消失。在这种状态中，既没有教育，也没有进步；人类一代一代毫无意义地繁衍下去，每一代都从同样的

起点重新开始,若干世纪都在原初时代中度过,人类虽已古老,却依然处于童年。[16]

在这一全然未开化、无所进步的状态中,人类是自由而淳朴的。

他们自由而淳朴是因为他们还没有涉入各种切要的社会关系中。在卢梭看来,是社会导致人类从所谓的至福状态中堕落。但请注意,"社会"意味着我们大多数人以及卢梭之前的作家们所认为的那种正常甚而是自然的社会交往。并不是充分发展之后的社会败坏了人类,毋宁说,是从初始以来的社会化过程败坏了人类,尽管社会在卢梭的眼里无疑成了更腐坏的东西,因为随着社会的发展,它带来更大的不平等,因此也有了更多的压迫。

人类是怎样一步步堕入社会并丧失掉根本人性的呢?[17]

1. 人们发现他们必须劳动及工作。他们发现世界上至少有一些地方自然资源匮乏,他们必须劳作才能养活自己。这个过程就推动他们建立社会互动的早期形式。

2. 接下来就发生了重要的技术变革,形成了家庭和村落。这些组织是为了解决人的基本所需,可是人类却发现他们的需求在增长,社会建构滋长了他们与别人相互比较的倾向。这两个阶段都让人类进入了反思的过程中。即便在这样的友善社会里,人们也很快就开始相互比能力、比财物、比相貌。虚荣的种子已经播下。

3. 下一阶段，友好的父权社会消失了，分工更系统、更广泛。人们从自然经济过渡到可生产出超过所需的经济。如此即埋下了奢侈的种子。卢梭说：

> 冶金和种植是两门带来巨大变革的技艺。令人类文明化又毁了人类的，在诗人看来是上帝与银子，但在哲学家看来乃是铁与麦。[18]

4. 这些造就了人类劳动的一种模式：工作的人首先可以获得他们的劳动果实，接着可以索取他们所劳动的土壤或地方。这里我们实际上处于洛克所谓的自然状态——那些勤奋聪明的人为他们自己开拓了土地占有权和财产保有权。然而在卢梭看来，这样一个快乐友好的洛克式自然状态是倏忽而过的。不待多时，因财产权而起的争吵将导致激烈的冲突，就类似于霍布斯的自然状态了。为避免冲突，那些强壮、富有的人说服那些孱弱、贫穷、愚蒙的人，让后者相信他们需要一个政府。政府则维护既有的不平等。关于财产的那些权利是非自然的，之前并不存在，它们是那些富人、占有者、强壮者们所设计发明的。用一位研究卢梭的杰出学者让·斯塔罗宾斯基的话来说，"我们都是这个愚蠢约定的后代，它消除了显在的暴力，结束了所有人对所有人的战争，但取而代之的却是虚伪隐性的暴力，即对富人有利的协约。"[19]

暴力与混乱的结果就是政治与经济的不平等。这也是一个充斥着罪恶、压迫、伪善以及虚假表象的社会。然而卢梭并不认为人类能够回到自然状态，也不认为人类有可能回得去，甚至不认为应该回去。人类脱离自然状态的历程，就如基督教观念中从伊甸园堕落那样决然，那样无可逆转。

卢梭所坚持的是人类社会应当有所转变，以弥补从自然状态中所丧失的东西。人性必须通过政治过程来重建，使现在的人性与活在自然状态中一样好，甚至更好。与基督教观念不同，这种根本性的转变必须无神圣介入，它必须发生于人类自身，发生于历史过程之中。

"论文二"是欧洲文化批评的开山之作之一。欧洲人目睹了自己社会中的邪恶，卢梭用历史学和人类学分类的办法为此提供了一种看似颇真的解释。只要是能识字的人，他们日常生活中所体会到的不平等、压迫和虚伪，卢梭皆为之提供了解释。人所遭遇到的几乎一切政治、社会问题，他都对其本质予以谴责。如同基督教认为人类充满罪恶，卢梭从世俗的角度抨击现代欧洲社会是卑鄙的、缺陷的、邪恶的。而且，这种文化不能被轻易改变，它必须从根部转化。

卢梭以他的方式，为针对现代商业文化及现代知识文化两方面的道德谴责奠定了基础。卢梭的谴责还特别有延展性，可以用在批评政治腐败、贵族奢享、商业侈靡以及一切压迫上。

卢梭在1762年出版的两本书中给出了他自己的解决方案，即《社会契约论》和《爱弥儿》，前者为政治乌托邦奠定了基础，后者为教育乌托邦奠定了基础。卢梭在《爱弥

第一章　卢梭对现代性的挑战

儿》中大篇幅讨论了他对年轻人的教育方案,摒弃被社会败坏的教育。你可以想象这是一种孤独教育,并且更强调感受。在这本书中卢梭开始表明对性别和宗教的观点,我将在后面的课程中再谈。

《社会契约论》在19世纪和20世纪读者很多,相比而言18世纪就少得多。其开篇是被广泛引用的名句:

> 人是天生自由的,但却无往不在枷锁之中。自认为是其他一切的主人的人,反而比其他一切更是奴隶。这种变化是如何形成的?我不清楚。是什么使得这种变化成为合法的呢?我自信能够解答这个问题。[20]*

他开始为人类所处的种种枷锁辩护并使之合法化。正如他所说,"……社会秩序是为其他一切权利提供了基础的一项神圣权利。然而这项权利决非出自自然,而是建立在约定之上的。"[21]** 卢梭试图给出整套约定的原则,为人类臣服于社会法律提供合法性基础。他不是认为他所生活的社会败坏而不合法吗?怎么可能为这样一个社会建立合法基础及合法政府呢?

他辩称,唯一合法的社会是尊奉人之自由的社会。他说:"放弃自己的自由,就是放弃做人的资格,就是放弃人

---

* 〔法〕卢梭:《社会契约论》,何兆武译,商务印书馆1980年版,第8页。
** 同上注,第8—9页。

类的权利，甚至就是放弃自己的义务。"²² * 要有这样的社会，必定曾经有那么一个时点，所有人——卢梭应该想的只是所有男人——达成了全体一致的约定。这一社会契约使人类既是共同体的一部分，又依然是自由的个体。他解释：

> 我们每个人都把自己及自己的全部力量共同置于公意的最高指导之下，并且我们在共同体中接纳每一个成员作为全体之不可分割的一部分。²³**

通过这一行动创造了一个集合道德体或称一个道德共同体，不再是一个个孤立的人。卢梭认为，人类只有通过结合成共同体并让私利从属于这个共同体，才能成为道德人。自由则被限定在与共同体之公益相符的行为上。某些成员的特殊想法及私人利益则是共同体的危害。为了维持社会契约，公民的个人想法应当服从于公意。在现代欧洲思想中，卢梭有一段话广受非议：

> 因此，社会公约为了不至于成为一纸空文，它就默含着这样一种保证——这一保证可以使其他规定有力量——即谁拒不服从公意，全体就要迫使他服从公意。这即是说，人们要迫使他自由。每一个公民都归靠于祖国，从而保证他免于各种人身依附——这是使政治机器

---

* 〔法〕卢梭：《社会契约论》，何兆武译，商务印书馆1980年版，第16页。

** 同上注，第24页。译文略有调整。

灵活运转的条件,也只有它才能使社会众规约合法;没有这一条件,社会规约便会是荒谬的、专横的,而且会导致最严重的滥用。[24]

在卢梭看来,人类从自然状态转变为公民社会,公意的集体强制执行才具有合法性。尽管公民社会是非正义而败坏的,但从中能看到实现人类正义的可能性。在公民社会中,人交出了只能以个人身体力量来维护的自然自由,换来的是由公意所保护的公民自由。在公民状态,人类可能达到道德自由,因为人们参与公意、服从公意,他们就能服从于他们所定好的法律。卢梭进而指出,这是政治的主权、整个共同体的主权,不能被公民移换成一个孤立政府的主权或是行政单位的主权。因而他呼吁一种激进的公民民主。当民主活动的成员们用他们的正直理性和爱国精神,克服了任何私人的、特殊的或既得的利益,公意就能正确地施效。这样一来,卢梭说,公意就是永远正确的。

卢梭认为,这样的政府及其所需法律是不会轻易自动产生的,仅仅民主也不会化生出这种政治体。故而卢梭和他之前的政治哲学家们一样,转向了一个其称之为"立法者"的角色。这个角色将承担起建立政治体的重任。他为立法者的工作做出了非凡的描述:

> 敢于为一国人民进行创制的人,可以说,必须自己觉得有把握能够改变人性,能够把每个自身均是一个完

整而孤立的整体的个人转化为一个更大的整体的一部分，这个个人就以一定的方式从整体里获得自己的生命和存在；能够改变人的素质，使之得以加强；能够以作为全体一部分的有道德的生命，来替代我们人人得之于自然界的生理上的独立的生命。总之，必须抽掉人类本身固有的能耐，才能赋予他们以他们本身之外的，而且非靠别人帮助便无法运用的能耐。这些天然的能耐消灭得越多，则所获得的能耐也就越大、越持久，制度也就越巩固、越完美。因而，每个公民若不靠他人，就会等于无物，也就一事无成；如果整体所获得的能耐等于或者优于全体个人的天然力量的总和，那么我们就可以说，立法已经达到了它可能达到的最完美程度了。[25]*

无怪乎卢梭会认为："需要神明来赐予人类法律。"[26]

只有立法者的伟大的灵魂，才足以证明自己真正负有此使命。卢梭心目中的立法者形象是斯巴达的吕库古（Lycurgus）、雅典的梭伦（Solon）、罗马的罗慕路斯（Romulus）、古埃及的摩西（Moses），以及卢梭所在的日内瓦共和国的约翰·加尔文（John Calvin）。他们不仅创制立法，而且深明建立道德、风俗和舆论的权威之秘诀。

《社会契约论》中最后一个值得关注的大问题是卢梭的

---

* 〔法〕卢梭：《社会契约论》，何兆武译，商务印书馆1980年版，第54页。译文根据原文有所调整。

公民宗教概念。卢梭对人的理性、功利以及任何形式的人为算计都不抱什么希望,这些无法维系一个能让人既自由又道德且好于自然状态的政府。他寄望于公民宗教。与前人马基雅维利(Machiavelli)一样,卢梭认为基督教对一个优良社会的存续是有害的,因为它让人既服从国家,又服从上帝。这是双重效忠。他认为基督教共和国一词本身就是个矛盾。需要的是一种能让公民为义务及国家而活的宗教。卢梭说:

> 就需要有一篇纯属公民信仰的宣言,这篇宣言的内容应该由主权者规定;这些内容并非宗教教条,而是社会和同的情感表达,若一个人没有这种感情,既不可能是良好的公民,也不可能是忠实的臣子。它不能强迫任何人信仰它们,但是它可以把所有不信仰它们的人驱逐出境;它可以驱逐这种人,并非因为他们渎神,而是因为他们反社会,因为他们不会真诚地爱法律、爱正义,也不可能在必要时为尽分内的义务而牺牲自己的生命。但假如已经有人公开承认了这些信条,而行为却犹如不信仰一样,那就应该把他处死;因为他犯了最大的罪行,在法律面前他说了谎。[27]*

这种公民宗教可以给民主共同体之凝聚提供社会黏合剂。

---

* 〔法〕卢梭:《社会契约论》,何兆武译,商务印书馆 1980 年版,第 185—186 页。译文根据原文有所调整。

在《社会契约论》中，卢梭的立场与柏拉图、马基雅维利、加尔文一脉相承。我们应该多多留心他那些观点的来源、他如何运用或误用，以及对之前政治哲学家、社会哲学家观念做了什么改变。不过《社会契约论》及"论文二"都有其预示未来的一面。《社会契约论》本身极其抽象，甚至说没什么血气；它却为后来世间集体主义的乌托邦政治思想提供了很多种子，包括民族主义、社会主义和共产主义。在随后的两个世纪中，我们将看到不断有建立共同体的理想和实践，在其中个体自由服从于某种形式的公意。自18世纪晚期以降，有一拨自诩为现代立法者的人试图改造人性（用卢梭的话说），或是改造人性中的重要部分。随后的两个世纪不断地见证了公民宗教的一个又一个版本，因有这种种公民宗教，公民们的忠心不会偏离对集体的效忠。我并不认为卢梭为后世的一切衍化负有责任。他的思想比他许多徒子徒孙们所宣扬的都要精细复杂得多。可是，卢梭那不快乐、偏执妄想、表里不一的个性却埋下了不少种子，经过其他思想家培育成熟，形成了令人恐惧的果实。那些思想家我们后面会讲到，明白了其前因，他们之可怕就不会吓到我们。卢梭是完全诚实的——他的伟大模范是斯巴达和罗马的战士。

第二章 托克维尔与自由

从法国大革命开始到第一次世界大战爆发，这段时期发生了翻天覆地的变化。起初西方科学界对牛顿物理学坚信不疑，后来则认同爱因斯坦的理论。1789年，物质的原子论刚刚初步形成，氧气才被发现，到了1914年，对固体原子的研究就已经让位于对亚原子粒子的探索，并且发现了放射性元素。1789年，林奈体系还不容置疑，到了1914年，科学界已开始接受各种进化论体系。1789年，洛克的联想主义心理学理论依然是关于心灵的主导理论，而到了1914年，弗洛伊德的主要理论已经形成。

同人类与物理世界的关系的变化相比，人类思考和构建世界的方式所发生的变化同样剧烈。1789年，在美国和欧洲旅行，即使最佳情况下也是不方便的。华盛顿需要花费十天的时间从弗吉尼亚到纽约参加就职典礼。1914年，铁路覆盖了整个美国大陆，跨西伯利亚的铁路已经建造好。汽车、自行车、飞机被发明了出来。电报、大西洋电缆和无线电彻底改变了世界的通讯方式。这些新的交通方式和运输方式是人类在新的物理环境中所创造的最壮观的部分。英国科学家赫胥黎（T. H. Huxley）曾经称之为"基于现实的科学产生的新自然"[1]。新自然的东西还包括地铁、电灯、电话、公寓、百货商场，以及提供纯净水和清理垃圾的设备。

由于欧洲在19世纪有了以上这些发展并建立了工业基础，也产生了前所未有的文化状态。19世纪的欧洲人掌握了更强大的力量——经济、工业、军事——不仅用在欧洲各国之间，并且有史以来首次扬威于世界其他地方。

当我们思考19世纪政治思想的时候，所有这些变化都应该牢记在心。这是一个充斥着各种"主义"的大时代，它们引发了各种各样的问题，而我们仍然生活在这些随之而来的问题中。

由于这些方面的发展，欧洲的政治思想也需要进行变革。然而，这些变化发生的十年间，适逢欧洲经历了法国大革命而需要在政治上重新调整自己以适应变化，这意味着欧洲政治思想需要在19世纪最渊深的洪流中重新定位自己。过去政治思想的大部分预设，甚至大多数语汇都将不再被使用。

以上三方面的广泛变革，衍生出了三大类或多或少不同的，但有时又彼此相关的政治观念。值得注意的是，提出这些思想的人往往不是最适用这些思想的人。19世纪的政治意识形态似乎更是知识分子、专家阶层或终日生活在书斋中的人的构想结果，比以往有过之而无不及。

23　　1. 商业、农业和工业的扩张所带来的经济增长产生了更多的财富，并最终带来了生活的更高水准及繁荣富强。但这种增长和经济转型同样导致了严重的社会混乱。人们普遍离开农村涌向城市，这个潮流时断时续——在欧洲一直持续到今天。财富分配不均以及城市中惨不忍睹的居住环境,为社会主义的发展提供了条件。

2. 19世纪还产生了政治集合体的另一种概念。政治国家的界定,不再是对某个特定皇室或王朝的效忠,而是出于独特的历史或文化认同而效忠于某个民族。人们开始以不同的民族来看待自己,因为他们拥有共同的语言、共同的历史、共同的宗教或共同的文化遗产。以这种方式界定的政治实体以及忠实于这种政治实体的人们,打算完全重绘19世纪的欧洲地图。

3. 借助于自由主义,民族主义和社会主义都终究会成为推进新政治实体的动力。受法西斯主义和共产主义的影响,自由主义成为19世纪最受轻视的政治信条。它也可能是最不被理解和最被彻底低估的理论。由于自由主义理论本身的特点,它很不擅长为自己辩护。最初,人们是为了抨击旧制度对政治、宗教和经济的滥权,而形成了自由主义的主要思想原则,之后,自由主义思维惯有的那种批判特性又会朝着自己开火。此外,由于自由主义原则从根本上说是一个要求改革的原则,在改革完成之后它似乎就无可置喙了。

造成19世纪自由主义之困境的,还有一个更加重要的原因。与社会主义、民族主义、法西斯主义、共产主义不同的是,自由主义并没有一种乌托邦的愿景。尽管自由主义者试图去改良世界,但自由主义者并不是试图去改造世界或者改造人的本性。在与乌托邦主义等政治力量的较量中,自由主义往往看起来有些平淡，满足于它所处的世界。不仅如此，在19世纪的一百年中，连自由主义者自己都发现他们会或短或长地转变成乌托邦主义，尤其禁不住民族主义的诱惑。

19世纪的自由主义者想做的究竟是什么呢？他们试图在法国大革命所造就的积极而不可逆转的变化上有所建树。他们希望寻找到一条能使人民主权制度化的模式，既非恐怖笼罩下的专制主义，也非大众民主。他们期待的世界，是一个由富裕及有教养的人来引导和支配政府的世界，是一个国家能够保护和支持市民社会的社会组织和团体的世界。然而，大多数自由主义者都不明白，首先，法国大革命之后不可能实现长时间的政治稳定，法国大革命所释放的力量将会不断扰动、改变欧洲的政治体制。其次，他们没有意识到工业化和城市化的力量正从根本上改变市民社会的特征，使得它更有活力，内在也更不稳定。政治自由主义思想的大部分思想起源于启蒙运动，形成于那种变化缓慢的政治经济秩序中。而19世纪，他们却试图把这些理念和词汇应用在一个快速而不断转变的环境中。

更为特别的是，自由主义者寻求一种经济自由的体系，在国内不受政府的干扰，在国际经济中可以自由贸易。他们期待的是责任政府，意即君主手下的大臣们应该对议会和立法机关负责而不是对君主负责。这看起来是一个适中的目标，但是在19世纪30年代，责任内阁制在任何一个欧洲国家都还未实行，包括英国。自由主义者也赞同对选举权作比较严格的限制。他们怀疑民主制度，事实上，他们从根本上是反民主的，认为只有富裕的人才能参加到政治国家中。在这方面，他们对工人阶级怀有一种几乎病态的恐惧。自由主义者希望中央政府只拥有很有限的权力，希望尊重公民的言论自由和出版自由。最后，自由主义者大多不信任现有教会，因为他们看到这些教会是君主制和贵族制的支持者。我们可以指出一种普遍现象——尽管也能提出不少例外——即自由主义者普遍反对教会，只不过有人温和，有人激进。

绕着说了这么多，现在言归正传，来谈谈阿历克西·德·托克维尔（Alexis De Tocqueville）。他作为一位思想家，突破了19世纪早期一片混乱的思想状况，开启了理解新世界政治、经济和意识形态的思想之路。当我们读他的《论美国的民主》时，我们发现我们读的是我们所熟悉的地方。他写了康涅狄格州、俄亥俄州、肯塔基州和纽约州。他讨论了至今仍然统治着我们的联邦宪法。他提到了我们大多数人都多少有些熟悉的建国之父的著作和生平，他的许多术语我们依然在使用：民主、选举、宪法、结社、乡镇、市参议会，等等。从所有这些看起来类似先知的篇章中，我们可以得知，他几乎准确理解了美国的历程和西方的历史及其走向。

但我认为，所有这些熟悉感在很大程度上都是虚幻不实的。熟悉感有可能会带来轻视，但虚幻的熟悉感一定会滋生混乱。实际上，《论美国的民主》一书中让我们感到舒适自在的所有因素,反映的不过是一个半世纪以前一位法国旅人的经典分析模式。他写道,"一个全新的世界需要一种新的政治科学"²。托克维尔试图提供一种新的概念框架,来理解和分析新出现的政治世界。我们之所以觉得他的著作那么熟悉,是因为我们正不假思索地在使用包括他在内的19世纪作家所传授的公共话语范畴来思考问题。

我想从这本书的名字——《论美国的民主》——开始讲起。在19世纪中叶以前,很少有政治家、历史学家或哲学家对政治民主给过褒义的评价,不管民主是作为古代历史存在的一种事实,还是一种理论概念。任何形式的民治政府在传统上都等同于秩序混乱。尤其古代雅典曾经是长期受鄙视的对象。在英国,大卫·休谟曾经在他的政治论文中反复地指出雅典民主制的混乱本质。别的历史学家也认为伯里克利(Pericles)不过是一位成功的煽动者。雅典作为一个民主国家已经证明了它没有实现国内的稳定或成为成功的国际帝国的能力,它也没有能力抵抗斯巴达或后来的马其顿。甚至连英国的激进分子们,如呼吁扩展选举权的约瑟夫·普里斯特利(Joseph Priestley),都忙不迭地向人民保证他们没有建立雅典式民主的愿望。

法国大革命的过激行为已经确证了现代民主制的危险与动荡。1792年到1793年间,革命党人试图在法国创建一个德性共和国,他们的行动引起了人们对于一切效仿古代斯巴达、雅典或者罗马模式而建立现代道德理想国之念头的质疑。由于如此多的法国领导者一面实行恐怖统治，一面诉诸卢梭的语言与修辞，这使得民主原则的那些现代维护者乌云压顶、备受疑忌。法兰西共和国沦落为拿破仑军事专政，更加坚定了人们关于民主必定导致暴政的信念。

大革命及拿破仑战争期间，一种主张固守传统的保守主义的新政治哲学在欧洲出现。埃德蒙·柏克（Edmund Burke）是保守主义立场的领军人物，此外还有其他保守主义者。他们对现代民主提出了一种理论批判，大革命之前其观点还是朦胧而非正式的，大革命之后他们的政治观念就转变为一种固定而具体的政治态度。因此，认识到保守主义是"现代的"非常重要，因为它是在自由民主的政治哲学之后提出来的。虽然我们会认为保守主义哲学唤起的是过去的世界，但这种政治哲学确实是19世纪早期政治意识形态这个新世界里的一部分。

进一步来说，保守主义不止是一个政治思想或意识形态问题。从1815年到1830年，极端保守的政治领袖控制了法国政治生活。甚至在1830年自由革命之后，这些"过激分子"（ultras），恰如其名，继续密谋反对革命所建立起来的政府。托克维尔很熟悉这些人，甚至担任了参加此类活动的一位朋友的律师。

这些保守的政治人物否定了政治生活可以建立于理性的原则之上。他们相信政治是个太复杂的事，无法通过已写好的宪法进行充分的表达或考量。他们相信实际上所有稳定的、有秩序的政府，都必须建立在合法的君主制、土地贵族制和已有的教会之上。他们尤其认为，民主制总是与基督宗教和基督教道德相对立，且必然对立。

托克维尔抛开所有这些既定的程式用语，重新思考民主这一人类政府的形式，这体现了他非凡的才思。首先，他敢于把民主作为一个没有固定答案的开放式问题。人们认为民主制的所有结果都已经在古代共和国和法国大革命的历史中看得一清二楚了，而托克维尔把它看成一个政治疑问（question）而非一个困境（problem）。民主不只是古代共和国的样貌，也不只是法国政治生活实践中反复的挫折创伤，美国为托克维尔提供了在这些过往民主样态之外考察民主结构的机会。因此，托克维尔就另辟蹊径，决定在民主刚刚确立的这片广阔土地上考察民主。正如他所解释的：

> 我承认，在美国我看到的不止是美国，我要寻找的是民主本身的样子，想要知道它的倾向、特点、偏见和激情，以弄清楚它的发展有什么值得我们期待，又有什么让我们恐惧的地方。[3]*

不过，托克维尔使政治想象有了另一个非常重要的跳跃。他决心尝试去说服极端反动的保守主义者，让他们首先放弃对民主制那种挑剔的反对，并让他们明白，他们归咎于

---

* 〔法〕阿列克西·德·托克维尔：《论美国的民主》，曹冬雪译，译林出版社2012年版，第14页。

民主制的罪恶都是偶然而不是内在必然的。最后，他希望促使自由派和保守派理解什么是民主制真正的潜在之恶和困难。

在很大程度上，托克维尔的论辩风格和所陈观点是被那些激进论者所塑造的。他们不仅给他所关注的问题设置了范围，还部分决定了他结论的特征，因为他必须向他们证明：恰当建构和规范的民主制，在一定程度上与他们不可动摇的政治目标是一致的。

托克维尔关于宗教和民主的大部分论述都以保守主义立场为前提。在绪论中，托克维尔不惜笔墨地论证各种情形下的平等皆源于上帝的神意，他也认为，更多的自由最终将导向民主结构这一状况也是上帝的神意。整个西方的历史就是民主的历史，历史行动者（history actor）在其中起了重要的作用。既然历史是上帝之天意的领域（保守主义坚持这种看法），历史的经验表明，民主是上帝神意的一部分。

> 在各民族、各地区不断见到促进民主的事件发生。人人都尽了力。这其中有人胸怀民主理想，也有人从不考虑为民主服务；有人为之奋斗，也有人宣称与之不共戴天。在一团混乱中，所有人被推上同一条道路，不管愿不愿意，无论知不知情，都合力促进着民主，盲目充当了上帝手中的工具。[4]*

---

* 〔法〕阿列克西·德·托克维尔：《论美国的民主》，曹冬雪译，译林出版社2012年版，第6页。

曾经有保守主义学者把历史根源作为政治合法性的来源，并强调上帝在历史和政治中的重要性。托克维尔也从历史和天意的角度去论证民主为大势所趋，论证民主并不是对万物之神圣秩序的背离。

还有一点也非常重要，托克维尔在《论美国的民主》一书中反复申言宗教组织和宗教情感在美国社会及政治生活中发挥着重大的作用。他试图提供一种经验论证来证明宗教和民主是可以相容的。不仅如此，在第二卷中，他力图说明，宗教的存在对于民主自身所产生的各种危险发挥着一种调和的力量。在某种意义上，是宗教允许民主达到它最好的状态。宗教完善了民主。在此处，托克维尔再一次采取一种保守主义的论证，来劝说保守主义者去接受一个新的政治世界。

最后，托克维尔给了保守主义的爱国主义和政治义务当头一击。他极其雄辩地对比了新式爱国主义和旧式爱国主义，探讨了他所认为的旧式的、直觉式的爱国，并将它与新式的、理性的爱国主义相对照。他以这种方式描述这二者：

> 有一种爱国心，主要来自那种把人心同其出生地联系起来的直觉的、无私的和难以界说的情感。这种本能的爱国心混杂着很多成分，其中既有对古老习惯的爱好，又有对祖先的尊敬和对过去的留恋。怀有这种情感的人，珍爱自己的国土就像心爱祖传的房产。他们喜爱在祖国享有的安宁，遵守在祖国养成的温和习惯，依恋

浮现在脑中的回忆,甚至觉得生活于服从之中有一种欣慰。这种爱国心,在宗教虔诚的鼓舞下,往往更加炽烈。这时,人们会创造出奇迹。这种爱国心本身就是一种宗教,它不做任何推理,只凭信仰和感情行事。[5]*

这种观点相当清楚而简洁地描述了柏克关于政治义务的观点,以及保守主义者在政治生活核心领域看到的那种非理性关系。但托克维尔随后又用了一种历史中的保守主义的论证,来宣称这种爱国主义的时代已经成为过去:

> 但是有时在一个民族的生命历程中会出现这样一个时刻:古老的习惯变了,旧有的风俗毁了,一切信仰都动摇了,昔日的荣耀消逝了,而民智却仍然不够开化,政治权利还得不到保证或受到限制……于是哪儿都见不到祖国,只能每个人都给出自己的看法。结果人人都陷入一种狭隘黑暗的利己主义。人们排斥从前的偏见,却又无法达到理性的认知。最终既没有君主制下的本能的爱国心,也没有共和制下的理智的爱国心,而是止步于两者之间,陷入迷惘和痛苦之中。[6]**

这就是保守主义者所感知到的那个时代的困境。他们曾目睹人们的政治行动和政治情感冲破了传统偏见的界限。

---

* 〔法〕阿列克西·德·托克维尔:《论美国的民主》,曹冬雪译,译林出版社2012年版,第115页。
** 同上注,第116页。

然而，托克维尔很快便提出了一个保守派不愿接受的论断，托克维尔试图用这一论断说服他们。托克维尔声称在当前的政治环境下，激起爱国心的最可能的方法是扩展可实现的公民权利。实际上，他所说的是，保守主义者所面临的选择不是爱国主义的存在或不存在，也不是爱国主义所伴随的个人自我牺牲品质的存在或不存在，而是要找到实现这一目标的手段。从政治参与中会产生现代公民美德、爱国主义和公共精神，在美国可以找到这样绝佳的例子：

> 一个美国人，因为参与了一切社会事务的管理，所以只要别人对美国提出批评，他就要进行捍卫，因为别人批评的不仅是他的国家，也是他自己。于是便能看到，他费尽心计来维护作为美国人的骄傲，有时不免显得虚荣和幼稚。[7]*

在这个问题上，托克维尔试图引导他的保守主义朋友们去区分政治生活的手段与目的。和亚当·斯密一样，托克维尔相信可以通过把个人利益和对个人利益的追求附加在公民生活中，来培养爱国主义和公民精神。他相信宗教可以限制人们对于个人利益的过分追求。

托克维尔在《论美国的民主》中还着意展开另一个政治对话，这也需要他深入地、彻底地思考民主的特点。他非常

---

* 〔法〕阿列克西·德·托克维尔：《论美国的民主》，曹冬雪译，译林出版社2012年版，第117页。

用心地与孟德斯鸠1747年《论法的精神》一书的观点交锋。这本著作可能是启蒙政治思想中影响最大的著作。正如保守主义者认为,想要消灭某物必须先接受某物,在这种意义上,孟德斯鸠思想中至少有两点对托克维尔来说是非常重要的。第一个是孟德斯鸠认为气候和地理是政治最基本的决定性因素之一。托克维尔深以为然地来到了美国。令他惊讶的是这种理论似乎不能解释美国政治生活的特点。不过,托克维尔仍用了很多篇幅,详加讨论美国的自然特性及其与政治可能存在的关系,说明这一概念框架还是很占优势。在这方面,我们可以看出,托克维尔曾希望用某一主导政治理论来解释美国人的生活与美国社会,而他自己又摆脱了这一理论的束缚。

孟德斯鸠的第二个主要观点是自由可以通过某种结构来实现,尤其是通过混合或平衡政体来实现,托克维尔认为这种政体在18世纪的英国存在过。这种混合政体的理论始于波利比奥斯(Polybius)的时代,托克维尔对此很熟悉。但是,他明确而坚定地拒绝这种理论:

> 在我看来,所谓的**混合**政府纯粹是不切实际的幻想。根据"混合"这个词的含义,严格来讲并没有什么混合政府,因为在每个社会,我们最终都能发现一个占据主导地位的行动理念。[8]*

---

* 〔法〕阿列克西·德·托克维尔:《论美国的民主》,曹冬雪译,译林出版社2012年版,第134页。

他随即指出，尽管英国以混合制政府而闻名，但是在政府中占优势的是贵族阶层的统治。

在肯定自由的同时拒绝孟德斯鸠混合政体的概念，具有非常重要的意义。这是因为，就像反对极端保守主义会让托克维尔的政治观推陈出新，反对混合政体也会使他对政治别有新见。孟德斯鸠倾向于把政治结构和法律看成是政治生活的主导因素和自由的最佳保护者。托克维尔虽然不怀疑宪法和法律的重要性，但他却看到了比政治结构更加重要的其他因素。

接下来，我们就要谈谈托克维尔的"多数人的暴政"这一概念的历史重要性。托克维尔所提出来的"多数人的暴政"，我们在日常政治谈话中常常用到，耳熟能详，但我们却并不了解它的重要性。与托克维尔之前的学者相比，托克维尔更清晰地把握住了潜藏在现代民主制内的真正危险和邪恶。从古代的保守主义者到柏克等人，都认为民主的最大的危险是有可能导致政治软弱和无政府的混乱状态。在托克维尔之前，民主等同于骚动、冲突和混乱。托克维尔并不否认在政治发展向民主制转变的过程中会出现很多无序，任何法国人都可以作证。但是，托克维尔更发前人所未发，思考那些难以想象的问题——成熟阶段的民主以及稳定运行中的民主政府——而感知到了另一种危险。民主的问题并不在于混乱和动荡，反而是存在太多的秩序（order）。专制而不是无政府状态才是问题所在。在《论美国的民主》中，托克维尔对民主制下可能产生的专制统治进行了持续的剖析。他焦虑于立法的专制、官僚主义的专制，以及强势领导人的专制。但是他意识到最重要而难以察觉的专制是多数人的暴政，多数人的暴政以公共意见的平静渠道释放，接着会左右政府的结构。托克维尔清醒地意识到这种暴政的模式并提出解决它的方法，再一次超越了他前辈的著作与思想。

他告诉那些极端保守主义者他们所担心的是错误的。他对孟德斯鸠后世的追随者们即那些温和自由主义的知识分子们说，他们对专制问题提出了错误的解决方法。孟德斯鸠的思想传统是担心强大君主制会导致专制主义，担心君主制会带来各种各样的强制力，让公民们不得不忍受。他们的解决方法则是某种平衡的或混合的政体。

对于托克维尔来说，民主国家中多数人暴政的真正来源不是政治结构，也不能被政治结构所预防。多数人暴政产生的结构深植于社会——意即植根于民主环境下人们的社会生活——在他们的道德、风俗和习惯中。在托克维尔看来，社会环境培养了他们对平等的渴望，对平等的欲望压倒了对自由的政治欲望。托克维尔开始他的美国之旅时，他还志在政治，而当回到法国时，他对社群（society）更加感兴趣。就此而言，他的思考体现了自由主义思想的一大概念转换。在他之前，自由主义思想主要关注市民社会和国家，而托克维尔引入了 society 的另一种概念，把"社会"衍生为"社群"——社群包括了比市民社会的商业联系更多的东西，包括了整个的价值观、习俗和愿望，这些能够很好地克服政治结构和市民社会结构所带来的弊端。

　　托克维尔解决"多数人暴政"问题的方法，在很大程度上是社会解决方案。在托克维尔看来，私人组织或自愿结社组织居于个体及其私利与国家意志的中间，起到了缓冲的作用。这些自愿结社组织彼此之间互相竞争，它们吸纳了社会和政治的能量，因此避免了政府及国家成为大多数人的工具。对于多数专制这一幽灵，他的解决方法是民主多元主义。这里我们看到，托克维尔拒绝了平衡或混合政体的观念，而提出让大型私人利益集团彼此相互牵制。他这个理念拜赐于詹姆斯·麦迪逊（James Madison）在《联邦党人文集》(*The Federalist Papers*)中关于派系斗争的讨论，但是托克维尔和詹姆斯·麦迪逊都得感谢马基雅维利，后者在他的《李维史论》(*Discourses*)中注意到罗马共和国各阶层间的冲突为罗马带来了自由和稳定[9]。

　　在本讲即将结束时，我想指出，托克维尔敢于自由而开放地思考民主，也让他观察到了民主另一个值得重视的特征。他前所未有地发现，但凡一个国家盛行政治自由主义和自由的民主结构，这个国家就会不断发生冲突。他看到了自由与平等之间的紧张关系。他发现民主的问题乃是政治需求和社会需求之间的矛盾。当然，别的学者曾经也写到过社会议题和工人阶级的问题。但是托克维尔在马克思之前已经提出了社会议题，并且在自由民主制度、自由民主的话语和分析的背景下探讨社会议题。从长远来看，那可能是托克维尔真正伟大之处。我并非说他的著作是预言，而是他的著作教导了我们在法国大革命之后的政治世界中该如何谈政治问题、如何写政治问题。他为我们提供了讨论现代政治生活之新问题的必要的新概念语词。由此而言，他依然可能为后马克思主义世界中的现代欧洲人提供类似的概念。

第三章

小密尔与19世纪

约翰·斯图尔特·密尔（John Stuart Mill，又被称为小密尔，对应于其父亲常被称做老密尔——译按）生于1806年。他的父亲詹姆斯·密尔是苏格兰人（一度当过加尔文教牧师），后来离开了他的出生地，迁徙到伦敦的南部地区。詹姆斯·密尔（James Mill）是19世纪早期英国政治中一位重要的政治激进分子。他及他的同道，都决志要看到英国宪法的修改。他们希望英国宪法能改得更民主一些。的确，詹姆斯·密尔倾向于要主张成年男性普选权。他还是英国政法改革家杰里米·边沁（Jeremy Bentham）最主要的英国弟子。边沁被视为英国功利主义之父——功利主义的观念受到极大污蔑和严重曲解，通常被人们简简单单描述成追求最大多数人的最大幸福。可事实上，从《政府片论》（Fragment on Government，1776年）开始，边沁就主张改革英国法律。他认为现行的法律条文和法律程序主要倾向于法官及富人，希望能看到法律的改革以惠及更多人。抱持着让最大多数人获得最大幸福的原则，边沁成了对现有体制的最大质疑者。这个原则本身的含义虽然从来都不甚明晰，但却可以适用于反对各种标靶。

詹姆斯·密尔大概是功利主义传统中最重要的人物了。他不止是边沁的弟子，他还将边沁的思想转向了民主。边沁写得不甚明了,密尔则更为通俗地重述了边沁的观点。他还融入了自己对心理学、经济学及政府的研究,丰富了功利主义传统。拜密尔及其友人所赐,功利主义与古典经济学不可分割地连在了一起。

可以说,詹姆斯·密尔是哲学激进主义的助产士。之所以被称为哲学激进主义,是因为不同于其他形式的英国激进主义,它是由一套较为清晰连贯的观念支撑的。詹姆斯·密尔的政治激进主义是以边沁哲学、大卫·哈特利(David Hartley)的心理学、大卫·李嘉图(David Ricardo)的经济学、托马斯·马尔萨斯(Thomas Malthus)的人口论为基础的。他批评现有的宪法,不是因为它被公然滥用,而因其滥用有悖于良好哲学观,有悖于人与社会的合理认识。

哲学激进主义到了第三代传人,方进入英国公众生活的生命血脉里。其第三代思想家包括了约翰·密尔、阿瑟·吕布克(Arthur Roebuck)、查尔斯·奥斯汀(Charles Austin)、乔治·格罗特(George Grote)、约瑟夫·休谟(Joseph Hume)、威廉·莫尔斯沃思(William Molesworth)以及埃德温·查德威克(Edwin Chadwick)。这是哲学激进主义最有影响力的一代。约翰·斯图尔特·密尔在其自传中讲到这些人:

> 虽然我们中间也许没有一个人完全赞成我父亲的每一个主张,但是正如我上边说过,在我们这批后来称为"哲学激进主义"第一批宣传者所组成的小小的团体里,

他的理论是主要的标志和特征。这个团体中人们的思想方法，在任何意义上说都不是以边沁为首领或导师，而是边沁的观点和现代政治经济学观点加上哈特利形而上学的混合物。马尔萨斯人口论和属于边沁的任何理论一样，也是这个团体的旗帜和团结我们这些成员的一个宗旨。这个伟大的理论原是为反对人类社会有无限改良前途这种说法而提出来的，我们以极大热情把这个理论从相反方向来理解，即指出要实现改良的唯一办法，只有通过自愿限制人口增加来保证全体劳动者的高工资及充分就业。关于我们与我父亲共持信念的主要特点还包括，在政治上，几乎无限信任两件事的功效：议会政治、议论的完全自由……凡此种种理论是我所在的这个年轻人小团体以幼稚奔放的热情紧紧抓住的，我们又将一种宗派观念带入进来，但我父亲主观上绝无宗派意识。[1]*

我认为，青年密尔那一辈之前的那种不分门派的精神，以及抱着这种混容的精神去阅读早期功利主义，会带来对他们认识的淆乱。我想，直到第三代，他们才能被称做一个**学派**，而且这一代学者之间的密切合作可以说到了1840年才停下来。在《1832年改革法案》（Reform Bill of 1832）的年代，

---

* 〔英〕约翰·穆勒：《约翰·穆勒自传》，吴良健、吴衡康译，商务印书馆1987年版，第66—67页。译文根据原文有所调整。

他们是唯一提供了改革方案以供实施的团体，他们提出了一系列原则，期待改革后的议会加以遵循。

他们在不少事上都成功地发挥了影响力，那么他们是如何施展其影响力的呢？

1. 他们担任议会委员会委员，其中最出名的就是济贫法委员会。

2. 他们担任公务员——老密尔和小密尔都在东印度公司供职，影响了帝国的政策——其他人则在其他机关工作。

3. 一些人进入议会并形成势力，直到1840年辉格党被迫进一步改革。

4. 他们推进詹姆斯·密尔关于伦敦大学学院的计划，其计划不需要宗教规约。

5. 他们著述颇丰：

　　a. 《威斯敏斯特评论》（*Westminster Review*）；

　　b. 约翰·密尔著作很多，皆在19世纪中期进入了牛津大学和剑桥大学的课程中；

　　c. 乔治·格罗特著有《希腊史》（*History of Greece*，1846-1856）；

　　d. 在其他期刊及报纸上发表大量文章。

6. 他们非常明智，扩展与其他思想者的交流，对自己厌恶的论敌也能有欣赏的态度，最典型的例子就是约翰·密尔对柯勒律治（Samuel Taylor Coleridge）的欣赏。

7. 他们采纳其他论点，如女权。

与此同时，哲学激进主义与人民宪章运动（Chartism）及"反谷物法联盟"（Anti-Corn Law League）还是保持了区隔。第三代学者进入到体制中，塑造了体制，也被体制所塑造。他们的观念得以被接受，但也为那些思想狭隘的人所用，以至于被拙劣扭曲，成了狄更斯在《艰难时世》（*Hard Times*）开头几页里讽刺的那种情形。

那么，英国哲学激进主义者及其思想先声是不是中产阶级的代言人呢？既可以说是，也可以说否。他们并不是有意要推崇这个阶级。不过，正如詹姆斯·密尔在《政府论》（*Essay on Government*）中所指出的，他们相信，中产阶级是政府最可信赖的人。

结果是：经济学激起了中产阶级对贵族体制的敌意，它也赋予了中产阶级一种意识形态。把功利主义者与中产阶级联系到一起的是对效用的测度——最大多数人的最大幸福——这可以用来攻击贵族制度及现有教会，因为它们妨碍了中产阶级充分参与国家政治及社会生活。中产阶级能认同的观念是国家应当属于高能强效的阶级。

最重要的是，边沁主张各个领域的专业化，专业界迅速成为中产阶级的据点。

另一方面，工厂法案及公共卫生措施的执行监管原则会妨碍中产阶级伸展手脚。因此，即使中产阶级也不那么全心全意赞同功利主义者，功利主义者并未有意为中产阶级谋权。

哲学激进主义有诸多弱点。它过于强调个人，以至于将个人从其所处的社会里撕裂开来。它关于人类的看法，密尔也认为，它忽略了人类生活行为中许许多多方面，远未加以探讨。卡莱尔（Carlyle）洞悉，功利主义"精妙地计算，是为了破坏，而不是为了重建"[2]。功利主义的确为旧有社会的转型提供了一种意识形态，但到19世纪中后期，功利主义就显然不能应付重建，人们需要寻求新思想和新的自由观。不过，与此同时，它也是旧思想和旧方法的强力溶解剂。它以它的方式提供了一套收集证据、评估、立法、检查的强有力法律机制。它内在地对人类及社会可被改善抱持一种乐观态度，虽然这种乐观可能是浅薄的，但这也让人有信心去面对未知的未来。它使人不再被过去所羁绊，自由地与其他人竞争，但关于人如何充分发展、如何成为自由人，它似乎并没有给出什么途径。

哲学激进主义与古典经济学（古典经济学一语由马克思发明）的观点及社会政策密切相关，但两种立场之间也有某些张力。哲学激进主义者，如公务员，倾向于希望强化官僚制国家。而出于经济生活的角度，则倾向于偏好最低程度的国家干预。

这一传统及经济思想的主要代表人物有大卫·休谟、亚当·斯密、杰里米·边沁、T. R. 马尔萨斯、詹姆斯·密尔、大卫·李嘉图、罗伯特·托伦斯（Robert Torrens）、纳索·西尼尔（Nassau Senior）、约翰·麦卡洛克（John McCulloch）

以及约翰·斯图尔特·密尔。他们对经济运营之本质有自己的观点，质疑家长制社会的经济运作。

人们普遍对这些学者及其著作存有很多误解。毫无疑问，这些误解需要立即被摒弃：

1. 他们不代表某一学派，也不共持某一套理论。他们在经济政策上颇有分歧。之所以能成为一个团体，首先是他们之间的私交密切；其次，他们都认为经济学和经济政策应当以科学知识为基础。

2. 古典经济学并不是所谓"曼彻斯特学派"的经济学。曼彻斯特学派于19世纪40年代主张自由贸易，废除谷物法。

3. 古典经济学并非狂热鼓吹自由放任的死板教条。实际上，他们认为政府当担负主要职责。

一般被归类为古典经济学者的人，都是在宽泛意义上有共识，而不是在某个特定政策上主张相同。

1. 他们都认同经济改革，以带来更多的商品和劳务，这种改革可能还会以科学为基础。

2. 他们将消费视为经济活动的目标，十分重视消费者的福利——消费者以最低的价格如数如量地得到了他想要的商品和劳务。但他们的消费概念也延伸到了未来资本商品和政府服务的供应，例如国防。

3. 他们都认同一些特定的经济观念或理论：

a.《国富论》（*Wealth of Nations*）的"反重商主义"偏见；

b. 财产安全和自由企业；
  c. 个人通过市场机制生产所需商品和劳务是效率颇高的；
  d. 马尔萨斯对人口过剩会带来停滞的想象。

4. 他们都惧怕未来的"静止状态"，没有任何经济增长，罄竭一切资源只为应人口之所需而生产。这种恐惧直到约翰·斯图尔特·密尔才打破。

5. 从出发点及最终结果两端来说，他们都是个人主义者，只是过程手段上不一定。为达到在最大自由框架中的经济消费及生产，他们主张"经济自由体系"。

尽管如此，他们虽不能被当成厚颜鼓吹自由放任的人，也不是商业特殊利益的维护者，可他们的观点，不管是正式发表的还是通俗理解的观点，都构成了对传统社会价值及制度的强力消解。他们认为物质进步是由每个个人将自己的经济状况最大化，然而他们的理论却无法与社会和社会结构相洽，是社会及其结构极大地保证了一个人的收入及其所处阶层的相应权利。但凡有行会、企业、本地价格与最低工资标准，以及居住限制法的痕迹，他们的理论就不可能与经济生活相融。

更重要的是，这些经济学者的某些概论及某些特论，直接导致了阶级意识社会的产生、父权制的终结。

李嘉图，绍继 18 世纪苏格兰学者之续，在其《政治经济学及赋税原理》（*On the Principles of Political Economy and*

Taxation）一书中开篇即序曰：

> 土地的农产品——都是通过综合使用劳动、机械、资本从土地收获而来的，那么农产品则在共同体的三个阶级间分配；亦即：土地的所有者、耕种必需资金的所有者，以及耕作的劳动者。[3]

李嘉图之后开始确定这种财富或农产品的分配规则。他与他之后的学者为观察社会建立了阶级的分析框架，而且其所谓的阶级，都争夺着享用土地农产品——而不是有着各自不同利益的阶级。古典经济学者提出，有四个方面可看出商业及产业秩序中内在的冲突：

1. 赚取利润的阶级——资产阶级，或说，中产阶级——在其分析中是源动者。资本家储蓄以累积资本，一旦投资就为工人创造了工作，因此也就扩大了食品的需求量，从而抬高了地主的地租。

2. 地租理论（The Doctrine of Rent）——只用拥有更多耕地，地主无须任何劳作就可收更多地租。所有古典经济学者都如此给地租下定义，这无疑是对懒惰不为的地主阶级的控诉——他们不劳而获。这将19世纪20年代中产阶级对贵族和地主的愤恨合理化了。詹姆斯·密尔等学者也因此得以将中产阶级描述为人类中生机蓬勃而勤奋的群体。毫无疑问，在这些学者看来，最赤裸的阶级矛盾就是中产阶级（或称资产阶级）与贵族阶级的矛盾。

3. 工资铁律（The Iron Law of Wages）——传统集权制社会以为对区县经济做简单操控，就能保障工人的温饱，甚至让他们有高收入。经济学者——特别是马尔萨斯和李嘉图——驳斥了这样的观念。他们指出，长期来看，付给工人的工资会总是趋向于基本生存水平。如果实际工资被抬高到自然水平之上，那么工人可能结婚或生育更多的子女。这可能意味着劳动力扩大而工资降低到自然水平以下。然而，李嘉图和马尔萨斯相信这条定律可以被克服。在后来的文章中，马尔萨斯干脆提出以谨慎、道德约束和教育来提高所有工人的最小预期，以此消除贫困。可是要注意，不管是工资铁律，还是力图减缓铁律的各种举措，都说明了集权调控要么（在工资铁律下）不可能改善贫困，要么（以减缓铁律的举措）妨碍了工人为改善自我状况而自立自强。

4. 劳动价值理论——在其纷繁复杂的学说里，他们是否真正提出过劳动价值理论，还是个疑问。这个问题说来是个技术问题。无论他们有没有提出过，他们的读者多数认定他们提出过。同样的，劳动价值理论也对传统经济起到消解作用，尤其消解了贫穷工人阶级的从属地位。如果所有的价值都来源于劳动，最终人们将看到劳动应得到该有的酬偿。

在某种意义上，这些人的观点风靡了英格兰。阅读、讨论政治经济学成了流行一时的谈资。毫无疑问，新经济让许多人获得了机遇，这也是人们乐于讨论它的原因之一。此外，很多人因各种缘故对自己的经济命运不满，寻找科学理论来改善。再者,商业周期(business cycle)左右着大家,它上升与下降无不与每个人息息相关。

以上我已经讲述了密尔的经历,以及一般观念里他那些同道的情况。但对于密尔而言,他内心一直存在对个体自由、自主的挣扎,我觉得他从未完全解决。边沁认为理性是生活的至高统帅,理智的改革与理性本身可以给人类带来幸福。詹姆斯·密尔认同这种观念,他用良智原则来教养儿子,把他塑造成一个功利主义者,让他成为一个致力于人类幸福的人。这些远大的精神目标塑造了一个异于寻常的童年,这在小密尔的自传里有详载,它讲的是一个被养在启蒙时代最狭窄视局中的孩子,渴望着浪漫主义的冲动。

约翰·斯图尔特·密尔从三岁开始学希腊文。他父亲当时一边行笔于声誉卓著的《印度史》(History of India),一边教他学希腊文。他用希腊文阅读了大量希腊著作,八岁时又开始学拉丁文。不到十岁,约翰·斯图尔特·密尔已在读不少历史书了,例如吉本(Edward Gibbon)的《罗马帝国衰亡史》。密尔也广泛阅读拉丁文著作。在少年时代,他就开始学习政治经济学和逻辑,并已受了高等数学的训练。在这个非同寻常的过程中,密尔被隔离于他同龄的孩子,他那时似乎也不怎么知道他的教育及经历与别人有多大差异。在这种教育体系中,唯一欠缺的就是对情志、柔心、感受之作用的认知。结果,约翰·斯图尔特·密尔被培养成一个情感残疾人。

有时候他并不会意识到这种状况的困扰。在 1822 年至 1823 年间,他和其他有激进政治主张的青年人成立了"功利主义学会"(Utilitarian Society)。在他后来的著述中,密尔描述了这个团体及其观点:

> 我们主要想的是去改变人们的思想;让他们相信事实证据,懂得什么是他们的真正利益,一旦他们懂得真正利益所在,我们认为,他们必定会通过交流思想的工具,尊重彼此的利益。当我们彻底认识到无私的仁慈和热爱正义的最高美德时,我们不再期望通过对这些情感的任何直接行动来使人类获得新生,而寄希望于受过教育的才智之士的作用,来改变自私的感情。[4*]

密尔后来承认:

> 这种理论上及实践上对情感陶冶的双重忽视必然会让人们低估诗歌和想象力的重要性。而它们却是人性的一大要素。[5**]

在他青少年时期的后半段,也就是在座各位的年纪,密尔认为自己已坚定了生活的目的。他人生只有一个目标——"成为这个世界的革新者",他自己的幸福也全然以此目标为

---

* 〔英〕约翰·穆勒:《约翰·穆勒自传》,吴良健、吴衡康译,商务印书馆 1987 年版,第 69 页。
** 同上注,第 70 页。译文根据原文有所调整。

准。继而，几乎没有预兆地，密尔的信念破灭了，他陷入到他所谓的"我心灵史的危机"。他20岁时遭受了心灵危机，他如此写道：

> 我处于神经麻木状态，有如人人偶尔会碰到的那种情况，对娱乐和快乐的刺激不感兴趣；我的内心觉得，往日快乐的事情现在变为枯燥乏味或与我漠不相关；我想到，只有改信卫理公会的人被第一次"深信有罪"所折磨时，才经常产生和我现在一般的心境。在此种心情下我不禁自问："假如生活中的所有目标完全实现，假如你所向往的全部制度和思想的改变就在这个时候完全实现，你会觉得非常快乐和幸福吗？"一种不可遏制的自我意识明确地回答说"不！"至此，我的心下沉，我生活所寄托的整个基础崩溃。我全部幸福原是对这个目标的不断追求，现在这个目标已失去吸引人的力量，追求目标的手段还有什么意义可言呢？生活对于我似乎是一片空虚。[6]*

他及时地从这种抑郁中走了出来。帮助他度过抑郁的是浪漫诗歌，尤其是华兹华斯（William Wordsworth）的诗。人类情感的领域和现实在他面前开启了，他用他自己的感受发现了生活和思想不仅要有理性，还必须包括情感。

---

* 〔英〕约翰·穆勒：《约翰·穆勒自传》，吴良健、吴衡康译，商务印书馆1987年版，第82—83页。

我曾经详细思忖密尔的教育、他的抑郁以及他从抑郁中走出来的过程,不仅仅因为这是 19 世纪最吸引人的故事之一,也不仅仅是因为启蒙运动和浪漫主义各自主张的理性与情感在一个人身上的斗争。我的思考另有原因。密尔自身深切的经历使得他极其敏感地认识到,公众观念对一个人性格的形成是多么重要。更确切地说,他的经历让他特别能够觉察到,成长于一种对意见不宽容或没有观点碰撞的氛围中,会造就精神情感残疾的人,正如培育他的那个环境。他在《论自由》(*On Liberty*, 1859 年)中反对不宽容的社会舆论,那与他童年的经历如出一辙,他父亲和边沁的观点压倒了一切。《论自由》在百余年的时间里都是捍卫思想自由、言论自由和个人行动自由的先锋之一。它是个人主义在 19 世纪最突出的表达。

密尔转而相信,观念的碰撞是必要的,那首先可以让人们的言语多多少少保持坦率,其次可以让人们畅所欲言地表达他们的观点。密尔同时认识到,不管意图多么好,压制真理的某一部分,会伤害到那些不明就里的人。密尔坚信,没有任何人或任何组织可以独掌真理。

这种信念让密尔的思想向两个不同方向推进,虽然能互补却也差别颇大。他主张必须要捍卫个体的自由表达及自由行动,一是为了个体的幸福,二是为了人类的幸福和发展。这两个目标都和他自己的关注紧密相连。

在《论自由》一书里，密尔不惜笔墨反复为言论自由和思想自由抗辩。但他也同样关注行动自由及"生活试验"（experiments in living）自由。密尔曾让自己很长一段时间投入到艰难而痛苦的生活试验中。他 25 岁时遇到了一个 23 岁的姑娘，她的名字叫哈丽雅特·泰勒（Harriet Taylor）。她是个拥护激进政治的一神论者。她曾嫁给了似乎比她年长好些岁的泰勒先生。密尔的情感在被华兹华斯及柯勒律治的诗歌点燃之后，开始深深地爱上了泰勒夫人，其情之深，对他而言无以复加。他这样描述她：

> 在我第一次见到她时，她丰富而坚强的性格已经大体依照受欢迎的女性英才类型发展。从外表上看，她美丽而机智，具有一种使所有接近者都觉得自然高贵的气度。在内心上，她是个感情深沉而坚强的妇女，有洞察力和直觉的智力，又有一种好冥思的诗人的气质。她早年嫁给一位极为正直、勇敢和令人尊敬的男子，他具有开明的思想，受过良好的教育，但对知识性活动和艺术缺乏兴趣，否则他就是她美满的伴侣，不过他是一个可靠而热情的朋友，她对他终生怀着真正尊敬和最热烈的爱情，当他去世时，她陷入深切哀伤之中。由于社会不允许妇女到社会上充分施展其才干，她的生活是一种内省的沉思，随着朋友小圈子寻常交往而变动；朋友中只有一位……颇具天资，性情和才智与她相近，但其余的

人在情操及思想上也与她多多少少有些共同之处。[7]*

从那时开始，密尔就和泰勒夫人建立了一种亲密又似乎全然柏拉图式的关系。这种关系持续了二十年之久，直到泰勒先生离世。在这段时间里，密尔与哈丽雅特·泰勒一道工作，与她讨论他的文章，她占了他生活中很大的部分。他也因此而付出了很高代价。密尔的大多数友人伉俪——他们都是政治激进派——不赞成他们的关系。朋友们不与密尔来往，密尔也断绝与这些人的来往。甚至到1851年他俩结婚时，密尔的朋友和家人仍在反对。这也就是密尔在自传里未提及母亲的原因之一吧。

众人的反对并不像看上去那么简单。毫无疑问，密尔的很多朋友反对他和一个有夫之妇在一起，这也不单单是有违维多利亚时代习俗的问题。背后是有其他因素的。无论是密尔的同时代人，还是他的传记作者，或者研究密尔生平的学者，几乎没有一个像密尔那样仰慕哈丽雅特。事实上，其他人都觉得密尔对哈丽雅特才华的称誉是谬赞。

朋友和家人对密尔与哈丽雅特·泰勒关系的反应，让密尔深切体会到，社会隐微的压力能够也必然会令个体受到影响。这是一种趋于一致化的隐微压力，长期则会让人平庸得泯然众人矣，在密尔看来，它正是通过社会各种组织而产生

---

* 〔英〕约翰·穆勒：《约翰·穆勒自传》，吴良健、吴衡康译，商务印书馆1987年版，第111—112页。

作用的，例如家庭、邻里、教会等，以及这些自发形成的次级组织中的每一个人。这些都是阿历克西·德·托克维尔珍视有加的部分，因为它们维系了习俗，调剂着民主制度的极端性，也为个人避免集权国家的侵害而构筑了坚强的防御。而密尔却憎恶这一切，因为他认为这些阻挠了生活中必要的尝试，就如他与哈丽雅特所经历的。密尔坚信，哈丽雅特与他在一起可以释放她的天赋，也只有通过他们俩的生活实验，她的天赋才能施展出来。密尔这种情绪化的信念，使他在《论自由》中写下了颇为极端的一些文字。事实上，就是这么矛盾，对个体自由最理性、最抽象的一个讨论，却是根植于其作者的情性和爱愿，看到这一点很重要。我们不妨先回到托克维尔。密尔与托克维尔之间有一种奇妙的对反，而他们两位都被当做是19世纪自由主义者。托克维尔希冀着一个有着各种次级团体来调节的民主社会，而这却是密尔最糟糕的噩梦；而密尔期待的全然自由的原子化个人，也是托克维尔的噩梦。

　　密尔与托克维尔的冲突，部分来源于他们不同的目标。两人都很害怕一种全面窒息的一致化，以及其将导向的平庸。两人都对民主制度甚为警惕。但是，托克维尔首要考虑的是，面对西方社会不可避免的平等之潮流，如何维护自由。托克维尔希望人们成为自由之生灵，并永保自由。密尔却大异其趣。《论自由》尽管书名如此，事实上不是一本讨论自由的书，而是一本关于进步的书。密尔首先将人类视为能在特定条件下进步和改善的生物。为了确保进步，密尔只是部分地关注保护笼统的自由。毋宁说，他首先关心的是保护社会中某种特殊人的自由——天才。密尔相信只有伟人（伟大的男性及女性）才能让人性进步，他呼吁自由是为了确保伟人们的自由，这样，通过伟人的活动，人性可能得以进步。换言之，密尔想要为一个总体目标而保障个体主义。《论自由》中写道：

> 天才只能在自由的空气里自由地呼吸。有天才的人……比其他人都更富有个性——社会只会提供几种人格模子，避免人人各自形成性格而招致麻烦，可是天才比任何其他人都更不能不受伤害地把自己嵌入那几个有限的模子里。假如他们由于怯懦而同意被迫嵌入那些模子中的一个，在压力下不能伸展，而他们也听任所受的迫限，则对社会而言，虽有天才却实未受其益。[8]*

托克维尔认为，一个受过教育的中产政治阶层会保护自由，推动民主。密尔却丝毫不这么想。对柏拉图之官僚组织图景的热情还在折磨他。民主时代的兴起必须给人类天才精英让路，因为天才们可以让人类进步、改良和发展。密尔没有告诉我们如何辨识出这类天才。有人猜测那就是密尔与哈丽雅特在镜子中的投影。

---

* 译文参考〔英〕约翰·穆勒：《论自由》，孟凡礼译，广西师范大学出版社2011年版，第76页。译文根据原文有所调整。

密尔的思想走得更远。那个时代极少有人明白他心目中的自由及极端个人主义的真正意趣。回到我一开始所讲的，自由主义者希望解放人，来达成更大的效用，实现繁荣。社会主义者希望改善工人阶级的命运。民族主义者希望建立国家来实现他们的天命。密尔的精英主义、他对伟人能够推进族群进步的信念，以及他对哈丽雅特的挚爱，开启了另一脉思想之路。

密尔相信，英才能够为人类带来进步，而且只有当妇女活跃于政治及思想领域时，人类才智的充沛源泉方能打开。密尔那个时代的其他尖端思想者都没有像他这样想。密尔完成《论自由》的十年之后写了《论妇女的屈从地位》（*The Subjection of Women*），在密尔看来，集体压抑人类精神、阻挠卓越个体的最嚣张案例，就发生在妇女于政治、精神、道德、性等方面的屈从及贬抑。密尔这样描述其情状：

> 男人并不只是需要女人顺从，他们还需要她们的感情……他们因此采用一切办法奴役其头脑……妇女的主人需要不止是简单的顺从，他们动用了教育的全部力量以达到他们的目的。所有妇女从最年轻的岁月起就被灌输一种信念，即，她们最理想的性格是与男人的截然相反：没有自己的意志，不是靠自我克制来管束，只有屈服和顺从于旁人的控制。一切道德都告诉她们，女人的责任以及公认的多愁善感的天性都是为旁人活着，要完全地克己，除了同她们喜爱的人之外，没有其他生活。

所谓她们喜爱的人是指准许她们拥有的人——她们与之结合的男人，或是构成她们同一个男人之间另一个不可消除之纽带的孩子。当我们把三件事合在一起时就是：第一，异性之间天然的吸引力；第二，妻子绝对地依靠丈夫，她的每个特殊利益和享受，或者是丈夫的礼物或者是全然依赖于他的意志；第三，人的追求和谋求的主要目标和社会大志的一切目标，一般地她只能通过丈夫去获取，如果吸引男人这个目标未成为妇女的教育和性格培养的最领头的明星，那真是咄咄怪事了。一旦获得这种影响妇女头脑的重要手段，一种自私的本能就使男人最大限度地使用它，作为使女人屈从的手段，要求她们温顺、服从、把她们的一切个人意愿置于男人手中作为性的引诱力的一个重要部分。[9]

在密尔看来，社会及其一切次级组织将妇女推入到如此令人厌恶的状况中，这就是为何要追求思想自由和社会自由的一个直截了当而不言自明的理由，思想自由和社会自由能打破风俗的固结，解除束缚，让人类中天才的能力可以充分发挥出来。

密尔的思想历程揭示了，即使在那个社会政治压力巨大的时代，单单一个作家的成长、爱情，甚至挫折，都能开辟一片思想、道德和社会的前景，尽管它曾被众人忽视。

第四章 主体性转向

在过去的两个世纪中，西方思想文化史一个最重要的转折，就是把主观权威作为衡量所有经验、看法、伦理观念的标准。我喜欢把这一转变称为"伟大的内在化"（Great Internalisation）。之所以以此为名，我想指的是内在主观的感觉、经验、体悟成为最真实、最可靠的判定标志，来衡量某种观点主张或某种道德价值是否真实、严肃、正确。在17世纪，笛卡尔（Descartes）曾言："我思故我在。"从18世纪开始，欧洲知识分子及其读者们开始宣称："我感觉，故我知道何为实在。"这一思想巨变所引发的后果是不可估量的。它造成了哲学、神学、美术、音乐、心理学、文学、评论、社会理论等领域的转向。由于这种转向，人们就开始了各种各样对内在、潜藏现实的探索与表达，而不再注重外部的真理。从18世纪至今，人类探索内在自我的新方式种类繁多、层出不穷，比如小说、浪漫诗歌、理想主义哲学、福音派宗教以及精神分析。

自古以来，直至近两个世纪，欧洲知识文化进程所关注的基本都是外部。荷马史诗几乎完全注重外部世界，不厌其详地描写外在事物。众神直接地现形，或在梦中显灵，或作为访客显现于人间。维吉尔（Virgil）的诗歌也是如此。整个古典传统以及文艺复兴对古典的重振，都在强调外部。不仅如此，几乎所有的欧洲艺术都力图描摹外在事物。这个问题我将在其他章节中细谈，反正18世纪以前的文学艺术及造型艺术，即如艾布拉姆斯（M. H. Abrams）所说，是一面反映外部实在的"镜子"。

在基督教传统的认识中，上帝能外在地显现其自身。对基督徒而言，上帝是通过《圣经》、通过自然界、通过教会及其神职人员、通过历史，来显现祂自己。罗马天主教廷与基督新教分歧在于对神启有各自的理解，但皆认同神启是一种来自外部的启示，可以被传授，也可以互相分享。

一个伟大的基督教父，曾经表述了自己与上帝之关系的亲身体验，以及自己从异教转奉基督教的经历。他就是圣·奥古斯丁（Saint Augustine），他的《忏悔录》（*Confessions*）堪称教会之父们探索自己与上帝关系的一大典范。后来人以此书为榜样，愈加朝着神秘主义的方向发展。不仅如此，笛卡尔、帕斯卡（Pascal）、卢梭等现代作家也可谓圣·奥古斯丁之回响。

基督教内还有一种颇为小众的传统，它深受教会正统权威的排斥，不管是新教还是罗马天主教都对它深为疑忌。这是一种相信个体的、神秘的启示的传统。这一传统存在于罗马天主教以及新教团体的神秘主义中。神秘主义者认为，上帝对他们言说，通过他们来传达神意，他们的内在体验证实了神启。如此而言，他们某种程度上类似于希伯来圣经中的先知。尽管神秘主义者往往有着明显超凡的人生，他们还是总受到猜疑，因为他们不是通过常规的途径获得神圣真理。他们追求内在真理，挑战了教会权威。对神秘主义或内在神启信仰的最主要忧惧，是怕它会导向不遵律法的唯信仰论（antinomianism）。这就是马萨诸塞州清教徒领袖们面对安妮·哈钦森（Anne Hutchinson）和罗格·威廉斯（Roger Williams）时的恐惧。这也同样是英国政治和宗教领导者面对早期贵格会信徒时的恐惧。当自称获得上帝神意的人是一名女子的时候，就会更加怀疑这是唯信仰主义而惶惶不安。在新教中，当有女子因自身的能力或灵境而要求传道讲道的权利时，新教教团则会非常紧张。

以上我简要交待了宗教背景，是因为在 18 世纪早期，一场旷世的宗教运动席卷了欧美，从欧洲中部到马萨诸塞。这就是新教福音派觉醒运动（Protestant Evangelical Awakening）。这一运动从 18 世纪 30 年代开始，持续了二十多年，不同地区运动的强度有别。似乎那时在当地新教团体中有一种新教正处于危机中的恐慌。危机感来源于德国州省的一些统治者转信罗马天主教，人们担心本省的信仰会被改换。在别的地方，如美国康涅狄格峡谷，一个世纪以前的新教信仰已经变得冷漠而缺乏热忱。牧师和教团的许多成员都在阅读共同的书籍，彼此通信，来建立一个跨大西洋的联络网。许多新教领袖，如辛生道夫（Count Zinzendorf）及乔治·惠特菲尔德（George Whitfield），都往返穿梭于大西洋两岸。

各地福音派纷纷复兴，聚合而成了这一声势浩大的觉醒运动。它们或多或少都有如下特点：

1. 他们强调通过祈祷或某种个人侍奉生活所获得的归信体验。
2. 他们重视赎罪的教义——坚信拿撒勒的基督死亡并复活，乃恕宥罪恶的途径。
3. 总的来说，觉醒运动挑战了已有教会的权威，强调拿撒勒基督信奉者的隐形教会。
4. 他们强调一种内在的有罪感。
5. 宗教信仰的终极检验是感觉，对赎罪之信仰的皈投程度的终极检验也是感觉。

循道公会创始人约翰·卫斯理的例子可以说明觉醒运动之历程。他自幼受家庭影响，是英格兰教会的成员，并上了牛津大学。在牛津大学，他和弟弟查尔斯参加了"循道会社"（Methodist Society），之所以称此名，因其参加的成员都依循特定的生活方式以求得灵魂圣洁。卫斯理受任牧师之后，就去美洲的英国殖民地佐治亚传道。他的传道事业在佐治亚很不成功，但正是在其间，他结识了从摩拉维亚来的新教牧师，被他们的虔诚深深吸引。在返回英国的航程中，船只遭遇了巨大的风暴。卫斯理发现自己极其恐惧死亡，而同船的摩拉维亚乘客却是那么平静自如。等一回到伦敦，他就加入这些摩拉维亚信徒的祷告聚会。1738年5月24日，卫斯理参加摩拉维亚信徒的聚会，有人读到马丁·路德（Martin Luther）的《罗马书序言》。卫斯理的心灵在此夜发生了

改变,他后来在日记中这样说:

> 我心里觉得异常的温暖,我感觉到自己已经信靠了基督,已经获得了救赎的确据。深知主耶稣已经洗净了我一切的罪,且已拯救我脱离罪与死的律法。[1]

在这一内在宗教体验之后的数个星期,卫斯理在露天场地为成百上千的人布道,因为圣公会不再允许他在教堂中讲道。他布道的主旨是:上帝赐恩于那些信奉上帝的人,内在归信体验是得救的保证。从此以后,循道公会逐渐成为18世纪晚期到19世纪初期最具活力的宗教运动。和其他类似的运动一样,循道运动也出现了派别分裂和唯信仰论的倾向,背离了卫斯理之初衷。最终,它也建立了自己的教团。

福音派觉醒运动说来话长,本讲只能一带而过了。但它非常重要,它在欧美文化的深层本质中激活了新教的脉搏。它也衍生出摒弃律法的唯信仰论,对既有教会组织及现存神职人员带来冲击。

此后的两个世纪里,这一运动充分发展,其宗教层面的展开以美国为盛,在欧洲则以一种世俗化的方式进行。它强调内在体证并以文化的各种形式表现出来,加上它那反对一切智识权威的唯信仰主义立场,都塑造了并且继续塑造着西方思想。

我们今天上午关注的这一思想历程中,还有三个值得驻足之处。三位人物都是新教信徒,他们未必投身于宗教复兴，但他们的人生都深受新教虔信主义和新教神学的影响。

第一位即是卢梭，我们前面已经讲过他。可以回想一下他对信仰加尔文教的日内瓦的称赞。他强调个体的、内在的情感，这可以见诸他的所有著作，尤其是《爱弥儿》《新爱洛依丝》(*La Nouvelle Heloise*)，以及《忏悔录》。他本人的一生就是反抗社会权威及宗教权威的唯信仰者。他的著作在整个欧洲被人们广泛阅读、翻译。他有一段话正好与我们此处的主题相合，其影响持续了数十年，在后人的道德著作及神学著作中还犹有回响。

这段话就是《爱弥儿》中"一个萨瓦省牧师的自述"。这位牧师是一位贫穷而非正统的罗马天主教牧师，他待爱弥儿如朋友，给爱弥儿讲基督教。牧师在一开头就说：

> 我对你吐露我心中的所有感觉……你即便不能如实地认识我，至少也要像我看待自己那样来理解我。当你听完我对信仰的整个陈述，当你真正了解了我的心灵状态，你就知道我为什么会珍视自己的快乐；如果你像我这样想，你就会考虑需要做什么才能达到这种快乐。[2]*

牧师不断地对比理性之复杂与心灵之单纯。他鼓励爱弥儿返视自心，来判断牧师之语。卢梭在此很明显地延续了帕斯卡那段著名的话："心灵的活动有其自身的原因，而理性

---

* 〔法〕卢梭：《爱弥儿：论教育》（下卷），李平沤译，商务印书馆1978年版，第377页。译文根据原文有所改动。

却无法知晓。"咱们别忘了，帕斯卡是詹森教派信徒，因此他也是罗马天主教严格主义团体的一员，而严格主义既受教会排斥，也受法兰西王国排斥。

牧师接着强调了"人类智力的不足"，他说：

> 我们只是大整体中一个渺小的部分，它对于我们而言是无边无际的，造物主付诸我们去愚蠢地争论；企图断定它是什么样子和我们同它的关系，完全是妄想。[3]*

他力图指出，如果人类要用他们不着边际的理性去考察自然界，去思索那方面的问题，他们只会迷茫。

面对这样的迷茫，这位牧师说他被引向求教于内在之光。内在之光能让他摆脱迷茫，依循于内在之光，人即使犯错，也是他自己的错误。因此，内在化这一条路径，是卢梭抵制社会败坏及社会谬误的方式。牧师称："我决定把我不能不真心实意地接受的种种知识看做是不言自明的。"

这位牧师又提出一种自然神学，他整个的思考过程其实也贯穿了这种自然神学。其首要的原则，他断言，就是有一种意志在运转、推动着自然界，他认为这一意志是一种智性存在。他完全不能相信这个宇宙是由僵死物质构成的。他认为物质的背后是一种智性存在：

---

* 〔法〕卢梭：《爱弥儿：论教育》（下卷），李平沤译，商务印书馆1978年版，第380—381页。译文根据原文有所改动。

这个有意志和能力的存在,这个能自行活动的存在,这个推动宇宙并安排万物的存在,不管它是谁,我都称之为"上帝"。用"上帝"这个词涵括了所有的"智慧""能力"和"意志"这些理念,还有这些理念必然衍生出来的"仁慈"。尽管我这样概括,并不意味着我更能领会此存在;它既非我的感官能觉知,亦非我的理解能明了。愈思索反而愈迷茫。[4]*

卢梭拒绝理性给人带来的这种迷茫。他拒绝接受物质主义的方式——把宇宙及人性都简单视为物质表现。他坚定断言人类具有自由意志与自由权利。他认为,人类是自由的,因一种非物质的存在物而富有生机。他进一步说他"因情感和思想"而知道自己灵魂是存在的。卢梭承认自己对上帝没有亲身认知,但他毫不怀疑上帝是存在的。

在这一点上,卢梭径直走向了内在心灵。他对于良心有一段著名的论说:

> 良心是灵魂的声音,而欲念是肉体的声音……理性欺骗我们的时候太多了,我们有充分的权利质疑它。良心从来没有欺骗过我们,它是人类真正的向导。它之于灵魂,就像本能之于肉体。依从良心,就是服从自然,

---

* 〔法〕卢梭:《爱弥儿:论教育》(下卷),李平沤译,商务印书馆1978年版,第394—395页。译文根据原文有所调整。

就不怕迷失方向。[5]*

他又说：

在我们的灵魂深处生来就有一种正义和道德的原则，尽管我们有各自的标准，但在判断自己与他人行为善恶的时候，都能以这一原则为依据。所以我把这一原则称为良心。[6]**

良心不是按照理性而是依据感受而动。卢梭赞叹良心：

良心啊，良心！你是圣洁的本能，永不消失的天国的声音，你是真实的向导，引导着蒙昧乏力而又具备智能及自由的人；是你毫无差池地判断善恶，使人能效法上帝；是你使人的本性善良、行为有德。没有你，我就感觉不到我身上优于禽兽的地方；没有你，我就只能按照缺乏正理的浅见和没有原则的理智，可悲地在各种谬误中彷徨。[7]***

在这门课程的其他部分，我们还会再回到"一个萨瓦省牧师的自述"这一篇，它对19世纪的神学颇有影响，这涉及思想史的另一块领域，我们也可以从中看到主体性转向。

---

* 〔法〕卢梭：《爱弥儿：论教育》（下卷），李平沤译，商务印书馆1978年版，第411页。

** 同上注，第414页。

*** 同上注，第417页。译文根据原文有所调整。

但在本讲中，我想指出，卢梭放弃散乱的理性和理解力，转而求诸心灵。他直接抨击了约翰·洛克和大卫·休谟的经验主义哲学。他相信人类具有超越于被动接受感官经验的能力，并且他把这种能力置于心灵或情感中。再者，他肯定或断言说人类具有自由意志。他把人类看做是自然秩序的一部分，人类须服从于物质法则，但人类又具有超越于物质存在的部分。人类基于自由决定作出道德行为，卢梭把其视为心灵的能力。此外，他把一种强大的力量（或称声音）置于人心，称之曰"良心"，并把它视为通向神圣的连接。最后，贯穿于"一个萨瓦省牧师的自述"，卢梭直接批评了经验主义、天启、书呆子文化，以及基督教组织。

60　　卢梭在《爱弥儿》以及很多别的著作中，宣讲说明自己的立场观点，却没有给出任何有效的哲学论证。在那个时代，卢梭被视为一个挑战自己文化的人，推崇感受和情绪，抨击理性。从这些方面乃至方方面面来看，卢梭都是启蒙的敌手。

　　然而，卢梭深深地影响了一个被视为启蒙哲学之象征的德国哲学家——伊曼努尔·康德。康德几乎一生都在柯尼斯堡过着独身哲学家的生活。他的生活非常精细规律。据说柯尼斯堡的主妇们都依照康德午后散步的时间来调整自家的钟表。但有一个下午康德没出门，因为他收到了一本卢梭的《爱弥儿》，对此书爱不释手，于是取消了当天的午后散步。康德是一个推崇理性的哲学家，他对人类实现自由的呼求不逊于卢梭。卢梭与康德两人以不同的方式反叛，卢梭是明目张胆的反叛者，而康德是平和而思想深密的反叛者，似乎是一个被普鲁士王国的检查制度吓住了的老人。卢梭挑战了启蒙运动那种自命不凡、自视甚高的态度，而康德挑战了启蒙运动的理性概念。

康德开始质疑启蒙运动关于理性的概念，是受到苏格兰哲学家大卫·休谟的启发。大卫·休谟在其许多著作中都指出人类其实没有因果关系的实际体验。他们所能体验到的，不过是前后相随的两个感觉之间的习惯性联系，这种习惯性联系被人们界定成"原因与结果"。此种观点开启了对牛顿科学的怀疑之路，包括对一切建立在因果观念上的科学的怀疑。康德曾说，休谟把他从独断论的迷梦中唤醒。康德开始要确保牛顿科学世界——一个人类理智可以发现物理自然的法则的世界——的可靠性。他决意要为科学和数学，尤其是牛顿的科学，建立哲学基础。

1781年康德发表了《纯粹理性批判》（*Critique of Pure Reason*），此书似乎可以说是过去三个世纪里最重要的哲学著作。康德的哲学没办法被简单归纳，但他的著作及写作方式给时人及后世所带来的主要冲击和影响，我们还是能够以一个相对直截的方式来领会。

康德以前的哲学家和心理学家，即那些追随约翰·洛克的人，倾向于把人类理智看成是一个被动的仪器。大量的感觉从外部撞击人的心灵，心灵则依据关联法则，或多或少被动地将这些感觉组织起来。人类心灵不会给认识过程贡献任何东西。康德试图在《纯粹理性批判》里实现他所谓的一场新的哥白尼革命（Copernican Revolution）。他解释道：

> 至今，我们的知识还被认为是要去符合客体……我们必须……做出新的尝试，看看能否让形而上学有新的进展，即假设客体要符合于我们的知识……因为经验本身就是一种包含了知性的知识，而知性有其法则，这些法则我必须要预设都是先于那些客体而内在于我的，故而是先验的。它们用先验的范畴去表述，经验的所有客体都必然要符合并遵循先验范畴。[8]

现在，让我们试着更简明扼要地看看康德想达到的目标。

在这场哲学的哥白尼革命中，康德希望翻转早先关于人类心智及人类知识的经验论定义。他说，尽管确实存在着一堆感官经验冲撞着心识，然而，人类心识本身按照时间、空间、因果等范畴来组织这些感官印象——这些范畴都是内在于人心的。实际上，按康德的说法，我们所认知的这个表象的世界是心识所构筑出来的。面对休谟的怀疑，牛顿物理学的法则仍然是可靠的，因为他们都是人心对感官经验理解的法则。康德实际上是想说：人类心识建构了其自身的经验，它是个能动的主体，而非被动的接收者。

康德试图探寻并说明那些人类心识活动或范畴，它们先在于感官经验,并牢牢地掌控着我们对感觉的经验方式。这些范畴是先验的,或者说,是先于感觉经验的。康德对理性的批判在于理性需要看清楚自己的局限。康德发现,人类通过心识范畴来组织感觉,由此所认知到的世界,实际上有诸多的局限。倘若人类只能按心识组织感觉的方式来把握世界,那么对于人性极其珍贵的某些观念就无法被发现。康德说,运用知性,尽管科学可以安全无损,但关于上帝存在就没有确定的知识,关于人类是道德的生物没有确定的知识,关于人类可以发挥自由意志也没有确定的知识。通过这样一个比卢梭复杂得多的过程,康德发现自己,如果局限在物质世界,就陷入了宗教和道德的困境,这是他所不愿看到的。另一方面,与卢梭相反,康德非常希望确保物质世界中人类知识的可靠性。

物质世界的知识之所以可靠,是因为那都是依据心识范畴所组织起来,康德不愿把读者和他自己困在这样的死胡同里。它是一个表象的现象世界。人类心识用其内在的范畴把感觉经验组织起来,但却无法超越感觉经验。运用洛克、休谟、康德所讲的"知性",人类永远都不能超越表象世界。人类永远都不能发现、体验、探索什么是表象背后的实在——康德称之为"*ding an sich*"或"物自体"。当时的一些宗教思想家对此大为恼火,据说他们给自己的狗起名"康德"来泄愤。虽然避免了对科学的怀疑,却陷入了对上帝、永生、人类自由以及终极实在的怀疑,康德对这样的局面非常不满意。

对于这种可能存在的道德怀疑主义和宗教怀疑主义,康德提出一种方案。他认为,只有当人类在自然状态下被禁锢在感觉表象的世界中,才会存在这样的问题。他相信,人类若运用他们的理性,则能对本体世界有某种直观的知识。本体世界是一个无关乎感觉、纯然为心智的世界——一个先验的世界。康德不同于其他德国哲学家,他从不相信人类可能真正了解"物自体"的特性,但他却相信理性能为人类指示出上帝存在、人类自由、灵魂永生的迹象。换言之,在康德看来,最重要的宗教和道德问题的解决之道,应该向我们的内在寻求。

康德认为,理性是存在于感觉经验之先的心识整体。它将经验组织起来。另一方面,理性也可以思考它自身。当理性思索自身时,人类的人性中最重要、最值得尊敬的成分才得到了实现。只有这种从经验中解脱出来的内在沉思,才能让人类掌握其通向自由及自由道德行为的能力。在《实践理性批判》《道德形而上学原理》《判断力批判》《纯然理性界限内的宗教》这些著作中,康德探讨了以上那些问题。

康德的思想深受两方面的影响,一是他成长于其中的新教传统,二是他认真阅读过的卢梭作品。康德以他极为缜密、分析的方式致力于解决卢梭关切的问题,就像他致力于解决启蒙经验主义所遗留下来的认识论问题一样。康德在其道德哲学中,确实回应了卢梭在《社会契约论》中提出的关注点。在康德的道德哲学里,他描绘了一个人类依据理性而生活的世界,人们都把对方当做目的本身,而不是当做实现自己某种目的的手段。我们可以回忆一下,卢梭曾试图设计一种社会契约的方式,让共同体中每一个成员都能够为彼此同时也为自己制定法律。我不太清楚康德是否认为这可以在经验世界中实现。但在道德的世界里,康德相信人类可以按照这样的方式行事:若他不想让某事成为人人必遵守的法律,他自己就不当做此事。这是一种非常刚性而朴素的道德。卢梭曾在《社会契约论》中讨论过以良知为裁判,而康德在真正意义上让人之良知成为立法者。立法者作为外在的政治角色,可以制定法律,让人类据之而获得自由。在康德看来,个体的良知通过为所有其他人立法,而为自己立法。

说到这里,我想顺便从两个方面解释一下康德之后的德国哲学所发生的变化。其一,与17世纪荷兰哲学家斯宾诺莎(Baruch Spinoza)的影响相关。他把整个世界——心灵和物质——都看成是由一种实体所构成的,这种实体就是上帝。以最简化的方式来说,斯宾诺莎似乎可被看成一个泛神论者。18世纪80年代到90年代,德国的斯宾诺莎研究广泛复兴。人们开始用斯宾诺莎式的思考方式来解读康德哲学及各种康德后学。我强调过,康德实际上对"物自体"所言甚少。后来的哲学家就没这么审慎。有一种思想倾向宣扬物自体的神圣性。他们正是受了斯宾诺莎泛神论的影响而将其神圣化的。

其二，康德哲学谈"理性"和"本我"其实非常谨慎。对康德而言，它们都是很抽象的概念，真的几乎就是个抽象观念。但从费希特（Johann Gottlieb Fichte）开始，德国哲学家以一种非常极端的方式来思考"本我"，有时候"物自体"被直接等同于"本我"。当黑格尔（Georg Wilhelm Hegel）开始研究哲学时，他把整个世界历史看做是世界精神的故事，世界精神的概念来源于物自体，世界精神即物自体对自身产生的知识。如此而言，所有的历史经验都全然转向主体性和自我认知。叔本华（Arthur Schopenhauer）——我们接下来不止一次会提到这位哲学家——曾对后来德国哲学中"理性"一词的变化给出了生动的写照：

> 我们的哲学教授曾想去掉那个名字，即用以指称通过反省和定义来思索及考虑的能力，那种使人区别于动物的能力……决定不再把这种能力称为"理性"（Reason）而是改称"知性"（Understanding）……事实上，他们是僭用理性的地位和名字，代之以一种他们自己造出来的能力，或者说得更确切、更直白一点，代之以一种完全假想出来的能力……一种适用于直接的、形而上学知识的能力：这就是说，超越于所有可能的经验，能够把世界上的事物都掌控在他们及他们的关系中，故而也就在万物之先，是上帝的意识；即是说，上帝就像创造宇宙那样即刻地构造出先验，或者，听起来更繁琐，他从自身中创造出来，或者某种程度上通过或多或少必

要的关键程序而产生出来……理性，所有的才智都被错误而放肆地用在它上面，被说成是"超感觉的能力"，或曰"关于观念"的能力；简言之，一种我们内心中的玄妙之能，天生就是为形而上学设计的。⁹

从约翰·卫斯理、让-雅克·卢梭，到伊曼努尔·康德，这些作者们有着迥异的个性，是否有什么东西把他们的生活和思想维系在一起呢？首先，他们都在虔信派的模子里形成了共同的新教信仰。其次，他们都反对自视甚高的启蒙哲学，以及启蒙哲学所推崇的感官世界。这意味着质疑公民社会的世界的妥善性，因为在公民社会中人只是手段，而不是目的本身。其三，他们都有一种愿望要去探寻人内在情感和直觉体验，同时相信它们是真实可靠的。其四，他们三位都深刻地关注自由。约翰·卫斯理在循道派运动中树立个人权威，抵制加尔文主义的命定论，其宣传的福音强调人的行为和人的能力，以达到他所说的"至善"。有些历史学家把这看成是压制信徒自由的宣教，有些历史学家把它视为给予了信徒们信心，由此实现宗教自由和团体自由。我们曾探讨过卢梭与自由，这里还要重提一下，卢梭所希望的是人能从现代社会的表象和错误价值观中解脱出来。在很多人眼里，包括我自己，卢梭似乎都有一种较深的强迫倾向。但毫无疑问，他的大部分思想都致力于以一种让个体自立自主的方式。最后，康德十分明确地追求自由，以此达到主体性。他的自由是一种道德自由，往往比较抽象。但与此同时，他的哲学人类学强调个体尊严和个体良知。这是一种让普鲁士专制政权相当不舒服的自由观念。

在种种方面,主体性转向都表现了对现有知识、社会及宗教权威的抗拒。唯一的裁判内在于每个人自身。在18世纪,主体性转向造就了个体自由的星星之火,但对整个社会来说,个体自由还是不太可能的。到19世纪,摩擦就出现了,因为旧有政权的体制和运作方式或被推翻或自己瓦解。那个时候,欧洲及世界就会看到,不同观念以及为取得主体自由所做的抗争在不断相互碰撞。

第五章

中世纪主义与文艺复兴的发明

19世纪值得一书的是人们对史学非常热衷。历史话题、哲学、学问、文物保护及鉴赏空前繁盛。19世纪的女性和男性对三个历史时期最为醉心：古希腊、中世纪，以及文艺复兴。今天我将首先探讨中世纪主义，并举一个例子来说明中世纪主义如何影响文艺复兴的表述。

从文艺复兴学问复苏到18世纪晚期，欧洲的作家和思想家普遍都蔑视中世纪。不可否认还有一些人怀慕中世纪时光以及中世纪的那些遗迹——引人注目的一座座教堂和城堡——始终是欧洲美丽的风景。但自人文主义者以后的欧洲学者，都把中世纪看成一个拉丁文糟糕、科学错误的阶段。启蒙思想家们诟病中世纪被宗教黑暗笼罩，受神父操控。我们已经在斯密《国富论》的文段中看到了反中世纪的情绪。进而，随着15世纪和16世纪学问的繁荣，古代世界和古典文学被欧洲知识群体视为政治、思想、文学和美学的典范。

18世纪中期兴起的历史主义思潮开始扭转这种意见。1762年理查德·赫德（Richard Hurd）发表了《骑士精神与罗曼史信札》（*Letters on chivalry and Romance*），他写道：

> 当一个建筑师用希腊规矩来衡量哥特建筑结构，他只会发现畸形。然而哥特式建筑有它自己规矩，依它自己的规矩来衡量它时，它的优点完全不比希腊的少。[1]

这段话本身体现了历史主义精神以及对中世纪的情感变化。从那以后，尤其在英格兰，接着是欧洲大陆，有钱人开始造哥特式风格的房子和园林建筑。哥特式建筑的复兴乃是全欧洲甚至整个欧美的现象，中世纪房屋风靡了西方世界，连不是新哥特式风格的房子都装修成哥特式。哥特式的复兴影响到全球的教堂建筑。学院哥特式建筑成为美国学院和大学校园评价的标志，一个典型例子就是耶鲁大学的德怀特教堂、哈克尼斯塔和方庭。复兴哥特式最出名的代表形象，要数迪士尼乐园及迪士尼世界的城堡了。当初要不是中世纪主义在19世纪的复兴，后世这些建筑恐怕都不会诞生。

为何中世纪主义会得到重振？它留下了哪些主要的业绩？一个亦详亦简的回答即是：因为19世纪西方世界的作家们为了批判自己的时代，把中世纪作为他们唯一重要的历史参照。随着时间推移，关于中世纪的作品越积越多，呈指数倍扩大，19世纪的中世纪主义成为一个自我对照的世界，其中又生成了新的观念，重新审视古典文学艺术之复苏——在一些学者看来，此乃文艺复兴的发明（the invention of the Renaissance）。

69　　对哥特式复古建筑的兴趣和认同产生于18世纪中期，但推崇中世纪的心理源动力却是由法国大革命所激发的。那些反对法国大革命的人需要为旧制度的社会、政治、宗教秩序辩护。柏克等人诉诸一个长线的历史发展，以证明大革命所破坏的很多机制其实是良好的，尤其试图为宗教正名。但与此同时，法国大革命的批评者们心里明白，1789年以前，宗教确实已经被歪曲滥用了。因此，他们寻找一个宗教纯正的时代：整个基督教和睦而清净，思想生活占主导的是信仰而非理性——他们在中世纪找到了。另一个吸引他们回到中世纪的缘由，是因为革命高举的是古代非基督教共和国的那些价值。糟糕的现代世界所缺乏的一切，中世纪都统统可以提供。在推进其理想的过程中，作家、诗人、画家、小说家以及音乐家（如瓦格纳），让新中世纪主义成为现代文化的一个基本组成部分。

最早将中世纪奉为现代之圭臬的，有几位是德国浪漫主义文学的主要人物。比如，诺瓦里斯（Novalis）1799年发表的《基督教界或欧罗巴》（*Christendom or Europe*）称颂了中世纪文化与宗教的统一，认为堪作当代欧洲的模范。

在对中世纪价值的表述中，最重要、最有影响力的一个例子，就是弗里德里希·施莱格尔（Friedrich Schlegel）的《古代与现代文学史》（*Lectures on the History of Literature Ancient and Modern*，1815年）。施莱格尔非常系统地为中世纪辩护，批驳了一味崇奉古典世界的人，也批驳了启蒙运动那种他称之为破坏性的、怀疑的观点。施莱格尔说：

> 我们常常自以为是地认为，中世纪不过是人类心灵史的一段空白，是介乎于古代之典雅与现代之光彩之间的一个空档。我们情愿相信［随着罗马的衰落和蛮族入侵］艺术和科学都完全毁灭了，它们从千年沉睡中［于

15世纪]复苏是非常神奇而令人惊叹的……²

施莱格尔反对这种看法。古代学问并未在中世纪完全死亡,那数个世纪依然诞生了不少优秀的东西,在现代文学中亦是精华。中世纪是北欧文学发展的萌芽时期——北欧这块地方没有从古代世界受用什么好处。他认为中世纪是不可或缺的成长过程。

美丽而静默的生长过程注定是灿烂绽放的前提,而花之绽放又呈现了果实成熟之前的芳姿。就个人而言,成长是生活的理想萌芽;就国家而言,会有一些突发变化及思想扩张的时刻。在眼下全世界诗歌春花遍开的时日里,西方国家历史中那个十字军东征、骑士与情歌的时代应当被放到整个世界进程中来考量。

施莱格尔尤其赞美了中世纪和十字军东征中那些骑士:

人的青春时光是最富于情感的,各民族的青年时代也是最盛产诗歌的。十字军东征之时乃是现代欧洲的青年期。它是一个情感纯粹、热血旷恣的时代,是爱、战争、激情、冒险的时代。十字军东征之后,再也没有什么像诺曼人远征那样牵引欧洲各民族新的退思了。十字军东征已经在所有日耳曼民族的原初思考模式中打下了根基;从北方古老神话时代迄今,那种对神奇事物、对巨灵、山麓英雄、美人鱼、少女、精灵以及侏儒巫师的理想化笃信,无处不在地抓住人们的心灵。然而诺曼人的到来却为所有这些信仰、所有这些观念注入了全新的生命力。他们是来自北方的新居民，已经从诗歌与骑士气息中吸纳了其本真的纯粹……他们整个的观念和生活都是诗意的，神奇之物就是他们所有的信仰和志向的永久目标。³

中世纪诗歌讲述着亚瑟王（Arthur）、尼伯龙根（Nibelungen）、罗兰（Roland）的故事，施莱格尔不仅赞美这诗歌，他也认为中世纪的灵魂乃寓于其哥特式建筑之中。在他看来，那些建筑与骑士都留下了未被完全实现或发展的理想。如：

> 中世纪精神只有在那些建筑的丰碑中强烈地展示自己，可我们却无从得知其起源。我指的是那种基督教建筑风格：特有的高耸拱顶及拱门、芦苇束般的柱子、琳琅满目的装饰、各种花朵叶片……大家现在全都认为这种风格不是哥特人所创，因为哥特人的国家早就不存在了，它的遗存物不可能延续到今天；我们也明白那不是一种需要数世纪去完善的艺术……⁴

对施莱格尔而言，哥特式建筑的独特价值不在于其实现的功能，而是其蕴含的理想。日耳曼式、基督教式、哥特式建筑蕴含了潜藏的寓意。施莱格尔说：

> [哥特式建筑的]首要目的就是表达神圣思想的崇远、绝尘冥思的高尚和升往天国的自由……每一个部分

都如整体一样富于象征,我们可以从那个时代的所有著述中感觉到种种迹象。教堂里的圣坛朝着太阳升起的方向,三道圣口意味着世界各地信众的汇聚。三个尖塔表示着上帝三位一体的……神圣。十字架的形状与早期基督教教堂一致……整座楼的主要装饰就是玫瑰,包括门、窗、塔的形状都可以追溯到玫瑰形状,还有花朵和叶子的各种附属装饰物。当我们看整栋结构,从地下室到唱诗席,不禁会想从尘俗之死亡引升至永生的圆满、自由、庄严荣光。[5]

施莱格尔表明自己感觉到需要在其文学讲稿中讲一讲中世纪教堂,因为那些都是中世纪的一座座丰碑,却惨遭忽视,不被欣赏甚至被曲解。要注意,夏多布里昂(Chateaubriand)在《基督教真谛》(*The Genius of Christianity*)中也类似地点明了中世纪教堂相关的宗教之谜。

施莱格尔的这些文段反映了理想主义以及对神秘的喜好,这些都是他那个时代日耳曼人的思想特征。然而,一位当代德国评论家从当时发表的这些讲稿中还看到了一种向梅特涅(Metternich)归诚的强烈政治动机,我认为这一观察是很恰当的。海因里希·海涅(Heinrich Heine)在《浪漫主义学派》(*The Romantic School*,1832年至1833年)中认为,施莱格尔无处不在地为罗马天主教写作,反对启蒙运动、法国大革命以及拿破仑帝国所带来的理性主义和怀疑主义。海涅这样评论施莱格尔对中世纪的热衷:

> 弗里德里希·施莱格尔从一个较高的视点考察了整个文学史，但这一高视点却始终是教堂的钟塔。从施莱格尔所说的一切，你都能听出钟声在响，有时你甚至能听到教堂乌鸦绕在他身边振翅，呱呱地叫。整本书令我想到大弥撒时焚香，我似乎觉察到它美丽的文段间有出家修士的观念在窥视着。尽管有这些瑕疵，我依然认为它是这一领域最好的著作。[6]

海涅把施莱格尔的问题瞄得非常准。尽管如此，施莱格尔式的中世纪形象与沃尔特·司各特（Walter Scott）爵士的很多小说里所描写的中世纪故事共同形成了一种氛围，影响了文化的方方面面。向往中世纪的作家作品还有约翰·济慈（John Keats）的《圣亚尼节前夜》（*The Eve of St. Agnes*）、维克多·雨果（Victor Hugo）的《巴黎圣母院》、艾尔弗雷德·丁尼生（Alfred Tennyson）的《夏洛特姑娘》（*The Lady of Shalott*）及《国王叙事诗》（*Idylls of the King*），还有马克·吐温（Mark Twain）的《误闯亚瑟王宫》（*A Connecticut Yankee at the Court of King Arthur*），以及萧伯纳（G. B. Shaw）在20世纪20年代所写的《圣女贞德》（*Saint Joan*）。

虽然对中世纪的重视发端于基督教作家，也与基督教作家关系最紧密，然而，同样有像圣西门学派这样的世俗空想主义者，把中世纪看成是欧洲历史上最后一个伟大的有机阶段，认为那时的社会是由共同信仰、社会层级观念以及某种共享的价值观凝聚而成的。请记住，圣西门主义者对中世非常向往，记住这点很关键，这可以解释为什么一些看起来不大会喜欢中世纪的世俗政治社会思想家，反而对中世纪大唱赞歌。有一些既读过德国人的书又读过圣西门学派著作的作家，竟也建立了一个迥然不同的中世纪图景，令维多利亚时代的英国以及19世纪的美国这样深奉新教的世界都乐意接纳。

这些作家中最突出的是托马斯·卡莱尔（Thomas Carlyle），他于1843年发表了《文明的忧思》（*Past and Present*，或直译为《过去与现在》——译按）。这本书宣扬了激进社会思想以及对工业秩序的激进批判，影响力一直持续至19世纪末。与19世纪40年代的其他人相比，卡莱尔更倾力地将中世纪打造为文化与社会之理想。《文明的忧思》成了19世纪40年代的某种"圣书"，尤其受青年人追捧。在《文明的忧思》中，卡莱尔关注了早期产业主义、失业、饥馑、政治动乱等"英国状况问题"（The Condition of England Question）。

卡莱尔拒绝对这一问题做纯经济学分析。英国状况问题不单单是一个投入、产出或抽象分析的问题。他抛弃了当时所有对英国状况问题给出的解决方案，称其为"庸医谬术"（quackery）。亟须的是贤才精英和新一代英雄。但卡莱尔在1843年去哪里找英雄呢？他回望中世纪，找到了一位萨姆森院长（Abbot Samson）。萨姆森院长复兴了一个人气惨淡、行将关门的修道院，将之整治得生机勃勃、百废俱兴。卡莱尔把萨姆森院长的事迹奉为一个典型,希望类似的复兴能发生在英国。他向我们展示了萨姆森自当选为修道院院长以来,修道院从困境中逐步走出,面临了什么样的重重问题。萨姆森院长重建的不仅是修道院的章程规矩,他的重建更是把真实的生机和活力注入传统形式之中。对于这位中世纪英雄,卡莱尔写道:

> 萨姆森院长修建了许多实用而又虔敬的大楼,许多住宅、教堂、尖塔、谷仓——这一切都倒塌消逝了,然而它们曾大有用处。他建立了巴布韦尔医院并予以捐赠,还为圣埃德蒙镇学校兴建校舍。他将许多茅草屋顶换成了瓦顶,若是教堂则基本换为铅制屋顶。所有破败不全的东西、房子等,都会令人触目生悲……把腐烂易燃的茅草顶换成瓦或铅,以及把道德败坏转变为严格井然的秩序,都将给人们带来莫大的安慰![7]*

萨姆森对工作极其投入,他相信上帝的意志可以通过人的工作在尘世间实现,这令卡莱尔对萨姆森钦赏不已。对工作之内涵,卡莱尔有他的深思。

> 正是工作以及被遗忘了的工作,塑造了这个有人存在、有衣穿、可以言语描述的、有高耸房屋、有广袤良

---

* 〔英〕卡莱尔:《文明的忧思》,郭凤彩译,金紫校订,金城出版社2011年版,第169页。根据英文对译文有所调整。

田的世界。那些勇敢的无名氏们的双手为我们创造了世界；是他们——向他们致敬；是他们，而不是懒汉和懦夫。这片英格兰大地，此时此地，源自于所有英国世代祖祖辈辈的智慧、高尚以及对于上帝真理的依从，是这一切的总集……英格兰大地有它数位征服者、占有者，他们一个时代又一个时代、一天又一天地轮替着。但它真正的征服者、创造者和永远的拥有者却是下面这些人，以及他们的代表，如果你能找得到的话：一切英国英雄的灵魂，在各自不同的程度上；所有曾经在英国削过一根蓟，排干过一个水坑，想出过一条妙计，做过或说过一件英国的勇敢而真实的事……工作？无数做过却被遗忘的工作，静静地躺在我的脚下，护卫陪伴着我，支持给养着我，无论我走到哪里、处于何处，无论我想什么、做什么，它们都映现在其中。[8]*

重回这样的工作——各行各业的男性女性都出于真心、自发地工作——卡莱尔召唤着国家，召唤着文化。他的召唤就如同吹响的号角，激活人性中普罗米修斯的特质来革新现状。他呼唤以一种精神的振奋来取代对货利、权势及财富的崇拜，即做好工作的成就感。通过这样的工作，其时之伪善、虚假、激狂都会被一举击垮，而一种有价值的文化则会

---

* 〔英〕卡莱尔：《文明的忧思》，郭凤彩译，金紫校订，金城出版社2011年版，第179页。根据英文对译文有所调整。

兴起。他正是在中世纪的修道院里发现了这样的工作。修道院所展示的，不再是施莱格尔的神秘信仰和神秘主义，而是如何工作及如何做好工作的伦理。用这种思维转换手法，卡莱尔将中世纪与强烈的新教价值联系在了一起。

卡莱尔之所以能了解到萨姆森院长，全赖卡登协会（Camden Society）——一个印刷出版组织，印刷其认为重要的历史手稿——那时刚刚出版了有关于萨姆森院长事迹的年谱。不过找到这个原因并没有多大意义，因为能选择印刷这样的手稿，亦证明了当时的人的学术兴趣——对中世纪历史研究的兴趣。

19世纪40年代，在英国、法国、德国产生了对基督教艺术和非基督教艺术价值比较的争论。争论中所谈的基督教艺术，就是与中世纪相关的艺术；而文艺复兴艺术则倾向于古典主题和异教主题，这被认为是非基督教的。在很大程度上，文艺复兴的概念产生于这场争论。而它的产生很大程度上是与中世纪主义这一概念共生的。这一转变的关键人物就是英国艺术及社会批评家约翰·罗斯金（John Ruskin），这场争论源于他对威尼斯城的探讨。你将会发现，卡莱尔的思想在这一过程中发挥了举足轻重的作用。

约翰·罗斯金生于1819年，是一个富裕的中产阶层家中的独子，家中以经营雪利葡萄酒为业。其家人对浪漫文学艺术有着浓厚的兴趣。全家人会一起听诵拜伦勋爵的诗，包括那些粗俗的章句。罗斯金的父亲购入了透纳（J. M. W. Turner）

的几幅画作以及其他艺术品。整个家庭又是极其虔敬的，一家人会经常一同读经文，参与教会活动，聆听不少当时口才好又声名显赫的牧师布道，他们守安息日——这一天，家中透纳的画作会被遮起来，以免使思想离开上帝而去留意艺术之美。罗斯金后来上了牛津大学基督学院，他母亲就住在街对面的房子里。艺术熏陶伴随着严格的新教生活，引导着罗斯金度过了整个青年阶段。

  1851年罗斯金发表了《威尼斯之石》（*The Stones of Venice*）的上卷。这是一部文化批评的巨著，书中追溯了威尼斯的过去，以之来讽喻工业革命前几十年英国生活发生的巨大变化。罗斯金考查了威尼斯的石头、砖块、墙壁、屋顶、门窗。就像莎士比亚以其塑造的人物来"以石布道"，罗斯金在他的布道中也有两个主要目的。首先是为源于天主教中世纪的哥特式复兴建筑做澄清，以使其能被大英帝国广泛的新教徒接受。因为哥特式复兴建筑模仿了中世纪建筑，很多英国人会将其与罗马天主教联系在一起。罗斯金试图使哥特建筑和罗马天主教信仰两者不相关联。罗斯金的第二个目的是为哥特式复兴建筑辩护，让人们看到它是可以符合并适应于现代建筑目的的。同样也是由于哥特式建筑容易被联系到中世纪，有些人还认为那是黑暗时代，故哥特式建筑被摒弃在现代建筑之外。19世纪上半期的现代建筑，用得最多的样式是大英博物馆一类的古典风格。唯一的例外是新国会大厦。

  罗斯金深信建筑质量以及建筑物内部的工作影响着生活

质量，受他的影响，19世纪以来许多人都这么认为。在罗斯金及其同代人看来，早期工业革命摧毁了一个原有的英格兰伊甸园。他想重建社会价值观来重建那个伊甸园，而社会价值观又寓之于哥特式建筑中，通过复兴哥特式建筑，可将如此价值观传遍英国大地。

据我所知，托马斯·卡莱尔从未去过威尼斯。可是，约翰·罗斯金在游历威尼斯、书写威尼斯时，他的头脑和灵魂中充满了卡莱尔的思想。罗斯金相信，工作可以被改造，以使工作令工作者高贵，但首先，主导了英国和欧洲三百多年的建筑风格需要改变，需要回到中世纪的哥特式，回到萨姆森院长的世界里那种哥特式风格。

在罗斯金所有著述中，最负盛名的是"哥特式的本质"这一章，在这一章中，罗斯金首度直指文化品质的主题。他所谈的是普遍意义上的哥特式建筑及设计，而非特指威尼斯的哥特式样。在此章中，他深入挖掘了建筑物得以建造的社会情况，甚至涉及实际建筑、装修的工匠们的情况。罗斯金认为，建筑物的品质以及对工匠的要求，决定了工匠本身的品质：即是说，设计本身的选择，决定了工匠们是在幸福地享受工作还是痛苦地完成差事。罗斯金说：

> 你要么把人变成工具，要么使人成为人。你不可能两者兼得。人不可能如同工具般精确地工作，不可能在他们的行为中那么精准完美。如果你硬要他们精密，让他们的手指能像齿轮一样测量角度，让他们的手臂能像

圆规一样画曲线，你就是让他们非人化……另一方面，如果你让人成为一个工作的生命，你就不能把他们弄成工具。让他开始想象，想着去尝试些什么有价值的事，同时，也会失去机器般的精确。他所有的粗糙、所有的迟钝、所有的无能都会显现出来，遗憾接着遗憾，失败跟着失败，停顿再而停顿；可是他完满的庄严也展现开了……[9]

现代生活与现代消费中折磨人的，便是那种整齐划一而分毫不差的商品需求。

罗斯金所谴责的，是19世纪绝大多数工人都不能像卡莱尔《文明的忧思》中所描述的那样去体验工作。他继续说：

使从事生产的劳动者降格为机器，比这个时代其他的罪恶，更加令整个国家的群众陷入到徒劳的、混乱的、消极的抗争之中，他们想要追求一种自由，可这种自由的本质他们也无法搞清楚……人们并不是缺乏被理解，而是他们在其赖以糊口的工作中没有任何乐趣，所以把财富视为唯一的快乐之方。[10]

上一世纪出现的劳动力大分工使得日常商品可以被精准地制造出来。亚当·斯密等经济学家称赞劳动力分工所带来的生产力提高，而罗斯金却彻底否定它。他说：

真心说，分化的不是劳动力，而是人：人被分成一块块的——分裂成生命的小碎片和细屑；以至于留在一个人之中的才智碎片都不足以制造一根针、一颗钉，而在制作一个针尖、一个钉头中就被耗尽了……哭泣会让我们大众意识到各种不幸，而这些不幸只能以一种方式被碰触：既不是教育也不是布道，因为教育他们无异于向他们展示他们的悲惨，而布道，如果我们仅仅是布道，就是在嘲笑。只能以一种正确的理解来碰触其不幸，面向所有的阶级，认识到什么样的工作对他们好，照顾他们，让他们快乐；并且决意放弃那种因由贬降工人而得来的便利、美丽、廉价，同时决意购买那种由健康、有尊严的工人所生产出来的产品。[11]

在这一段中，罗斯金否定了经济增长本身和经济扩张，斯密及其他经济学家曾将之与劳动力分工联系在一起。他摒弃那种不断需求更多商品的文化以及价值观和品味，因为在不断制造愈来愈多的同质化消费品的过程中，工人的心灵会遭受摧残。

我们可能会问，所有这些社会的、政治的悲叹，与哥特式、威尼斯有什么关系？它至少初看起来很简单。哥特式建筑的建造方式比它之前的所有建筑，能使每一个工匠更自由地发挥。

中世纪的美德即是罗斯金使之与哥特式相联系的美德（主要得益于卡莱尔）。罗斯金写的是中世纪的哥特式，可他关注的却是为19世纪的哥特式辩护，并且用哥特式的观念来给维多利亚中期这一时代确立社会理想。罗斯金深信,中世纪以后的建筑是一种统一的、精准的制造,它只能通过贬降工人来完成。哥特式的美妙正在于它的无限多样性。建造大教堂及其种种装饰的哥特式雕塑家,是所有工匠中最自由的。自由的中世纪劳动者建造着哥特式结构,这样一个世界已然被文艺复兴取代了。如此,在罗斯金看来,中世纪以后的欧洲历史就是退堕、腐蚀、沉沦。文艺复兴开了一条长长的建筑退堕之路,直达罗斯金所能见到的那个用整齐方砖建造的伦敦。

大多数早先到访威尼斯的游客以及所有的旅行指南,都以这座城市的文艺复兴遗迹为骄傲。罗斯金却相反,对文艺复兴持一种高度批判之态。他把文艺复兴以及那个时代的房屋都视为工人们受到贬降的例证,也视为追求精密的例证,只会让他想到新英国工厂的精密。

罗斯金想要证明,始于15世纪的文艺复兴,无论在建筑方面还是在道德方面都比中世纪的层次低。他认为,文艺复兴的艺术与建筑从内质上就比中世纪低劣,因为那是一个总体上文化衰退的时代,缺乏文化上的有机统一。罗斯金以一种新教福音派的思维框架,还对文艺复兴提出了另一种批评。他需要说服大量的新教徒英文读者,中世纪的哥特式并非罗马天主教。换言之,罗斯金在暗示着表达,中世纪的宗教信仰在神学上是纯正的,只是在后来才退堕腐化的,故而需要宗教改革。因此,他描绘了从中世纪进入文艺复兴这一阶段威尼斯及整个欧洲文化的衰败史，让中世纪显得纯粹，而文艺复兴的宗教及艺术则显得败坏。中世纪纯粹的基督教被文艺复兴腐坏的基督教取代，于是就有了宗教改革以及后来的反宗教改革运动。

文艺复兴好尚的错误在于"渴望普遍的完美"。这种好尚加之古典研究的复兴，导向了对古典建筑的复兴的诉求，其规则的线条与极度匀称感无不在各个方面都与哥特式形成对比。正是对建筑、绘画、商品那种完美的要求、永无止境的重复和统一感的追求，导致了工人们的退化，这个过程始于文艺复兴，在英国工厂那无穷无尽的机器重复运作中了结。几乎没有工人能够创造完美，所以他们必须成为其他优秀艺术家的复制者。哥特式教堂的雕塑匠们享受着自主和原创，这里却完全不给任何空间。

尽管如此，罗斯金的新教倾向使他从严格道德的范畴来看待这种退化。文艺复兴的根本罪恶在于傲慢之罪。罗斯金说：

> 道德或不道德的成分混合构成了文艺复兴主流建筑的灵魂，我认为，主要有两种——傲慢与不信神；而骄傲分成三大分支——科学的傲慢、国家的傲慢和体系的傲慢。[13]

既然文艺复兴是从傲慢生根并从傲慢长出的，罗斯金把这种文化与伊甸园的堕落相连。中世纪的人们和睦而居，与上帝和谐相处，后来则堕落到对上帝傲慢、人们之间也充满社会冲突的时代。

文艺复兴拔高了体系的傲慢。罗斯金对文艺复兴体系的抨击类似于前人对启蒙运动思想中体系的抨击。这些体系包括了逻辑、语法、法典汇编以及其他一些模式，罗斯金皆视为对思维的束缚。艺术、建筑、诗歌和哲学的世界"被它们弄得只有不同形式的带着镣铐跳舞"[14]。所有这些体系都抛弃了上帝在人心中确立的真正律法。体系的傲慢建立起了一个摧毁天赋创造力的约束及法律的世界。

文艺复兴的傲慢与不信仰上帝相连，不信神乃是从推崇异教胜过基督教而起的。当时的文学认为古典作品比《圣经》更重要，也写得更好。异教的故事和神灵替代了基督教的。罗斯金解释：

> 那个时代的想象力积极地倾注在异教相信的事物上。人类一切最优秀能力，过去都是用在侍奉信仰上，而现在却转而侍奉［异教的］虚构。[15]

正是由于威尼斯已陷入到国家的傲慢中，沉迷进不信神的状态里，在18世纪最终沦落到"肆无忌惮地寻欢"，而丧失独立存在。虚荣与沉沦也就给威尼斯带来了许多罪恶。

罗斯金看待威尼斯的历史，就如同他考察威尼斯的建筑、绘画、遗址一样，将其视为一场宏伟的福音派道德剧。威尼斯人在他们的艺术和建筑体验中重演了人类在伊甸园的堕落。他们听任于傲慢而丧失了自发和自主,傲慢继而带来堕落。这样一来他们就失去了自由。他的观点也与柏克类似。谁若自作主张地追求理性体系,而不是传承源自中世纪的有机模式和系统,也会丧失他们的自由。

罗斯金认为同样的命运也在悄然等待着维多利亚时代的英国。罗斯金建议把凡是与希腊、罗马、文艺复兴相关的东西都从英国艺术中驱逐出去。取而代之的应该是哥特式。事实上,在英格兰、欧洲大陆多数地方、美国,维多利亚时代的建造者都遵循了罗斯金的劝告。19世纪40年代以来,大量的英国教堂都是哥特式的。罗斯金的《威尼斯之石》给了哥特式建筑急需的重振之恩。从伦敦的圣潘克拉斯火车站,到牛津大学的皮特河博物馆,它在无数维多利亚市镇建筑中找到了自己的用武之地。维多利亚哥特式在罗斯金之前就有了,但他从威尼斯的石头发出的训诫,却目睹了哥特式在全英国的风靡。在美国,同样有罗斯金的美国信徒在强调哥特式。他们效仿的既有中世纪建筑,又有哥特式复兴建筑。美国由宗教团体创办的大学,无一例外地采用哥特式。哥特式建筑将使他们免于道德堕落,正如罗斯金在威尼斯石头的华丽中已指出了其带来的道德堕落。把文艺复兴视为从优雅往下堕落的结果,这让中世纪主义在19世纪末又发出了新的申辩。

第六章 历史化的自然

如果一个1800年智力成熟的人在1900年复活，对他而言，进化论是最翻天覆地而又无处不在的新观念。当然，在科学、宗教、哲学领域同样也有很多崭新的观念，但都不像进化论那样深深地渗透到了一切知识领域。在一个又一个思想区块中，都在显示着对变迁与革新的信奉，不管是提问的方式还是回答的特点，每每都反复聚焦于推陈出新。进化论比科学知识的发展还要更激进，它导向一种对世界彻底的自然道理解释，对人类的定位也用彻底的自然道理来解释，它把世界以及人性都建构为某种进程，把自然界本身以及人类都默认为一种历史。伴随着进化观的出现，西方思想决然离开了对存在（being）的沉思，转而考虑生成（becoming）的意涵。人们坚信自然界（尤其是有机自然界）是有发展之历史的，这种观念又形成了一种新的思想力量，一方面导向相对主义，同时也像人性的历史主义一样，自证本身为正确的。

尽管进化观有其根本重要性，但却存在着大量与它相关的淆乱。例如，虽然严格而论，进化、发展、转化这些修辞都是与生物科学关联的名词，但它们很容易转用在其他知识领域中。在生物科学中，有不同版本的进化论：即是说，不仅有进化论与非进化论之别，还有达尔文主义进化论与非达尔文主义进化论之别。一些支持进化的最富雄辩的论者都不是生物学家，也不是达尔文主义者。另一种淆乱是，人们赞同还是排斥进化论，其原委往往与生物学无甚瓜葛。有的人出于宗教的缘故反对它，有的人由于喜欢它对社会政策的暗示而接受它。有些小说作家及记者是进化论的强烈支持者，因为它有利于新闻出版业。还有些人成了进化论者，是因为进化论符合他们现有的历史主义思考模式。我个人认为，若没有历史主义为它打前站，进化论这一观念不可能在文化上那么畅通无阻。

进化论的理解淆乱还有两个原因，需要详加考查。第一，当谈到进化或物种转化时，有必要区分这一概念本身与其具体机制和解释方式。查尔斯·达尔文（Charles Darwins）相信进化确已发生，他也相信他提供了一套机制，解释了在纯自然状态下进化是如何发生的。物种进化的观念虽被广泛接受了，然而即便自称为进化论者的人，也不怎么认同达尔文机制为妥当的学说。举例而言，赫伯特·斯宾塞（Herbert Spencer）这位进化论的领军人物，就不是个达尔文主义者。托马斯·亨利·赫胥黎虽然是达尔文最主要的公众拥护者，但他反复强调自己只拥护进化的事实，并不同意达尔文的自然选择论。

1859年，达尔文发表了《物种起源》（完整书名为《依据自然选择或在生存竞争中适者存活讨论物种起源》，*The Origin of Species by Means of Natural Selection or The Preservation of Favoured Races in the Struggle for Life*)。此书甫一发表,赞誉与批评纷至沓来,达尔文看重的批评意见都是来自科学界,他为回应这些批评而修订其书。有些批评很明显有宗教的动机,但它们都针对的是理论本身的问题。毫无疑问,19世纪70年代中期以后,达尔文的自然选择论成为解决物种变化问题的主要观点,但它也不算是普遍共识。到1900年,科学界存在着各种各样的进化理论。在这方面,弗农·凯洛格(Vernon Kellogg)的《今日的达尔文主义:当今对达尔文选择理论的批评》(*Darwinism Today: A Discussion of Present Day Scientific Criticism of the Darwinian Selection Theories*,1907年)是一个关键文献,此书向我们展示了世纪转折时的进化理论乃是无比多元的状况。彼得·鲍勒(Peter Bowler)称之为"达尔文主义的日蚀"。在其失势之后,到20世纪30年代,达尔文进化思想在生物学界又复兴起来,开始与遗传学紧密结合。现今的进化综合观正是形成于20世纪30年代,当前它也面临着来自科学界内外的新挑战。在生物学界,达尔文进化论经历了一个犹如过山车般陡下陡上的过程,然而,非生物学者往往忽视这个过程,把达尔文进化论的接受和传播视为直线发展。因此,在1909年和1959年,即《物种起源》发表的五十周年、一百周年,都有众多非科学界人士出来赞颂达尔文及其功绩。

我认为,进化论的后期发展,不单单表征了进化论广泛的民间接受度,它也显示了进化论不仅在相关的科学小圈子里被青睐，在外行人那里一样受欢迎。19世纪，很多人蜂拥而上地要进行各种知识创新。然而，他们却面临着阻碍：法国大革命所带来的骇人景象让人们对变革产生恐惧，特别是政治保守主义者对革命的批评；其二，常有一种观念认为物质和有机自然界是不变的，故而社会秩序和宗教秩序的变革是非自然的、不好的、不必要的。对于这些人，进化的自然界这一形象能打破认知障碍。它对哲学、道德、智识问题给出的是不确定的结论。进化论和发展观可以用来得出意外的结论。例如，1845年，在达尔文之前，约翰·亨利·纽曼（John Henry Newman）在《论基督教教义的发展》（*Essay on the Development of Christian Doctrine*）中指出，在大多数英国教徒眼里，基督教教义自教会之初以来就没变过，而事实上已变，也必须要变。纽曼也用此来论证自己激进的文化转向——他离开英国教会，转皈罗马教会。

查尔斯·达尔文所讲的科学问题，19世纪的人们看来就是物种问题。它包含了两个不同的疑问：(1) 物种是否会随时间而变化？(2) 如果会变，变种是如何发生的？如果对前一个问题说否，后一个问题也就不成立了。

19世纪生物学思想中有些观念的思维特点和探索方向，使物种问题在19世纪早期浮出水面。布丰（Georges, Comte de Buffon）反对进化这一概念，并提出一系列关于进化的问题。他对地球年龄问题很有兴趣，对已绝种动物的遗迹非常着迷。他推测相像物种很有可能来源于一个共同祖先。尽管布丰本人并不相信物种的演化，但他为其后的进化探索做出了颇多有分量的贡献。首先，他把进化的探讨引入了科学论坛，他的威望使进化论的研讨变得名正言顺。他对比较解剖学贡献卓著，形成了后来关于动物原始型（archetypes of animals）的观念——物种的理想样态——其支持者只把进化论作为可能性之一。布丰的研究也有助于推进扩展地球年龄的时间长度，这对于自然界的历史化起到了关键作用。

第二位19世纪的重要人物就是卡尔·林奈（Carolus Linnaeus）。林奈发展出了极其详尽的物种分类系统。他的分类非常具有逻辑，很匀整。物种树状图就是他的杰作。他指出了自然界一些很精细的联系，但他认为物种是无法改变的。

虽然布丰和林奈之间的差异多于认同，但他们俩的学术倾向共同催生了物种本质概念。换言之，他们相信每一个物种都在自然之图式中占据某种本质。这些物种各自有独立的存在，这常常是从神圣造物的角度加以解释。物种并不会随着时间改变。布丰强调两种截然有别的物种之间的杂交是不可生育的，这就对物种演化树立了概念障碍。而林奈的体系化自然层级又树立了另一个概念障碍。需要看到，物种概念的固化并不是来自无法追忆的远古，它就发生在18世纪晚期，认清这一点并不是无关紧要的。

第一个挑战这种自然和物种概念的博物学家是拉马克（J. B. P. A., Chevalier de Lamarck）。他所做之事与所出之言都很重要，其事或已竟或未竟，其言说虽或为人们误传，但不妨碍其重要性。在达尔文著作发表之后，一些 19 世纪晚期的科学家们追根溯源，找到了拉马克。在 18 世纪末 19 世纪初，拉马克开始相信物种演化。在 18 世纪 90 年代末，他开始负责管理巴黎博物馆中软体动物部分的收藏，他就此注意到了物种序列存在着空缺及不连续，而当时已有的理论将之描述为一个连续体。对于自然神论者和持本质主义思考方式的人而言，物种灭绝始终是个疑难问题。如果上帝造就完美的物种，让它们在环境中和谐生存，而且这些物种亦永恒不变，那么在这个完美构造出的世界里怎么会有物种灭绝呢？基于这两方面观察，拉马克开始推测，物种或许因时而变。

拉马克真正的问题是：这一变化发生的机制是什么？他认为有两种核心机制。其一就是他所认为的自然会从简单趋向于复杂结构：

> 自然，在不断地产生一切种类的动物，它始于最不完美的、最简单的，而以最完美的告终，让这些物种的机体逐渐变得更加复杂。[2]

拉马克的第二种机制，是他认为生物具有一种应对它们环境变化的能力。他相信动物必须与环境相和谐，这就意味着它们必须能够应对变化。这解释了物种变化的原因。

需要注意的是，拉马克的进化观与达尔文后来的思想有着本质的差别。对拉马克而言，环境变化产生了新的需要，生物机体则会应对这种需要。对达尔文而言，首先发生的是生物自身的偶然变异，能够与环境相合的变异则保留了下来。但达尔文认为环境并不会直接或间接地参与变异。拉马克也认为，生物机体用进废退。最重要的是，他认为获得性的特征可以遗传。但关于获得性特征遗传的过程，他没有给予任何充分的解释。

拉马克的推测不同凡响。他是一个天才进化论者，驳斥了静态本质世界。然而他对于进化论之发展影响却甚为不利。他主张的进化机制是错误的，很多科学界人士认为它不可信。这样就使得人们不愿接受进化论立场，转而寻求新的机制。在众人眼里，被这么一种不可信的机制所拥护的观点，彻头彻尾就是失败的。与此同时，宗教的成见也对进化论形成阻碍。然而，拒绝拉马克理论的最重要原因是科学家们认为他的推断是纯粹想象出来的。查尔斯·赖尔（Charles Lyell）在《地质学原理》（*Principles of Geology*）中谨慎地总结了拉马克的思想，并予以这样的评价：

> 自此以后，拉马克的推测漫无涯际，他完全凭猜测和想象，将外在形式、内在结构、天生能力，甚至理性本身都看做是从最简单的存在物逐渐演化而来的——所有的动物、人自身以及无理性的生物，都可能来自共同的源头；一切都可能是一个连续而发展的进程中的一部分，它从最不完美发展到较为复杂。总而言之，他放弃了他之前对人类乃处于物种谱系之高端的信念，似乎作

为某种补偿,他寻求未来人类在生理、智力和道德方面能走向完美。³

接下来赖尔放松了对拉马克的科学批评,做出如下总结:

> 我们必须要假设,造物主在创造一个动物或一株植物时,其后代会面临的生存遭遇都已经预见到了,它被赋予了可以保存自己并在环境变化中生续的机体。⁴

这一针对拉马克的尖锐批评极其有力,因为赖尔当时在英国被看做最前沿、最勇毅的地质学家。那么我们下面就谈谈地质学。

19 世纪上半叶,地质学在英国为科学之首。它不仅有学术声望,也有大众人气。英国地质学家对进化论思想有两个主要的贡献。第一,也是最重要的,他们大大延展了物种演化可能发生的时间段。研究地质学、发现化石遗存、发现平地曾为沧海,这些都大大扩展了对地球年龄的估计,过去长久以来都以为仅仅是几千年。地质学的第二个贡献,是对自然界的各种事件、各种发展作出彻底自然主义的解释——尤其是早期的大洪水——这曾经从宗教或圣经学的角度加以解释。

这一时期有两位重要的英国地质学家。第一位是詹姆斯·赫顿(James Hutton),他于 1795 年发表了《地球学说》(*Theory of the Earth*)。关于地质构造的形成,当时有另一派地质学家主张水成说，认为水位的退降形成了地形，这也是画家约翰·马丁（John Martin）之画作《洪水》(The Deluge)所表达的。赫顿与这一派有激烈的交锋，他认为造成地球变化的主要原因是地表下熔岩的运动，以及地表可见因素的活动。换言之，他相信，譬如风暴与侵蚀等自然事件会随着时间推移——很长的时间——造成了我们今天所知的地球。

赫顿的影响一直都存在，但在19世纪20年代末查尔斯·赖尔开始研究和写作的时候，它不是最得势的学说。赖尔在1830年发表了《地质学原理：将今论古解释地球表面变化的一种尝试》（Principles of Geology; Being an Attempt to Explain the Former Changes of the Earth's Surface, by Reference to Causes now in Operation），1833年又发表了此书第二卷。赖尔的地理学方法被威廉·休厄尔（William Whewell）称为"均变论"（Uniformitarianism），因为它强调自然界始终如一的活动。他的观点受到其他地质学家的反对，其中最著名的就是牛津的威廉·巴克兰（William Buckland）和剑桥的亚当·塞奇威克（Adam Sedgwick）。这些科学家都比较杰出，都做了非常重要的技术工作，相信地质变化是迅速而突发的。他们被休厄尔指为"灾变论者"（Catastrophists）。灾变论与均变论争吵了一个世纪，由此在地质学各个领域诞生了一系列重要著作，英国也因此成为这门科学的领导者。他们的争论也首开将历史概念引入地质学发展的先河。

当达尔文出书之时，包括赫胥黎在内的众多支持者们都相信均变论，尤其相信赖尔的学说，认为这能支持进化思想的发展。这些观点给近年来的科学史家造成了相当多的困难。达尔文版本的进化论与均变论其实不能相融，因为它包括了自然界的实质变化，不单单是重新排列而已。况且，赖尔早年也是物种演化概念的严肃批评者。他后来也不是达尔文的有力支持者。

在科学史上，我们可以彻底排除赖尔对达尔文与赫胥黎的影响吗？说达尔文仅仅很少量地阅读过赖尔的书，而且是极度技术化地浏览，这样就可以排除说赖尔影响了达尔文吗？我认为不行。

毫无争议，均变论思想的自然选择观对进化论有直接影响，我认为赖尔的著作和例子还在其他方面影响达尔文，达尔文从中获取其理论所需。首先，达尔文坐着"小猎犬号"环球考察的时候随身带着赖尔的书，并且在南美的时候又收到了第二卷。他钻研了这些书。在我看来，这些书中的内容为达尔文在南美（特别是安第斯山）所见的地质遗迹提供了完全彻底的自然主义解释。虽然赖尔是虔诚的教徒，但他对地质变迁的解释一点都没有圣经或奇迹的痕迹。其次，赖尔的著作强调漫长时间中缓慢的变化。他扩展了时间范围，有机自然得以在足够长的时间中渐变而成达尔文所见的形态。最后，赖尔和达尔文成了朋友。年轻一些的达尔文总会向年长的赖尔寻求指导。赖尔似乎是知识诚信的楷模，是顶着严厉宗教批判的压力而成功提出不同理论的典范。达尔文明白，谁要用自然主义的方式来研究物种问题，就会与现有的科学体系冲撞，就会与维多利亚时代的宗教相冲突。

查尔斯·达尔文生于1809年2月12日。他的父亲是一名医生。其家族与实业家乔赛亚·韦奇伍德（Josiah Wedgewood）的渊源颇深。达尔文的祖父伊拉斯谟（Erasmus）与启蒙思想家约瑟夫·普里斯特利是朋友。伊拉斯谟早在18世纪就写下了探索物种变化的诗句。查尔斯·达尔文的家人最先把他送到爱丁堡大学学医。达尔文在爱丁堡的两年相当重要，这一点通常未被充分认识。他在那里值遇了苏格兰学派的社会思想，读到了亚当·斯密以及其他苏格兰经济学家的著作。这些社会思想都强调时移则物变，强调阶段性发展。苏格兰思想中很注重用一种普遍自然主义的方式研究世界。据我所知，人们一般都不了解，达尔文与苏格兰加尔文主义有联系。但注意到一点很有意思：苏格兰加尔文教徒要比其他主要宗教团体更能无碍地接受达尔文后期的理论。苏格兰的世俗思想与苏格兰宗教都一再强调命定论，这后来也出现在达尔文思想中。最后，要注意到，他在苏格兰所接受的医学教育很可能具有唯物主义的性质。它大概将人视为科学和研究的对象，而不是上帝荣光的展现。

当家人看到达尔文厌倦了医学，就放弃了让他学医的计划。达尔文又被送到剑桥，家人希望他被培养成一名牧师。在剑桥，他亲炙于一些牧师兼科学家，这些牧师兼科学家都不觉得自己牧师的身份与作为科学家的角色有什么冲突。从

第六章 历史化的自然

这些老师身上达尔文吸收到了自然史深刻的见解以及严谨的观察。他从他们那里也学到了自然神学的点点滴滴,这与威廉·佩利(William Paley)的一些著作有关,我们下一讲会谈到。他还从他们那里学到了一种信念,相信科学之精神是无畏的,因为真正的科学总能与基督教信仰相融。虽然这些人中有的后来成了他尖刻的论敌,但通过与他们相识,达尔文确实获得了一种非常真切的开阔心智。

1831年,他开始了小猎犬号环球考察。在剑桥大学那些兼为牧师及科学家的老师们的帮助下,达尔文谋得了在船上作为博物学家及船长菲茨罗伊(Robert Fitzroy)之随从的职位。小猎犬号的航行始于1831年12月27日,结束于1836年10月2日。这一段是达尔文毕生最关键的时期。他需要独立作出判断。达尔文目睹了地球最遥远的地方,把自己的游历与相关研究相结合,其中包括地质学、植物学、动物学,乃至他很不在行的人类学。这趟考察中最关键的几周是在厄瓜多尔的加拉帕戈斯群岛。他对那儿的鸟雀很有兴趣,从不同的岛屿捕集了很多。当时他并未太过在意,等回到伦敦之后他,开始注意到这些鸟雀在岛上的分布与特创论(Theory of Special Creation)不相符。在各个分离的岛屿上有数量众多的不同物种。这些岛屿的环境和诸种条件都不需要这样的分布。今天很明确了,若单论加拉帕戈斯鸟雀,它们并没有让达尔文对物种演化生起绝对的信心,但连同达尔文对伦敦的博物馆馆藏鸟类标本的研究,当这些信息汇聚在一起,最终使他确信：现有物种理论是不足的，演化是的确存在的。

达尔文1836年回到英国。第二年年初他就在伦敦住下了，直到1839年。他在伦敦利用了首都所收藏的资源，并与科学界的朋友们交往。这段时间他与兄弟伊拉斯谟过从甚密，伊拉斯谟在宗教和政治方面都很激进。因此，达尔文熟悉了伦敦的激进分子圈子，即如小密尔在其自传中勾勒的那种情景。虽然现在人们不怎么了解达尔文在伦敦的岁月，但这却是达尔文一生中第四个具有决定性影响的阶段——其他三者分别是：爱丁堡、剑桥、小猎犬号。尽管达尔文在政治方面不活跃，但是受那些激进朋友的影响，尤其受"一位论派"的影响，他某种程度上更倾向于去挑战现状，更愿意采用比其剑桥老师更机械、潜含唯物主义的思维方式。

1837年春季，达尔文开始写关于"物种演化"的笔记。他从加拉帕戈斯鸟雀所得出的结论让他转而思考演化论的可能性。他开始明白，物种不是僵硬的、天定的、不可改变的，不像他之前所认同的现有理论那样。他开始把物种视为某类生物集合。较他之前的看法，物种与变种之间的分隔线要流动得多。当他从生物集合的角度看待物种时，闭锁的推测之域豁然打开。他成了一个进化论者。他的下一个问题是解释进化如何发生。

达尔文转向进化论之后，究竟经历了怎样一个过程而形成自然选择的观念，众说纷纭。其中一个关键的影响——若非唯一的影响——就是他读了马尔萨斯的《人口论》(*Essay on the Principle of Population*）。此文让达尔文比以往更充分地认识到了自然界的竞争和消耗。换言之，据马尔萨斯所讲，大量的精子和卵子都是无果而终，这一情景深深触动了达尔文。马尔萨斯还强调人们会争夺稀少的资源，这也令达尔文印象深刻。

达尔文为物种问题写了五年的笔记。后来在1842年，他写了三十五页的纲要，讲物种变化的机制。1844年他写了更详细的纲要，并交待妻子，自己若去世，要拿去发表。在这些纲要中，达尔文开始抱持自然选择的观念——换言之，在生存斗争中，物种变异会给动植物带来边际利益（marginal advantage）。以这种自然的方式，一些物种会被自然选择，活到成熟并繁育后代。

自然选择的概念已然到位，但这时达尔文并没有公之于众。他为何不立即发表，是科学史上的一个最令人费解的问题。可能有如下原因：第一，达尔文还不太确信那些证据能否支持他的论点。他从1844年到1859年都在认真而系统地搜集材料，来验证他的假设。第二，达尔文的思想中还受自然神学某些范畴的影响较深，这一点我还会在下一章更充分地讲解。自然神学的观点之一便是认为自然是完美的，而且自然中的变化会趋于完美。他认为，他的自然选择理论无法导向一个完美调适的自然，只能达到一个充分调适的自然。第三，达尔文是一位非常审慎的人，他不爱公开争论。他明白自己物种演化的观点在知识上是相当激进的，他对物种变化的彻底自然主义解释就更为激进了。他知道自己会面临持守基督教观念的科学家的严酷批评，甚至牧师们也会出来责难。

此外，我相信达尔文在 19 世纪 40 年代不拿出来发表，还有一个至关重要的原因。1844 年，罗伯特·钱伯斯（Robert Chambers）匿名发表了《自然创造史的遗迹》（*The Vestiges of the Natural History of Creation*）。这是一本颇为大胆的科普书，面世不久就非常畅销。钱伯斯在书中抛出了争议性的话题。他指出不同动物之间各种相似性，并认为它们有共同的祖先，但他没有解释其演化观的发生机制，此书也是谬误百出，且他的心理认识主要来源于骨相学。按理说这本书可能受到冷落，但事实却相反，此书一出轰动一时。更确切地说，这本未署名的书激起了当时一些最著名的牧师和科学家的口诛笔伐，纷纷谴责此书危害宗教、危害道德、危害科学之真途。在我看来，达尔文无疑很聪明，既然其理论证据还很薄弱，又有机械论色彩，他担心若拿出来发表的话，会遭受同样的待遇。

达尔文究竟等待了多长时间，我们无从得知，因为在 1858 年初夏，他收到了阿尔弗雷德·拉塞尔·华莱士（Alfred Russel Wallace）的一封信。华莱士出身于工人阶级，是一个不甚有名却非常勤奋的博物学家。他给达尔文的信里还附了一篇自己的文章，文章中表述的正是达尔文自然选择观的核心观点。达尔文迅速征询其友查尔斯·赖尔、约瑟

第六章 历史化的自然　　127

夫·道尔顿·胡克（Joseph Dalton Hooker）的意见。华莱士那时身在东南亚，在没有征询华莱士的情况下，他们就把华莱士的论文以及达尔文自己某些早先的信件和纲要一同递交给林奈学会（Linnaean Society）。达尔文的先创性被保住了，亮明观点也是为势所迫。次年他完成了筹备多年的巨著。因而，1859年就成了《物种起源》年。

然而，《物种起源》不只是1859年之作。达尔文生前改订了六个版本，每一版都有大量的修订、澄清，以及善加隐蔽的撤退。这是一本永远未竟的书，就如同达尔文的思想一直在变化一样。达尔文总是难以解释清楚他的自然选择到底是指什么。如何避免把进化机制说得太人格化还真是个最恼人的问题。达尔文为了说清自己的意思，不断加长描述。在第六版里，他这样定义：

> 这种对生物有利的个体差别和变异被保存了下来，而那些有害的被毁灭了，我称此为自然选择，或曰适者生存。[5]

"适者生存"一语是达尔文从赖尔那里学来的，但这个词反而引起理解上的淆乱。

达尔文接着说：

> 不少著者误解或反对"自然选择"这种说法。有些人想象自然选择本身即产生变异，然而它仅仅是指，在某种生存条件下，已然出现且对生物存续有利的那些变

异得以保存下来……如果依文解意来讲，无疑"自然选择"是个错误的语词。可是，如果化学家说到各种元素之间有选择的结合，谁又会反对呢?!严格意义上，实在不能说一种酸选择了它愿意化合的那种盐基。有人说我把自然选择说成是一种有为的力量或"神力"；然而有谁反对过一位著者说万有引力控制着行星的运行呢？每一个人都知道这种比喻的言词包含着什么意义；为了简单明了起见，这种名词几乎是必要的，还有，避免"自然"一词的拟人化是困难的；但我所谓的"自然"只是指许多自然法则的综合作用及其产物而言，而法则则是我们所确定的各种事物的因果关系。[6]

可达尔文在书里还继续把自然选择拟人化。达尔文这一段文字显示出他思维过程的一些问题，在下一讲我会讲解更多。这里我想指出的是，这段话语的混乱（绝非孤证）是其正在变化之思想的混乱的一部分。在《物种起源》中，达尔文试图描述一个流动迁变的世界，但他似乎表达观点时乏词少语，言不达意。

达尔文之目标遭遇到的学术困难，以及语词言不达意，在我看来，造成了某种预料不到的长期后果。后果之一便是社会评论者和批评者中出现了社会达尔文主义。"社会达尔文主义"之语义的混乱，是英美思想史中罕有匹敌的。它有各种变种。与达尔文关系最密切的很多人都否认与它有什么瓜葛。

社会达尔文主义最简单、最常见的形式,可以说就是一个竞争版本的社会。它认为社会应该复制或效仿自然,故而激烈的竞争是不可避免的。若如达尔文所言,自然之特征在于生存斗争,那么社会也是这样的结构。社会的适者生存就必然要分拣出弱者,或者由竞争来淘汰弱者。那么,社会达尔文主义是如何兴起的呢?或者问,这种社会观是如何与达尔文之思想发生关联的呢?

首先,在《物种起源》中,达尔文倾向于用古典经济学的语汇来描绘生物体之间的竞争。这对于他而言顺理成章,因为他读过那些古典经济学家的著作。而且实际上两者的关联比这还要更紧密。古典经济学家们都明确地写到竞争的好处,认为竞争是形成社会和经济的动力。马尔萨斯《人口论》在探讨竞争时,往往兼涉社会和自然,在两者之间往复,达尔文对此书非常熟稔。此外,达尔文写到了物种历时性的变化。与此相关,苏格兰学派的经济与社会思想运用"四阶段"分法作为思维模式和描述语词来探索某一实体的历时变化。在苏格兰社会思想中,四个阶段分别代表迥然不同的实体。社会随着经济生活的变化而转型,且这些变化都是自然而然发生的真正的变化——不是连续的渐变——也不是简单的重组。以上种种,古典经济学的语词达尔文都能用得上。

一些历史学家发现达尔文挪用这些语词,便指出达尔文所做的不过是把古典经济学的那些社会范畴投射在自然上。

依我之见，这完全是看狗追尾巴。这是先假设达尔文的思想是社会达尔文主义，再用从达尔文原著中衍生出来的模模糊糊的社会学思想来阐述生物学。社会达尔文主义者，往往从达尔文那儿简单抽取出经济语词，以一种更极端的方式来重述。

　　社会达尔文主义似乎是一种与达尔文相关的思维方式，可是它兴起的第二大原因却与达尔文本人毫不相干。在19世纪50年代，赫伯特·斯宾塞开始写社会评论，其所运用的进化模式是从拉普拉斯星云说引申出来的。他的第一部重要著作是发表于1851年的《社会静力学》（*Social Statics*）。在19世纪60年代，斯宾塞与赫胥黎及别的前沿科学家成为好友，他开始着手写一部多卷本的哲学著作，他称之曰"综合哲学"（synthetic philosophy）。斯宾塞是个彻头彻尾的进化论者，但他从来不接受自然选择理论。他更接近于新拉马克主义者（neo-Lamarckian），因为他把重点放在获得性遗传、用进废退上面。但斯宾塞不只是一位科学哲学家。他最早曾做过工程师，还担任过《经济学人》（*Economist*）的编辑。由于斯宾塞成长于19世纪40年代首都以外的地区，他吸收了太多通俗经济思想，而通俗经济思想已然丧失了古典经济学那种敏锐精细，而且过于强调严酷的竞争。再者，斯宾塞是一个在有着基督信仰却反对英国国教的地方成长起来的激进分子，他对个人主义的作用有着强不可摧的信心，并且憎恨政府涉足干预宗教与经济。斯宾塞哲学里充满了这些观念、看法以及偏见。由于他的哲学浓墨重彩地推崇进化论，而且他与达尔文的圈子是朋友，很多读者把他的著述直接默认为达尔文思想的哲学版本。

斯宾塞之所以那么有影响力，还有一个原因在于，19世纪70年代以降，进化思想相当混杂，整个科学界并没有公认的统一说法。因而，"进化"与"达尔文主义"这些词没有确切的定义。科学家们意见混乱、语词含糊，加之斯宾塞自身的因缘，这些因素使得斯宾塞的思想与社会达尔文主义画上了等号，甚而，其思想被庸俗化，用来维护一种强者为王的社会观，而社会美德却被忽视。

随着社会达尔文主义的兴起，最耐人寻味的一件事便是，它首当其冲的最主要批评者，正是托马斯·赫胥黎这位曾力促英国大众接受进化论的健将。1893年，赫胥黎在牛津大学罗马尼斯讲座（Romanes Lecture）发表讲演，他决意要对抗老朋友斯宾塞的观点。赫胥黎主张自然本身是无善无恶的，因此它也不会提供人类行为的样板。这次讲演发生在他去世的前一年，年迈的赫胥黎对牛津的听众这样说，"宇宙进化可以告诉我们人的善恶倾向从何而来；但关于善为什么比恶更可取，它不能给我们提供比以前更充分的理由"。他接着指出"适者生存"绝不意味着最优者生存，他说：

> 社会中的人无疑是受宇宙过程支配的。正如其他动物那样，人在不断地繁衍，为寻求生存资源而激烈地斗争。生存斗争使那些比较不能使自己适应环境的人趋于

灭亡。最强者和自我求生力最旺盛者倾向于压制那些弱者。然而,一个社会的文明程度越低陋,宇宙演变对社会演化的影响就越大。社会进步意味着对宇宙演化的每一步都加以校正,并代之以另一种称为伦理的过程。这个过程的结局,并不是那些碰巧最适应现有环境的人得以生存,而是那些伦理上最优秀的人得以继续生存……法律和道德训诫的目的是约制宇宙过程,提醒每个人对社群应负有责任,提醒人们要保护并影响自己身处其中的社会,不只是单纯地活着,至少活得比残忍的野蛮人要好。[7]

在这篇讲演中,赫胥黎努力要让精灵回到神灯里。进化论不仅带来了一种自然界的新形象,它对英国及西方思想的影响更为深广。它也将人类导向了自然的秩序。既然自然是非道德化的,一个大问题就摆在了赫胥黎面前——人类在宇宙中最基本的位置不再是略低于天使,而是仅仅略高于灵长类动物,那么人类的伦理行为如何可能呢?

第七章 达尔文与创造论

从查尔斯·达尔文在剑桥大学的学生时代起，一直到他1882年逝世并被安葬于威斯敏斯特修道院，在整个这段时期，科学界充满了宗教思想、宗教偏见和宗教机构，他就工作生活在这种氛围之中。达尔文在他大部分的学术生涯中都致力于使特定方式的科学研究摆脱神学方面看似如影随形的联系——他一直强烈反对这种联系。然而在很大程度上，被人忽视的宗教问题与宗教期待也指引着达尔文的科学思考和科学推断。尽管达尔文故意要摆脱宗教或宗教结论，然而，深植于宗教问题中的宗教动机或道德意图，依然激发着他的思考。

宗教从未远离过达尔文的职业生涯。剑桥大学的牧师兼科学家们教他科学，后来还协助担保他任职于小猎犬号。达尔文广泛阅读了其他英国牧师兼科学家的著作和文章。他最负盛名的著作《物种起源》，在维多利亚时代所谓的宗教世界引发了极大的争议。在达尔文晚年，他不得不面对自然选择进化论给宗教带来的影响，因为有两位评论家的批评搅扰着他，尽管这两位令他心烦的原因截然不同——他们中的一位是阿萨·格雷（Asa Gray），达尔文的美国朋友；另一位是圣·乔治·杰克逊·米瓦特（St. George Jackson Mivart），达尔文在英国天主教会的劲敌。他晚年时，去拜访他的人无一例外地都会询问他的宗教立场。达尔文死后，他的科学家朋友们——就宗教信仰而言，他们当中很多人是狂热的不可知论者——急切地为他在修道院找一个安葬之地，最后也如愿以偿。从更私人的层面上有足够理由相信，达尔文的太太埃玛（Emma），因自己是一位道恩村乡绅科学家的妻子而非一位英国圣公会牧师的妻子而深感失望。要知道，年轻的查尔斯·达尔文在登上小猎犬号开始自己的旅行与科研之前，也认为自己是要成为牧师的。

然而，说达尔文的科学职业生涯深深植根于宗教文化，其实也通适于维多利亚时期大多数科学家。真正的问题在于：英国宗教气氛究竟具有什么样的特征，使得达尔文深受宗教影响且日后也反过来对宗教有所影响？

首先，影响达尔文的宗教气氛不是一种狂热的福音派复兴或者圣经崇拜，明白这一点很重要。这些力量的确在英国存在，但是达尔文几乎不关注它们。然而，达尔文在人们心中却一直有这样一种形象：达尔文及其自然选择理论与黑暗、无知、傲慢而蒙昧的宗教力量做斗争。这一形象有两大来源：一个来自英国，另一个来自美国。

1859年《物种起源》出版后，几位重要的神职人员开始执笔对该著作进行宗教批判，如大主教塞缪尔·威尔伯福斯（Bishop Samuel Wilberforce）。但这些宗教批判出版后，达尔文的支持者们却把这种宗教批判转为自己论辩的优势，其中最著名的是赫胥黎，他自称是达尔文的"斗牛犬"。在当时，对达尔文理论进行批评具有相当合理的科学依据，但是赫胥黎采用了辩论的战略，坚称任何批评都来自宗教方面，故甚其词地夸大所有的宗教批评。有一次他这样说：

> 灭绝了的神学家，就如同大力神旁的被掐死的蛇一样，躺在每一个科学的摇篮里。[1]

赫胥黎将任何对自然选择进化论的反对观点都与宗教批评扯在一起，包括严肃的、科学的反对进化论的观点。他这样做无非是使用给人负罪感的战术，或者说，在这个问题上，他将宗教批评扣上蒙昧主义的帽子。根据赫胥黎的看法，任何反对达尔文的人一定是出于宗教的原因反对他。这样一来，科学与宗教之间的必然冲突从形象和隐喻上对科学家来说都是巨大的论辩优势。由于赫胥黎是最先对《物种起源》的反响写评论的人之一，而 1960 年以后大多论述都以他的书为基础，与宗教的黑暗相对的科学之光的形象，便占据了我们对人们愿意接受达尔文理论的理解。

人们之所以对达尔文及其理论有对抗宗教蒙昧主义的一般印象，第二个缘由是北美的民俗文化。民众对 20 世纪 20 年代的基督教原教旨主义运动反对进化论这一事件记忆犹新。丹诺（Darrow）和巴罗（Barrow）为田纳西（Tennessee）某一位名不见经传的学校教师发起论战，这已成为我们文化遗产的一部分*，我们也在戏剧和影视中见过这样的场景。² 近来，为了使非进化论生物学的教学合法人们做了不少努力，这令人想起早先那种全然相反的趋势。在此之前，19 世纪末乃至 20 世纪初，保守的美国新教徒与狂热的十字军都在一起反对进化论，这是我们不那么熟悉的也不属于我们共同认可的文化遗产，但确实存在。因此，19 世纪末期的这场辩论在当时其实胜负难料，其影响因素比赫胥黎所设想的更不确定，也比美国之后出现状况的更难预料。

要想理解达尔文及其创造论，我们必须将赫胥黎对达尔文与宗教关系的诠释，以及之后的美国宗教背景放在一边，而让自己跨越时空，回到当时社会平静、神学复杂的英国国教自然神学的世界中。

17 世纪，自然神学进入了英国知识分子生活的中心。弗朗西斯·培根（Francis Bacon）认为关于神的启示有两本教材：《圣经》和大自然。通过对大自然仔细的、虔诚的观察，人能得出上帝存在的结论，可以看出是上帝创造了自然秩

---

* 1925 年 3 月，美国田纳西州立法会通过了众议员巴特勒（John W. Butler）的提案——州内所有由州公立学校基金提供全额或部分资助的大学、师范及其他公立学校，均不得讲授任何否认人乃神创这一《圣经》教义，而代之以人是由一类较为低等的动物演化而来的说法，否则即为非法。而成立于 1920 年的"美国公民自由联盟"（ACLU），其宗旨是保护公民的思想言论自由，认为"巴特勒法案"是对进化论教学权利的限制和侵犯，并招募了一名教师出面自愿做被告。原告方与被告方的律师分别是巴罗和丹诺。

序，并以一种智慧仁慈的方式掌管着自然秩序。皇家学会的创建者们曾宣布他们的目标之一就是运用科学来巩固宗教。牛顿和他的普及者们将科学描述成证实基本启示真理的方法。从17世纪晚期到19世纪初期，自然神学发挥着重要的意识形态的作用。它是英国的精英统治者们稳定社会现状的工具之一。他们认为现存的社会反映了自然那合乎理性的和谐，因此也反映了自然律。

在宗教方面，自然神学既被用来防止宗教狂热，又被用来防止无神论者的唯物主义。自然秩序的客观理性反对那种主观化、情绪化的宗教可能导致的非理性。上帝是理性的，因而他应当被人们以一种温和理性的方式敬拜，正如英国教堂里的礼拜仪式一般。此外，由于关于自然秩序的科学研究都认定神的存在，认定自然是神圣计划或自然设计，认定自然的和谐存在，因此，科学尤其是牛顿的科学成了霍布斯唯物主义和潜在的无神论的强大的思想障碍。故而，在社会秩序中，自然神学是社会秩序中稳定、理性与默许的力量。在这些方面，自然神学提供了思想的联结——一种思想的黏合剂——将自然秩序同英国社会秩序联系起来。

19世纪上半叶及其之后，自然神学在新兴的英国科学界也发挥着重要的社会作用。成立于1831年的英国科学促进会（British Association for the Advancement of Science）采纳了自然神学提供的较为宽泛的意识形态之罩，包容其成员之间宗教立场和政治立场的差异。在其他领域难以达成共识的两个人，往往都会至少认同自然界给了很多神存在的证据。其次，自然神学是一个工具，研究科学的人（要记得"科学家"一词1834年才被发明出来，而且并没有被广泛使用）要保证他们的研究不会扰乱社会秩序和政治秩序，而是肯定这些秩序。最后，但绝不是不重要的，自然神学似乎能让许多科学家相信他们的工作和劳动直接服务于上帝，鼓励敬畏上帝。

在维多利亚时代早期，有相当多的大学科学教师是英国圣公会牧师。讲授科学的非神职的教师，比如地理学家查尔斯·赖尔必须服从于主教委员会或者其他神职人员。那些不受神职人员管辖的科学家也想要混进中上层阶级或贵族社会，然而，由于19世纪早期的科学被认为可能通向对社会秩序有危险的怀疑主义、无神论或其他什么观点，因此中上层阶级和贵族社会尽量回避这些科学家。结果，不管在社会层面还是个人层面，科学都会用自然神学来进行自我辩解，因为它是关于自然的思想。

然而，自然神学距离自然的科学观的核心是很近的。自然神学的影响意味着研究科学的人，像科学家一样的人，试图并期望从自然中找到和谐、完美功能与目的。19世纪，自然神学从威廉·佩利1802年出版的《自然神学》(*Natural Theology*) 获得它的经典论述，随后又从19世纪20年代后期到30年代期间几篇 *Bridgewater Treatises* 中充实其理论。在整个19世纪，英国和美国的大学都在阅读佩利的著作，但今天已鲜少有人去读了。这一情形或许是我们的损失，或许还导致对达尔文非常不全面的理解，因为达尔文学习过佩利的著作，也很崇拜他。

阿奇迪肯·佩利（Archdeacon Paley）是一位非常聪明而又理智的学者。有些人在开始阅读他的作品时，希望听到的是美国原教旨主义者的观点，或读到一些对自然界的反理智解释，结果却发现佩利的思想带领人走向理智的谦逊。佩利在他的著作中非常单纯的试图以对自然的观察论证上帝的存在，以及上帝以先见之明创造世界并且以仁慈的方式统治自然。

例如，他很重视自然是被设计出来的证据，并且宣称：

> 设计（contrivance），一旦证实为真，看起来能够证明我们想证明的任何事情。在其他事物之中，设计证明了神的人格，这种人格和我们有时称为"自然"有时又称为"原则"的某物不同：人们往往有意地从哲学的角度使用这些词语，去承认或表达一种功效，去排除和否定一个人代理。既然这位主体可以设计，那么设计者一定有人格。这些特质之所以构成人格，是因为他们隐含着意识与思想。这些特质需要能够觉察目的或动机，以及提供手段的能力和最终达到目的的能力。[3]

因此，设计者的存在，暗示我们有人格的神的存在。如佩利所写：

> 每当我们看到设计的痕迹，我们会因凭这痕迹，把起因归给一位智慧的作者。这些理解上的转换，基于一种一致的体验。[4]

佩利承认从自然界中直接发现神有点困难，但这并不困扰他。他写道：

> 也许有很多次要的起因，以及这些次要起因中有许多过程，一个接一个，他们横在我们所观察的自然与神之间；但在某处必然有智慧存在；自然中有超乎我们所见的东西；在这些我们看不见的东西里面，一定有一位智慧的、设计的作者。[5]

一种质朴和幽默感同样出现在佩利的著作中，并且，我认为，这是他的作品受欢迎的原因之一。例如，他为会厌（epiglottis）的功能写了一段类似于赞歌的文字。在对包括呼吸和吞咽的复杂性的解释之后，佩利总结道：

> 想想看，我们吞咽有多么频繁，我们呼吸有多么持续。在一场城市里的宴会上，举个例子来说，我们狼吞虎咽啊，喘着粗气啊！但是，这个小小的软骨，这个会厌，在自己的位置上恪尽职守，安全地守卫着气管的入口，以致我们一口接一口地咽，一口接一口地吸，一个意外的小碎片或者液滴一滑入这个通道（这个几乎每秒钟敞开一次的通道），它就刺激了整个系统，系统不仅被它的危险警惕，还被它的异己所惊吓。然而，一百年

也没见到有两位客人吃饭把自己噎死。[6]

诚然，那块"小软骨"证明了一位有智慧、深谋远虑的创造者的存在。

但佩利认为，自然不仅仅给我们证据证明神的存在。对自然的研究也证明神用仁慈的发明设计了自然：

> ……我们必须承认，仁慈的创造是多么努力；这种恩惠既体贴至微，又能宽宏大量。[7]

他认为大自然中没有任何一样东西出自真正的随机。佩利解释道，那些看似随机事件的自然现象仅仅具有随机的外表，因为我们作为观察者并不知道它们真正的起因。他承认自然界中有痛苦和灾难，但是他可以找到这些苦痛的好的功用和功能解释。他认为："我们从未从一连串的设计中找到一个邪恶的目的。"[8] 如果有人下结论认为自然是邪恶的，他劝那些持此类观点的人重新思考再下结论。他坦白地说：

> 如果自然是邪恶的，我们总能感受得到，不能因为感知的困难而放弃，不会因为感知的效果而退缩。对于我们来说唯一的问题是，自然是否根本上是恶的？[9]

换句话说，对于看上去有邪恶的外表的事情，如果我们有更全备的知识，我们就会给这些事情不同的解析。他引用了不少例子来说明人所受的磨难是巧妙安排而有造就之功的，而后佩利自信满满地宣称："归根结底这是个幸福的世界。"[10]

如今，达尔文的《物种起源》里有不少佩利的影子。而这并非巧合。达尔文在剑桥大学读书时，或是为了学业，或是出于自己兴趣，他几乎阅读了佩利所有的著作。1859年，也就是达尔文开始写作《物种起源》那年，他曾写信给朋友约翰·卢伯克（John Lubbock）："我从未对哪一部书有如对佩利的《自然神学》那么崇拜。我早就在心里这样说了。"[11]

另外，在《物种起源》中，达尔文的修辞也与佩利的修辞相仿：他对眼睛作为一种自然器官的长期关注，可以证明一位设计的创造者的存在。佩利和达尔文都对鸟类和昆虫的本能非常感兴趣，并进行了相关写作。他们都认为人类的本能与动物的本能之间的区别更多的是程度的不同，而不是种类的不同。数年来，达尔文在思想中完全认同佩利关于自然是一个完美的设计并有适应机制的说法，拒绝任何质疑。另外，和佩利一样，查尔斯·达尔文用"随机"这一术语来暗指自然中仍然未知的本质原因。

现在，在我们继续讨论达尔文之前，认识到自然神学可能因为以下两个原因中的一个而发生变化是很重要的。首先，变化可能来自对自然秩序的新的科学认识。其次，变化来自对上帝的新的神学理解。佩利眼中的神是一个完美的创造者、设计师，所有自然界中的适应现象都以一种功用性的方式完美地运作。那些看似可怜的、笨拙的适应过程被认为仅仅是没有被我们完美理解。现在，对这种完美适应自然的机制和完全仁慈的上帝是它的作者的观点，最严肃的质疑出现了，提出这种质疑的与其说是一位科学家，不如说是另一位圣公会牧师。

这个人就是托马斯·马尔萨斯。对马尔萨斯《人口论》的阅读促使达尔文和艾尔弗雷德·罗素·华莱士（Alfred Russel Wallace）各自独立地形成了自然选择的概念。事实上人人都熟悉马尔萨斯关于人口再生产按几何级数增长而食物供应按算术级数增长的论点。这个论点展示了自然的一个很黑暗的形象，即自己与自己作战。马尔萨斯的观点给佩利对于自然的乐观态度投下了一个潜在的黑暗阴影。但是，这种影响不是即时的，而且佩利忽视了马尔萨斯的论证，尽管有理由相信它们确实困扰了佩利。

而马尔萨斯黑暗的、沉闷的论证之所以没有对自然神学产生一个即时的影响，是因为他的论文中鲜为人知的两章。在这结尾的两章中，马尔萨斯提出了一种简明的神正论，他试图从自然的可怕形象中寻找某种理性的，甚至是宗教的意义，而这一点他之前曾经阐述过。首先，他认为我们不应该以质疑的方式，问上帝为什么以这种明显可怕的和缺乏计划的方式创造了世界。如他所说，我们就不应该质疑神为何用这种明显混乱的、计划不力的方式创造世界。但是，假设我们问了这个问题，马尔萨斯会这样回答，自然界中的激烈竞争所带来的邪恶和困境，是用来唤起人类的勤奋并最终给社会带来公益。神所提供的稀缺的资源无法满足人的身体的需要，而这种需要能使人的思想转化为行动和实践，从而改善

地球上的人类处境。的确，他说："邪恶存在于世界中是为了带来行动，而不是创造绝望。"¹²

除却这一丝脆弱的神正论的口气，马尔萨斯描绘的自然是毫无意义与目的、毫不仁慈的形象。在他的描述里，自然看起来是浪费的，不能完美地自我调节。为了理解自然中的意义或目的，马尔萨斯超越自然并直面死后的生活，认为人类在地球上的生活是生命走向永生的前奏。这样一来，马尔萨斯的神正论就像一条小小的思想绷带，缠在他的自然秩序观的血腥暴力上。

马尔萨斯的作品之所以并没有引发这种质疑宗教的结论，有以下两种解释。其一，人们对他的理论争论了四分之一个世纪，讨论的焦点都集中在他的观点对糟糕的法律和社会福利有何普遍影响，没有关注他的观点对神学有何影响。其二，在1798年到1830年间，实际上任何形式的宗教怀疑论，不管多么轻微，都被认为具有社会颠覆性。

因此，马尔萨斯关于自然的观点所带来的影响没有受到热切关注，他的观点就像一个道德的定时炸弹，将要去炸毁英国自然神学的自然和谐理念。

在以上所述的思想图景之中，创造论的观念位于何处呢？自然神学和自然主义科学又怎么会使得查尔斯·达尔文对特创论（Special Creation）的概念不满意了呢？

首先，从根本上要认识到，达尔文所面对的问题是"物种"如何被创造，而不是"生命"的创造或"物理宇宙"

的创造。特创论是解释不同物种如何存在的一个尝试，或者更恰当地说，是一系列分散且没什么关联的尝试。在达尔文看来，特创论很成问题，因为它是那极少数完全来自宗教的观念之一，或者是从宗教信条中直接引申出来的概念，这种概念在维多利亚时代的科学中被当成一种有解释力的前提而频频使用。当时的天文学家、物理学家、化学家、地质学家常常对科学支持宗教进行虔诚的论述，引向对上帝的敬畏，但并没有明显的宗教教义实际地进入物理学、天文学、化学或甚至地质学。与此相反，科学家与神学家（通常是一个人）却用创造论的话语和概念来解释自然界中发生的现象，或解释自然秩序中存在的某物。在达尔文早期对这个问题的沉思中，他看清了他的理论会涉及的问题，正如他 1845 年在一封信里所写的：

> 我只想指出的是，对物种不变的质疑存在两个方面：即，物种或是被直接创造出来的，或者通过调节法则（个体的生与死）而存在。[13]

最近，学者尼尔·吉莱斯皮（Neal Gillespie）在其《查尔斯·达尔文与创造论的问题》(*Charles Darwin and the Problem of Creation*) 一书中，试图解释特创论在 19 世纪中期的涵义，至少可以说，那时是众说纷纭。首先，有一些研究科学的人仍然相信神在自然秩序中以一种直接的、奇妙的、有创造性的模式进行干预。在这一群人中最负声望的要属哈佛大学的路易斯·阿加西斯（Louis Agassiz）。1862 年，他在对一位波士顿的听众讲解动物构造时说：

> （动物构造）不可以假手他人；也没有一个统一的规律；而要像工程师一样在机器旁进行监督和控制。动物构造证明了创造者必须不断地、耐心地在他所创造的复杂结构里工作。[14]

还有一种观点认为，物种的创造是上帝通过控制他自己的物理性质次级定律来完成的。创造的事件或过程既神秘，又有规律可循。这一观点看起来有些不可思议，但是希望能够达到对于创造论的某种科学理解。持这一立场的人，比如剑桥大学的威廉·休厄尔和亚当·塞奇威克，或者自然历史博物馆的理查德·欧文（Richard Owen），都反复强调，要准确如理地懂得创造论超越了人类的科学知识，尽管如此创造论却是正确的。例如，1858 年，理查德·欧文（他对创造论有自己私下的怀疑）对英国科学促进会做了如下的陈述：

> 我们最好牢记，当说"创造"一词时，动物学家的意思是"一个他并不知道的过程"。科学还未能证实"大地生出了青草和结种子的菜蔬，各从其类"的时候伴随而来的二级因子……而且，假设所谓的"会生果子的树"和"一只鱼""自然发生"既有事实又有过程的依据，且被科学证实，我们仍会坚持这个观点……就是这一过程是被命定的，源自于一位具有智慧而强大的万

物第一因。[15]

而达尔文未来的支持者们相信的是另一种观点，他们当中包括赫胥黎和约瑟夫·道尔顿·胡克。这种观点在《物种起源》出版以前是不为人知的。他们拒绝了特创论的任何概念，但又不能找出其他理论作为代替。他们认为，特创论的概念无论以何种奇妙或合理的形式出现，都不是一个令人满意的科学解释，并且不知它将引向何处。正如赫胥黎多年后说的：

> 我们一直在寻找却没能找到的是，有机生命形式的起源的前提，它保障了生命的运行，虽然没有找到原因，但已经证明实际是起作用的。[16]

因此，19世纪50年代关于特创论并没有一个单一的理论。在更年轻的科学家中有很多对它的质疑，甚至很多年长的支持者也不得不承认这是一个相当模糊的概念。思想上产生新理论的形势已经成熟，达尔文的理论即应运而生。

此外，同时还出现了对传统自然神学的新的不满——这种不满并不关乎自然神学在科学上准确与否。由于历史学家还说不清楚的某些原因，19世纪40年代人们的道德感发生了改变，马尔萨斯的神正论和其他自然神学理论不再具有说服力。自然宗教和古典经济学都显示了自然和社会的不和谐，却同时又说即便自然和社会表面上是相对立的，但社会和自然还是和谐的。19世纪40年代发生了改变。基督教的伦理立场开始受到攻击。基督教主要教义的道德性遭到猛烈攻击。特别是一些作家开始对基督教的神牺牲自己完美无罪的儿子来救赎世界的道德观表示怀疑。这样一位神，据他们所言，是不道德的。同时，地质学开始向人们展示模拟现实的博物馆，其中包括在岩石中的灭绝物种。再者，"马尔萨斯幽灵"也广受关注，指的是大自然与自己为敌的不和谐状态，这在很多文献中都有讨论。最著名的例子就是艾尔弗雷德·丁尼生1850年写的诗作《悼念》（*In Memoriam*），其中最有名的一句是"自然挥舞着爪子，张开血盆大口"。以上种种，所有这些进展都亟须人们用新的方式审视自然——解释自然秩序，赋予它一种更高的目的，或者把它从日益明显的混乱和苦难中拯救出来。人们不仅感觉到要使自然免于责难，也感觉到有必要让那位据说是创造了这可怕的自然，并且以恶魔般的野性状态引导着它发展的上帝免于责难。

结果，当查尔斯·达尔文为最初形成于1842年的自然选择理论百般辛苦地寻找事实依据时，他既遇到了科学问题，又遇到了道德问题。自然神学不允许科学提出关于"起源"的彻底自然主义的科学理论，而自然神学也遭遇了道德上的"僵局"，即自然为一位邪恶而非仁慈的神提供了证据。自然神学看上去既不符合科学，又不符合道德。科学和道德上的僵局都使得达尔文的思想集中在特创论的问题上。

受到了华莱士同步独立提出自然选择概念的激发，达尔文于1859年出版了《物种起源》。

达尔文在《物种起源》及其 1862 年关于兰花的著作，以及《动物和植物在家养下的变异》(*The Variation of Plants and Animals Under Domestication*，1868 年)、《人类起源》(*The Descent of Man*，1871 年) 这些著作中对特创论、原始分类的自然神学和生物学理想主义加以强烈而不懈的抨击。他对特创论的科学批评是相当直接的。在达尔文看来，这种概念并不能解释物种的起源，它们任何形式的嬗变也不被认为是科学的。在《动物和植物在家养下的变异》一书中，他写道：

> 普通的观点认为每一个物种都是被独立创造的，而我们没有得到关于任何一个这些事实的科学解释。我们只能说，造物者很有乐趣地命令世界上过去与现在的一些物种只能以一定秩序出现在某些区域；这些物种具有非常相似的特征，并且把它们按照大小族群类别归纳开来。但这种观点并没有得到任何新知识；我们没有将事实和规律联系起来；我们什么也没解释。[17]

首先，达尔文声称物种起源问题实际上是可以解释的，这个问题以前曾用神的干预来解释，或描述得比较模糊，如欧文在 1858 年曾给出的奇怪定义。达尔文认为不应将进化问题归为此类。其次，他坚持进化问题可以从自然的角度予以解释。

达尔文对特创论的批评是人所共知的，因此传统上达尔文也被划入实证主义科学家的阵营，并且被看成是宗教和宗教信仰的批判者。但是真实情形却更为复杂，达尔文的思想要比任何简单逐便的标签丰富得多。

在达尔文所有关于进化论的主要著作的一些段落中，他对于自然和自然律的描述和早期的自然神学家非常相似。尤其是《物种起源》第四章，达尔文甚至将自然选择拟人化，很轻易地用"自然选择"替换了"上帝"和"神"这些词语。达尔文反复申明自己并无意把这个概念拟人化，但他也没有明显改变自己的行文。而且，在华莱士关于自然选择的著作中，不仅使用"自然选择"这一术语，而且还用相当机械化的说法来表述。我并没有说达尔文的"自然选择"不止于描述性词汇，但他反复在文中暗示了更丰富的涵义。康涅狄格大学的约翰·格林（John Greene）、尼尔·吉莱斯皮和已故的多夫·奥斯波瓦特（Dov Ospovat）（一位耶鲁大学研究生）的研究都表明，在达尔文没有出版的笔记和日记里，他提到过造物主以及拟人化的自然选择，偶尔也会把自然人格化。这些可以看做是笔误，但我认为，他们显示了一种思想要把自己从旧有思维模式中解放出来时，要与强大的阻碍力量做斗争。我也认为，它表明了由于社会长期给无神论和物质主义打上可耻的标记，一种思想不情愿与之为伍。

在《物种起源》第二版的结尾段落，达尔文甚至将"造物主"加入以下句子中：

> 生命及其蕴含之力能，最初由造物主注入到寥寥几个或单个类型之中；当这一行星按照固定的引力法则持

续运行之时，无数最美丽与最奇异的类型，即是从如此简单的开端演化而来，并依然在演化之中；生命如是之观，何等壮丽恢弘！[18]*

这种改变可能被认为就是对宗教批评的屈服，但是，达尔文《物种起源》出版前的私人笔记却表明并非如此。达尔文的确是模棱两可的。他可以干脆删掉《物种起源》最后一章的大部分内容，但他没有这样做。我认为约翰·格林把19世纪50年代末至60年代初的达尔文看成"进化论者"是正确的。

不论达尔文的宗教立场究竟是什么，达尔文发现来自自然神学的造物主概念频繁地出现在他的思想中。在科学上，他希望能够把这位造物主从物种起源问题上撤开，从生物学的追溯中撤开。在道德上，达尔文却希望将他的理论应用于——用尼尔·古莱斯皮的话说——"找寻一个神圣的免责庇护，也是找寻对自然主义的共同起源理论的支持"。自然神学、地质考察和马尔萨斯提出的严酷的自然观困扰了达尔文，就像丁尼生曾经被困扰过一样。1856年，达尔文写信给约瑟夫·道尔顿·胡克说：

> 一个魔鬼的牧师写了这么一本蹩脚的、多余的、愚蠢的、低级又无比残酷的关于自然的著作。[19]

---

* 〔英〕达尔文：《物种起源》，苗德岁译，译林出版社2013年版，第389页。

这种残酷性给达尔文带来了道德困境，使他不满于一直都自鸣得意的自然神学和特创论。

在笔记、著作和私人信件中，达尔文说自己关于自然选择的进化论和他的自然观会使人类对自然秩序的看法更加崇高，更重要的是，他提出的上帝概念比自然神学或特创论的上帝概念更高级。的确，达尔文想要为马尔萨斯冲突的世界提供一个更加有效和有说服力的神正论——马尔萨斯试图这样做却没能成功，因为在自然科学的影响下，他的神正论解体了。马尔萨斯解释人类受苦之合理性是通过诉诸来世的幸福，并说生活中的问题会激发天性懒惰的人去工作。达尔文试图回应马尔萨斯神正论的失败（马尔萨斯的神正论要等到来世），而达尔文的神正论虽然也需要时间，但却能在这个世界、这个地球上通过历史来完成。他在《物种起源》中写道：

> 我不认为此卷书中的观点会动摇任何人的宗教感情……依鄙人之见，这更加符合我们所知道的造物主在物质上留下印记的一些法则，亦即世界上过去的与现在的生物之产生与灭绝，应该归因于次级的原因，一如那些决定生物个体的生与死之因。当我们把所有的生物不看做是特别的创造产物，而把其视为是在志留系第一层沉积下来之前就业已生存多时的少数几种生物的直系后代的话，我觉得它们反而变得高贵了……由于自然选择，纯粹以每一生灵的利益为其作用的基点与宗旨，故

所有身体与精神的天赐之资,均趋于完善。[20]*

在达尔文看来,自然选择是一个受次级定律支配的彻底自然的过程,他在真正意义上减轻了上帝的直接责任,减轻了上帝对自然中可见的罪恶和苦难的过失。这种苦难从长远来看包括了自然不断完善的过程。而且,如果把上帝放得离自然远一些,人们更容易接受不完美的自然秩序。19世纪60年代左右,达尔文似乎已经在思考:上帝设计了自然法则和自然过程,但并不负责它们工作的精确复杂性。达尔文的观点发展成了托马斯·卡莱尔自然的超自然主义的科学版本,自然界变得尊贵了。虽然自然展示了苦痛和不完美的适应,在达尔文看来,自然选择的进化过程是为了物种的利益,并最终"朝着完美演进"[21]。

19世纪60年代,人们用宗教代替达尔文的理论去解释特创论,这让达尔文越来越无法接受。他对神职人员和神学家也越来越有敌意。我认为有两件事的发生使他的想法更固执、更唯物、更彻底的不可知。其一,从个体角度来讲,人们以宗教为由拒绝接受他的理论,科学家从宗教立场出发辩驳他的理论,这让达尔文感到愤怒不平。他虽料到会有宗教上的反对,但我怀疑这种反对要比他所预期的更强烈和更刻薄。其二,一些达尔文所尊重的科学家,如阿萨·格雷,提

---

* 〔英〕达尔文:《物种起源》,苗德岁译,译林出版社2013年版,第388—389页。

出宗教上的反对和科学上的反对,促使达尔文比先前更加努力、系统和直接地去思索有关设计、天赐和造物等问题。

他曾经想回避这些问题而只谈《物种起源》。但这是不可能的。格雷等一些学者把达尔文又往前推了一步。这些思考把达尔文带向了一种很大程度上不可预期并且相当模糊的不可知论,使得达尔文深入探究造物主的理念。当他不得不思考这一问题,并且不断想要调和自然之可见的邪恶与上帝之不可见的存在的矛盾时,他就会反复地感到不舒服。1860年5月,达尔文对阿萨·格雷说:

> 至于这个问题的神学观,这对我来说非常痛苦。我非常困惑。我并非有意进行无神论的写作。但是我承认我不能像其他人那样在方方面面都能清楚地看到上帝设计的痕迹和仁慈,虽然我也想那样去看。对我来说世界上有太多的苦难。我不能够说服自己,相信一位仁慈和全能的上帝能够带着明确的目的设计创造了黄蜂,让他们以活体肉虫为食,或者让猫玩弄老鼠。不相信这一点,我就没必要相信眼睛这一器官是专门设计的。另一方面,无论如何,看到奇妙的宇宙,尤其是人的本质,我都不能下结论说这一切来自野蛮力量。我倾向于认为一切事物都来自制定好的规则,有细节,无论好坏都随机运行。这一见解一点儿也不能让我满意。我深深觉得这个学科对于人类的智力来说过于深奥,就像一只狗想要探究牛顿的思想一样。[22]

在这封信以及其他一些出版的著作中，如《动物和植物在家养下的变异》一书的结尾段（此段就像是上面这封信件的改写），达尔文经常会返回到同样的观点。如果神在设计和造物的时候，并没有比原生态的自然界多将一些优雅、目标和仁慈赐给我们，你真的愿意继续相信有一位直接施行创造与设计的神吗？达尔文认为一位全能、关怀的造物主并不存在的时候，往往更多是进行科学的论证而非道德的论证。在他看来，自然秩序给出的证据要么证明上帝不存在，要么证明这样的上帝不值得人类崇拜。达尔文想要维护的造物主或神，是佩利笔下理性、仁慈的上帝，但达尔文只能先阻止这位神与自然直接接触，才能维护这位神作为一种精神力量或精神客体的存在。因此，为了对上帝对待人的方式做出解释，达尔文事实上不得不将上帝从他观察到的道德败坏的自然界中分离。贵为神祇，只有与自然秩序中的挣扎与苦痛无关，这样一位神才配得上人类的信仰。直到生命即将结束，达尔文也不确定这样一位神是否存在；其他的人也各自得出了不同的结论。

第八章

马克思与先进的工人阶级

我们不可能抛开卡尔·马克思（Karl Max）思想在20世纪的历程，来思考他思想的内涵以及在19世纪的地位。因此，我会在最后讨论19世纪早期的马克思，在此之前我将首先概述19世纪晚期以来马克思思想受到的评价。通过考察马克思的接受史，我们能够去除一些不必要的混淆之源。之后要做的仅仅是克服在阅读马克思著作时遇到的一些难点。

19世纪40年代到50年代之间，德国有相当多的激进作家在抨击欧洲工人阶级的生存状况，卡尔·马克思就是其中之一。各种知识程度的人、各种社会阶层的人都在批评社会制度，很多批评者的影响微乎其微，至于卡莱尔和罗斯金，我们曾在别处探讨过这两位影响了英语世界范围内中产阶级和工人阶级的社会批评家和政治活动家。

马克思则颇为不同。由于马克思的思想被一个特殊政党所采用，他成为现代思想中的一位重要人物。德国社会民主党成立于1875年，它的几位创建者，尤其是威廉·李卜克内西（Wilhelm Liebknecht）和奥古斯特·吕贝尔（August Bebel），曾经阅读过马克思的著作并且信服马克思的学说。后来这两个人在德国社会民主党中身居高位，并且在19世纪的最后二十几年，出于种种意图和目的，将马克思的思想提升为社会民主党的官方意识形态。在德国社会民主党看来，马克思最重要的著作，是 1848 年的《共产党宣言》和首次出版于 1867 年的三卷本《资本论》。尽管这个党的党员和领导就马克思主义的涵义多年来争辩不休，但毫无疑问，所有人都认为马克思的思想应该为这个党的生存及政策提供基础。德国社会民主党对马克思思想的推崇之所以如此关键，是因为在那二十多年中，德国社会民主党成为欧洲最大、最强、最有效率、最有影响力的社会党派。一旦它得以合法地运作，它就变成了一个拥有众多党员的群众性政党。欧洲大陆其他社会主义党派在形成时都不同程度地模仿效法它，"第二国际"作为各个社会主义政党共同召开的国际会议或国际组织，有力推动了这一效法过程。

那些社会主义党派的模仿，包括了搬用卡尔·马克思的著作，以之作为这些党派意识形态的基础，他们关于马克思的著作要求什么样的政策与行动方针上有很多争论，争论的核心问题在于——马克思的著作和哲学是否意味着这些以革命为己任的政党应该担负起革命者的角色主动掀起革命？或者既然马克思预言了革命是不可避免的，所以他们只要静待革命爆发，同时委身于现存的政治体系中就可以了？真诚的马克思主义者在这个问题上各持己见。19 世纪末 20 世纪初的这场争论说明，虽然都持守马克思主义观点，各个政党或政治领导人可能会走向多种不同的方向。

这就是当时西欧的状况。俄国则很不一样，在 1905 年俄国革命爆发之前,俄国并没有真正公开的政治生活,也没有议会制度。俄国的政治状况在各个方面都比较极端。而且与西欧相比,俄国几乎没有什么工业。因此,被沙皇政府视为激进分子的俄国社会主义者,普遍都流亡在外以从事革命活动,他们探讨如何将社会主义引入俄国的最好方式。在俄国社会主义流亡分子那里,马克思主义思想发生了一个重要而具有决定性的转变,与西欧社会主义政党通过公开辩论所确立的方向迥然不同。

1895年俄国社会民主党成立,它在流亡中从事革命活动。在这些流亡的党员和领袖中有一人名叫弗拉基米尔·伊里奇·乌里扬诺夫(Vladimir Ilyich Ulyanov),他以列宁(Lenin)一名广为人知。列宁反对当时大多数俄国社会民主主义者所持的两种观点,既不认为俄国在革命之前必须发展数量庞大的工人阶级,也不认为俄国社会民主党应该像西欧的社会主义政党一样成为群众性政党。他主张当时所需要的是一个由职业革命者组成的小型精英党派。1903年俄国社会民主党在流亡中相聚于伦敦,内部出现了分歧,列宁命名他那一派叫"布尔什维克"党,意味着"多数派",命名他的对手为"孟什维克"党,意味着"少数派"。直到1912年,布尔什维克组织才分裂。

俄国流亡者之间的所有这些争论对于20世纪历史或欧洲社会主义历史而言几乎是没有意义的,直到第一次世界大战爆发,这些讨论的意义才展现。俄国的独裁政府在这场战争中垮台，并在 1917 年曾经一度由临时政府所代替。临时政府执意于跟德国继续作战。1917 年二月革命之后，德国政府用一节密封的铁路车厢将列宁送往圣彼得堡。列宁承诺如果布尔什维克党掌握政权，他将使俄国远离战争。1917 年 11 月，布尔什维克党发动政变并组建俄国政府，很快发展为苏维埃联盟（Soviet Union）。由于布尔什维克政变胜利，马克思主义以列宁主义的形式存在成为 20 世纪政治生活的一个基本事实。列宁主义政策的其中一个方面，就是要求西方社会主义政党模仿布尔什维克党，这一要求使得西欧的社会主义组织分裂为民主社会主义党和共产党。这些组织之间争执激烈、几败俱伤。

因此，对于马克思主义思想的辩论，总是不可避免地涉及论辩者对于苏联国内国际政策的态度，以及对民主社会主义党和共产党之间分歧的态度。那些同情社会主义的民主社会主义者和非社会主义人士，把苏联的政策，尤其是斯大林治下的苏联政策，看做是对马克思以及马克思主义思想之名誉的玷污。因此，西欧乃至美国学术界的民主社会主义者及其同情者，试图从卡尔·马克思本人的著作中找出他的社会主义观和革命观，以显明其不同于斯大林主义政策的本义。

人们努力地找寻一个另类的马克思，20 世纪 30 年代，关键时刻出现了，马克思 19 世纪 40 年代早期写就的未发表文稿以及一些鲜为人知的著作都出版面世。这些著作包括《1844 年经济学哲学手稿》和《德意志意识形态》。此外，

《资本论》早期手稿，即《政治经济学批判大纲》(*Grundrisse*)，同样得到了相当多的关注。这些著作展示了一个所谓的"青年马克思"或者"人本主义的马克思"。这些哲学著作对20世纪的马克思主义思想产生了巨大影响，但对19世纪的马克思主义几乎没有什么影响。这些著作让20世纪的知识分子看到了一个几乎很少写革命也不怎么写经济的青年马克思，表明马克思在吸收了黑格尔哲学以及19世纪40年代其他激进思想家思想的基础上，形成了他自己独特的革命观，即《共产党宣言》中所表述的革命观。这些早期著作提出了对资本主义的哲学批判，而这一对许多读者和教师们来说具有道德品质的批判，似乎在马克思晚期著作中消失了。不仅如此，早期的著作几乎没有自称是科学的，它们是人本主义的。因此，20世纪那些对科学持怀疑态度的人文学科研究者及教师们被早期马克思所吸引。他们被吸引也是因为这些未发表著作中几乎不包含资本主义即将灭亡的预言，这一预言事实上并没有发生。尽管如此，恰如我们所看到的，正是马克思声称已经创造了一个科学的社会主义，使得他的思想独树一帜，不同于其他对新工业秩序的激进的、社会主义的批判。

最后，我们应该注意到，1939年，《苏德互不侵犯条约》签订，1945年之后，共产党人接管了东欧，1956年，苏联出兵匈牙利，1968年出兵捷克斯洛伐克，1979年出兵阿富汗，在这一系列事件之后，人本主义的马克思仍然继续吸引着西欧的知识分子。二战之后的西欧知识分子不断转向早期的马克思主义,希望在那里能找到一个人性化的马克思主义。正如总有人说基督教从来没有付诸实行,西方知识分子既已见证了苏联社会的镇压及泯除个性,他们也就把早期马克思关于"人道主义的社会主义"的阐述亦视为从来没有付诸实行。这些辩护在1989年一系列事件之后似乎也崩塌了。1991年苏联解体,新的俄罗斯政府和其他新出现的共和国放弃了他们先前对马克思主义的信奉。

这就是1867年《资本论》出版以来的若干年中马克思主义思想的历程。那么,马克思在19世纪的情况是怎样的呢?19世纪40年代在形形色色的社会批评理论和社会乌托邦主义中,马克思的思想又是如何形成的呢?

卡尔·马克思于1818年出生于莱茵兰,在他出生前一年,马克思的父亲由犹太教改信路德教,这在德国犹太人中并不罕见,那段时间人们称之为"解放的时代"。马克思的父亲还曾深入阅读了启蒙时代法国和德国思想家的著作,深信理性论证的力量和人性的完善。1835年,马克思在波恩大学短暂学习了一段时间,第二年转入柏林大学。在那里他深深地陷入德国唯心主义尤其是黑格尔的哲学中,历史主义深刻地影响了马克思。那么,历史主义是如何影响他的呢?正如他的同时代人一样,他相信他的时代必定是过去历史发展的最高点,但是他自己的时代仍然包含着未来历史变化与发展的种子。他也吸收了黑格尔的思想即认为历史的转变并不会正常地、平静地发生，相反要经过暴力，通常是国际战争、国内战争或者起义等形式的暴力。而且，世界历史的转变要借助于世界历史中的个体或者英雄来实现，并打破现存秩序。马克思吸收了所有这些思想。

马克思还接受了黑格尔的其他核心思想。在这些思想中，最重要的是：理念或抽象物决定社会的特征及方向。

黑格尔认为，在某种程度上，一个社会的形态和政治秩序是世界精神的理念的反映。黑格尔认为以下情况是可能的，即一个政府或确切地说一个政府的官僚阶层，能够作为一种普遍阶层为公共福祉而统治。他声称，一个普遍的或官僚的统治阶级，依据普遍理性可以凌驾于各种特殊或特别阶层利益之上。在这方面，它类似卢梭的公意。国家被黑格尔定义为普遍的共同体，从根本上与被统治的各种各样的个体、社会组织和经济利益体相区别。换一种说法解释黑格尔这种观点：黑格尔认为市民社会和国家是两个分离的实体。当人们是市民社会中的一部分时，他们追求的是个人的私利。当他们为了国家或者是作为公民行动的时候，在某种程度上，他们超越了个人的特殊的利益。我们接下来将详谈这一点。

在柏林的时候，马克思与一些被称为黑格尔左派的激进黑格尔思想家熟悉起来。虽然黑格尔和他的一些哲学追随者试图为当时的政治和社会现状辩护，但黑格尔左派试图用哲学抨击社会现状，谋求改革。马克思以他作为黑格尔左派的身份开始了他的哲学事业。他又从黑格尔左派的社会批判走出来，形成了一种新的不同的批判立场，这段经历构成了他思想历程的一部分。

马克思思想历程中的一个关键转折点，是他开始了解路德维希·费尔巴哈（Ludwig Feuerbach）的唯物主义哲学。这位哲学家以他的神学批判而著名。他曾经声称所有的宗教都是人类的活动，事实上与神无关。这一点在他1841年的《基督教的本质》一书中被概括为"神学的秘密不是别的，仅仅是人类学"。[1]换言之，费尔巴哈认为，人类关于上帝的概念，不多不少，恰恰就是人类本性的心理投射。他进一步声称，人类越使得上帝更具有爱心，更人性化，更强大和更正义，那么他们就越降低他们自己的品质。那就是人类抽空自己最好的特质，再将其注入对神圣的心理投射中。费尔巴哈还是一个唯物主义者。正如黑格尔声称在某种程度上所有的存在物都是精神性的，费尔巴哈认为在某种程度上所有的存在物都是物质性的。费尔巴哈通过他对宗教的观点和自然主义的形而上学，表明黑格尔哲学从根本上来说是错误的。他说，把人的品质异化为神圣是对人性的贬低。他还主张，黑格尔赋予给精神的角色，事实上更适合人类而不是客观精神。

19世纪40年代早期，马克思返回莱茵兰，在那里成为一个激进的民主主义的记者，既抨击德国的保守主义者，也抨击德国的自由主义者。他批判保守的出版审查制度和自由的立法制度剥夺了农民的正常权利。与此同时,他用费尔巴哈的观点和方法,批判了黑格尔哲学和黑格尔左派的激进哲学。

批判黑格尔遗产及其激进后学的最重要范例,就是马克思 1843 年写的《论犹太人问题》。在这篇文章中,马克思批判了一种关于德国犹太人宗教解放的建议。许多德国的自由主义者和激进主义者认为,犹太人应该从基于犹太信仰的各种宗教的障碍中解放出来。这些自由主义者和激进主义者主张一种更普遍的宗教自由。他们希望他们的国家从任何宗教依附中解放出来,这是欧洲大陆自由主义者和激进主义者的标准观点。他们认为如此方能建立人类自由的一个基础领域。

马克思本人强烈地抨击这种宗教解放的不充分。他区分了"政治解放"和他称之为的"人类解放"[2],政治解放是指公民从政府的某种禁止或由政府所导致的某种无能为力中解放出来;而人类解放是指个体人类从宗教社会所设置的规定中解放出来。在这篇文章中,政治解放意味着德国犹太人不再因某种缺陷或者不因某种由政府施加的无能而信教,他们信教仅仅因为他们是犹太人。然而,这种解放不会使得他们从自我中解放出来,或是从社会施加的必需的犹太人信仰中解放出来。只有人类解放才能使他们从他们的犹太人身份中解放出来。

现在让我们试着分析一下究竟什么是马克思更熟悉的词

汇——"国家"（意味着政府）和"市民社会"。事实上，与之前几乎所有除卢梭以外的思想家相反，马克思认为在两个领域中人类可能丧失自由。第一个就是人类与国家的关系。国家或政府可能设置法律和其他沉重的规章制度，意味着人类是不自由的。这种国家干涉，就是亚当·斯密讨论经济时公开谴责的，也是政治自由主义者在人类生活的各种领域中强烈反对的。但马克思的主张并没有明显地超越亚当·斯密和自由主义者的思想，他说在市民社会自身的范围中有各种各样关于社会的束缚，但是这与国家干预几乎没有什么关系。在这篇论文中，他关注的束缚领域是宗教。自由主义或犹太解放运动允许人们自由信仰宗教，但马克思由于费尔巴哈的影响而已经部分地成为无神论者，他声称宗教自由就是不受与宗教有关的社会和心理因素的束缚。为了经历完全的人类解放，一个人应该将自己从宗教中解放出来。

19世纪40年代，随着时间的推进，马克思发现了市民社会中的一个又一个束缚的领域，所以最终他对于自由的想象就是从市民社会的限制中解脱出来。这最终意味着，正如我们所看到的，市民社会将会被革命推翻。

因此，通过对"犹太人问题"的思考，马克思指出了自由主义之自由的不充分性。但是他在实现人类解放的过程中遇到了一个新的问题：市民社会中是否存在可以作为革命工具的群体？它非常广泛、极具包容，以确保它的胜利是人类解放的胜利，而不仅仅是某一些人的解放，否则，那些人在解放之后，将会因他们自身利益而成为一个新的压迫组织。

最后马克思得出结论，即无产者构成了这样一个阶级。但他思考的过程是持久和复杂的。他先是学习了黑格尔哲学，然后又研究了法国社会主义和英国政治经济学。

1844年，马克思写了一系列手稿，这些手稿原本没有出版的希望，直到1932年才付梓，即《1844年经济学哲学手稿》。它所受到的关注和分析之多，在20世纪罕有文本可以匹敌。在这些手稿中，马克思通过"劳动异化"[3]来展开对问题的思考。

马克思声称人类本性的基本内核是劳动或者实践。人类在劳动中与自然相互影响，从而创造了人类本性。人类在用劳动塑造自然的过程中整体地形成了人类的意识。

到目前为止，马克思认为在资本主义经济内部已经发生了某种可怕的错误。他并不是抱怨工人们所遭受的食物短缺，或过重负担的工作，或城市贫民窟的生活条件，不，对于马克思这位年轻的哲学家来说，工人在资本主义之下的生存状态，即是市民社会中劳动分工所塑造的工人的生存状态，即在生产的过程，通过使人与劳动相疏远，从而剥夺了他们的人性。劳动和劳动的产物都变成了商品。工人们把他们最基本的人性投入到他们所生产的物品和他们将要去购买的商品上。就如同费尔巴哈看到了人类将他们最好的品质投入到了对上帝的幻觉中，马克思看到工人将他们作为人的最好的品质——具有创造力的劳动力——投入到了生产的对象上。通过这一过程，工人们的人性被耗尽并且流入到资本主义市场的商品中。在某种理想的工作状态下，劳动和工作应该是具有创造力和肯定生命的，但在资本主义生产下，工作耗尽了工人的生命、创造力和人的本质。而且通过这种劳动，资本主义体系下的工人被剥夺了有意义的社会交流互动的能力。他们被简单地贬低为原子似的自我。所有这些异化劳动都是以私有财产的存在为前提。同样值得注意的是，马克思相信同样的过程对于资产拥有者也是有害的，因为这些资产所有者被贬低为抽象的金钱之力。

马克思是通过哲学思考而非经验考察和调查而得出工人被异化的情形，他认为必须要克服这种状态才能过渡到共产主义社会。由于其他激进的、社会主义的计划无法克服劳动异化状态，马克思认为当时其他所有走向共产主义的社会主义路径都行不通，甚至在某些情况下应该受到斥责。马克思这些新形成的观点，也指引他去批判费尔巴哈和同时代其他哲学家，他们仅愿意在沉思冥想中思考工人以及人类的处境，而马克思相信他对异化的洞察指向了对行动哲学的需要。世界不可能通过从外部对工人状况加以零碎改革而改变，改变必须源于他们对自己处境的整体认识，认识到这种处境会抽空他们的根本人格或人性。我们要留心的是，马克思并没有把这些观点发表出来，但它们却形成了他自己哲学转变的内核。

1844年，卡尔·马克思遇见了弗里德里希·恩格斯

(Friedrich Engels），一个德国工厂主的儿子，他也在英国拥有一个自己的工厂。1845 年恩格斯出版了《英国工人阶级的状况》(*The Condition of the English Working Class*) 一书，这是一个根据议会报告、报纸和杂志中得来的信息而写成的关于工人生活的惊世骇俗的报告。

这时马克思已经接受了历史决定论，也就是说，相信共产主义的实现或废除私有财产具有历史的必然性。1846 年，马克思和恩格斯写了另一部著作，这部著作直到 20 世纪才发表，名为《德意志意识形态》。在这一著作中他们形成了对人类历史彻底的唯物主义解释，它最基本的观点，是人们关于世界或者社会的观念是社会物质结构的产物。这意味着经济基础与社会制度决定一个社会的思想观念，而不是相反。观念是物质条件的产物。这个认识又回到了马克思关于人类劳动定义了人性的观点。人类的劳动条件和他们劳动所创造的条件决定了人类思考的方式。换句话说，思想是生产条件的副产品。

在马克思看来，社会的罪魁祸首就是劳动分工。这种划分导致人类走向自己的反面。劳动分工造成财富的不平等，不平等又带来了社会冲突。劳动分工也导致异化劳动进入商品生产，并成为雇佣劳动本身。劳动分工又带来阶级冲突，成为历史变化的主要动力。马克思认为，实现共产主义的一大转变，就是会消灭劳动分工，阶级斗争也随之而消灭。马克思相信，在共产主义来临之前，所有的社会思想和理想所能做的，就是使一个阶级对另一个阶级的统治合理化。在劳动分工的世界里，市民社会是劳动分工的场所，但国家和政府体现了对一种真正平等共同体的幻觉。马克思之所以认为是一个幻觉，是因为只要劳动分工存在，国家就仅仅是统治阶级的工具。任何与国家相关的平等观念都是统治阶级灌输给被统治阶级的幻想。在这样的政府或国家里，没有真正的平等与自由。

说到此处，马克思相信阶级斗争是不可避免的，从长远来看，它不可避免地会导向共产主义。在马克思看来，共产主义将会带来工人阶级或无产阶级的自由和全人类的自由。在共产主义社会，国家和社会将会联合起来，没有矛盾。在共产主义社会，劳动的异化将被克服，私有财产将会被废除，国家也会消失，因为国家的存在是为了保护作为主导经济阶级的统治阶级的利益。这是马克思和恩格斯在1848年准备着手撰写《共产党宣言》时的基本想法。

宣言中解释了无产阶级如何能在人类解放事业中成为先进力量。马克思不同于以往的社会主义作家，他在《共产党宣言》中对他们进行了尖锐的批评。这些社会主义者关注的是改善工人生存条件、更加公平地分配商品、减轻苦难以及别的经济社会福利。而马克思主义所关注的是克服异化，以及无产阶级完成人类解放。同时，他认为工人阶级必须是他们自己解放的工具，但是只有当他们的处境处于最严重的恶化时，他们才能意识到他们的历史角色，这是他与同时代其他政治激进者和社会革命者的最深刻区别。由于意识到了自己与别人的区别，他就花了大量时间批评那些激进主义者，认为他们不仅给出的答案是错误的，连问题都搞错了。

《共产党宣言》篇幅虽短小，却凝聚了马克思和恩格斯在长期、复杂、专业的哲学著作和政治辩论中得出的大部分结论。这些结论包括所有的历史都是阶级斗争的产物的观点、经济和物质决定论的观点、对社会主义其他模式的批判，以及对自由主义自由的批判。不过，《共产党宣言》中最难忘的部分是那些对资产阶级的描述。连自由主义古典经济学家或发言人都没有描绘过比之更强大的中产阶级形象。《共产党宣言》认为：资产阶级塑造了现代世界。他们创造了一个新世界，同时也创造了使他们走向灭亡的力量。中产阶级自身的价值——尤其是对竞争力量的信念——从长期来看会吞噬自己。资产阶级还创造了一个庞大的、无所不包的文化，资本和私有财产的力量会使家庭成员和两性之间最亲密的关系变得疏远。

不过，资产阶级也培育了促使它灭亡的社会力量——无产阶级。在马克思的思想中，无产阶级的特质是什么呢？资本主义的力量和资产阶级之间的竞争将首先导致无产阶级规模的扩大，越来越多的社会阶层将受到迫害并加入无产阶级。无产阶级在历史进程中不断受到更严重的压迫，在某一时刻，无产阶级形成了自我意识，也认识到它必须是自己解放的动力。经济力量带来了无产阶级的扩张及其处境的恶化，由此而产生革命意识。无产阶级将发动一场革命，去除不断缩小的资产阶级的束缚，迎接共产主义革命。

但是，对资产阶级的共产主义革命不同于以往任何一个阶级斗争引起的革命。无产阶级革命，就其实质而言，无论规模还是状态，都是人性本身的广泛合作。它不是一个阶级对另一个阶级的革命，而意味着人性的革命。革命将会带来私有财产的结束、劳动分工的结束和异化劳动的结束。在马克思看来，国家将会消失，因为根据自由主义学者的观点，国家的存在是为了保护私有财产。随着私有财产的废除，国家将不再被需要。无产阶级革命将根除所有这些从卢梭开始就困扰社会思想的二元论。卢梭在《爱弥儿》中描述的资产阶级与自身相对立的可怕形象，将会与马克思在1844年手稿中私下描述的异化劳动的可怕形象一同消失。无产阶级显现为一种力量，它通过解放自己来解放全人类。

从卢梭开始，历史中人们提出了各种关于人类改造和人类救赎的乌托邦观念，《共产党宣言》可以被看做是其高潮。然而，是什么在19世纪晚期给了此种乌托邦观念比19世纪40年代其他观念更大的力量？那就是马克思的唯物主义，以及他在《资本论》中努力使自己正在转型的观念与英国经济学的经验分类联系在一起。马克思声称他的经济学分析是经验的、科学的。他的后期著作充满了古典经济学的思想和各种从欧洲工人阶级的状况中得来的数据。他把乌托邦主义与科学结合了起来，故而在19世纪下半叶，德国社会民主党和其他政党以马克思的思想作为他们政治活动的指南。

19世纪40年代的马克思思想究竟有什么目标？人们众说纷纭。一些学者在马克思那里看到了另一种呼吁社会大转型的声音。从卢梭开始，许多欧洲知识分子看到了在人类社会中有某种东西妨碍了一种真正生活方式的发展，不同的人指出了不同的障碍物和解放者。在马克思看来，"某种东西"就是资本主义自身。只有当它被毁坏，人类解放与自我实现才能完成。无产阶级的角色就是去实施这种破坏，并且实现卢梭在《社会契约论》中所设想的普遍自由。

还有一种解释影响甚广，说马克思用了（他拒绝的）早先宗教思想的范畴，创造了一个世俗救世主的观念。根据这种观点，在马克思心目中，无产阶级的作用很像一位受难的弥赛亚。他必须穿越历史，担起所有人性的重负，又在世界末日的革命中出现，及时在历史中拯救人类。当然，在马克思的著作中，有多处显示他是给犹太教和基督教共有的弥赛亚希望与期待设置了一个世俗的框架。

我认为还有一种解释在一定的范围内颇有说服力，即马克思心目中的无产阶级就像一个集体的黑格尔式英雄。我们可以回忆一下黑格尔的观点，他认为一个历史时代转向另一个时代是通过暴力，通过具有特殊意识而能觉察到世界历史变革时间已经来临的盖世英雄。马克思所描绘的无产阶级形象在许多方面都类似于黑格尔式的英雄。无产阶级必须有对自身处境的意识；它必须认识到一个新社会是可能的；它必须通过革命的暴力行动。所有这些特征都是黑格尔式英雄的形象。我发现这种解释相当吸引人，因为它让我们想起马克思的思想首先根植于黑格尔思想。在我看来更有吸引力的是，唯物主义的马克思，试图通过工人阶级作为复仇英雄的工具，来达成向历史中至高无上的乌托邦的转变。正如1846年威廉·透纳描绘了一个太阳下的天使准备去报复人类历史中的杀害同胞者、背叛者和恶魔，两年之后，马克思号召无产阶级从他们自己恶化的处境中去解放人类、拯救人性，从而进入一种与自我非异化的关系中。

第九章 对艺术家的膜拜

从 18 世纪晚期到 19 世纪初期，艺术家的概念发生了显著的转变。这种变化覆盖了几乎所有的艺术领域——诗歌、绘画、雕塑、音乐，以及建筑。艺术家之概念及社会角色的转变虽然发生在那个年代，至今仍持续影响着我们的思想。

19 世纪晚期，有一本关于理查德·瓦格纳的传记，其标题叫做《理查德·瓦格纳：人与艺术家》(*Richard Wagner: Man and Artist*)，我们可以借此书名一窥堂奥。瓦格纳被描绘成不同于其他人的"艺术家"。在绘画作品、文学作品甚至早期的摄影作品中，艺术家，不管是诗人、造型艺术家，还是音乐家，都开始被描绘得与众不同。

不仅如此，19 世纪还竖起了种种建筑物来赞美艺术家。其中包括艺术纪念碑等，例如伦敦艾伯特纪念碑底座雕带；那些教育机构的公共建筑壁龛里艺术家们的半身雕像；还有博物馆、大型音乐厅以及歌剧院。博物馆和歌剧院无疑就是 19 世纪对艺术家加以赞颂美化的文化标识。博物馆被看成是艺术女神缪斯栖身之所，艺术作品因与缪斯女神相关，故而被存入博物馆里。

艺术家开始被特殊化地看待、议论，他们比生活更高大，也比其他人更高大、更真实、更美好、更有灵气。尽管与其他人同样生活在社会中，艺术家却批判这个社会及其价值观。于是，艺术家就被看成是身兼社会批评家的角色，就像卢梭认为自己所起到的作用一样。不过，在有些人的眼里，比如珀西·雪莱（Percy Shelley），艺术家承担的不是批评家的角色，而是为社会制定法律和**道德观念**的立法者。雪莱曾说过著名的一句话，"诗人是世界上未经公认的立法者"。艺术家这样的自我形象并不罕见，有的可能会表现为疏离于社会的隐士，有的则如社会之狮，就像英国的洛德·莱顿（Lord Leighton）那样，把自我描绘成古希腊的神。

我们可以从约翰·罗斯金 1846 年所著《现代画家》（*Modern Painters*）第二卷中的一段话，管窥一番投射在艺术家身上的力量。罗斯金这样讲艺术家——他脑海里想到的是透纳：

> 他不承认任何律则。他蔑视一切束缚，削平一切藩篱。只要自然有其可能，他无所不敢为，或者他会顺其自然发生。他明白自然之各种法则，这对他不构成任何束缚，它们就是他的天性。对其他的规则和限制，他皆嗤之以鼻。他行走在一片杳无人迹、无路可循的旷野上。但他从一开始便在荒野上看到了目标，径直向那儿走去，从未迷失过，从未偏离过一步。没有什么可以阻挡，没有什么可以让他偏离。[1]

19 世纪 40 年代，欧洲主要的语种都有类似这种对艺术家特点的描述。艺术家与更宏大的自然站在一起，既然与自然为一体，艺术家就可以对抗社会的法律和**道德观念**。

要知道，诗人和艺术家绝非一直都是这种待遇。西方文化中关于艺术和艺术家地位的争论不绝如缕。我们不妨回忆一下，柏拉图把诗人逐出他的理想国，他也认为艺术家不过是对模仿的再模仿，距离理念世界的高级实在甚为悬殊。在柏拉图眼里，诗歌和艺术总的来说都是诱人败坏的东西，它们让人远离真实存在及更高形式的知识。像这样关于艺术的争议，绵延了数个世纪之久。

直到18世纪中期，谈到艺术时还普遍要区分实用技艺与美术。《法兰西百科全书》（*French Encyclopedia*）的诸位作者非常关注经济增长，常常称赞日常生活中的技艺，并且不时地以印图来展现，包括金属制造、制线、农业、裁缝、印刷中的艺术。《法兰西百科全书》中"艺术"（Art）一条，狄德罗将之与手工技艺及人文科学紧密关联。他认为二者都要依据规范而为。在他看来，把手工技艺置于人文科学之下，乃是一种历史的歧视。他说："我们的判断多么奇怪！我们要求人各尽其能，却又瞧不起有用的人。"他接着又说："任何艺术的目标，任何为同一目的而集合各种工具及规则所做的工作，都是为了把某种好的形式施于自然所提供的基础，此基础可能是物质也可能是心灵，或是心的某种功能，抑或自然的某种产物。"类似这种对实用和手工技艺的态度，还可以见之于推崇公民社会的苏格兰学者。在整个欧洲，与启蒙运动相关的学者，大部分都认为实用技艺可以让欧洲脱离贫穷，带来繁荣与道德进步。这些技艺关涉科学及科学方法在日常生活问题上的应用。

上述这种赞美实用技艺的观点，受到推崇美术者的摒弃，直至今日，仍被更大幅度地摒弃。美术以及美术作品是要提升人类至文雅的更高层次，对神圣有所领悟和体验。数十年来，投身艺术的人都在努力为艺术找到存在的理由，让他们能够在贵族赞助日益微薄的世界里站稳脚跟，或者能找到一个更高尚的新说法，让贵族或其他有钱的赞助人愿意支持艺术。就诗歌来看，诗人们新的文化要求是一种策略，他们靠此能说服在出版文化世界里日益增长的中产阶级读者，让他们珍视诗歌的价值。我并不是说那些新的艺术理论只是艺术家为了增加收入而创造的——有些艺术家确实变得很富有，但很多也没有发财——我想说的是，这些艺术理论的提出，为艺术家们建立了一种新的文化身份和价值。

至迟从文艺复兴开始，人们开始把大画家与大诗人同才华横溢、神来之笔等相关联。然而，在过去，艺术家的角色只是对某种实在物加以模仿，被模仿的对象或者是理想的自然，或者是早先拥有更精湛才华的艺术大师。如果一个艺人要模仿自然，那就是被理想化了的自然。例如，乔舒亚·雷诺兹（Joshua Reynolds）在 1769 年至 1790 年间的《皇家美术学院十五讲》(*Discourses Delivered to the Students of the Royal Academy*) 中曾阐释：

> 我们所谈的艺术描绘的对象是美的；我们该做的事

是发现美并表现美，我们追寻的美是普遍的、理智的，它是一种只存在于心中的理念；不是眼可见，亦非手可绘；它是一种存在于艺术家胸中的理念，他竭力地传达，却至死都传达不了，但却可以交流，可以提升观众的思想，拓宽观众的眼界；随着艺术的承续流传，美的理念播散了出去，不知不觉中延伸开来，影响公共福利，同时也成为整个民族品味文雅化的一种方式；即便不能直接净化礼仪，至少也能使人从最猛力的贪婪中解脱出来，引导思想循着渐次之阶而臻至卓越，审美品位启发人们观照普遍公正及和谐，通过不断的提升与净化，最后达致美德。[2]

约翰·温克尔曼（Johann J. Winckelmann）发表于 1755 年的《古代艺术史》（*History of Ancient Art*，或译为《论古代艺术》——译按）也表述了类似的观点。在温克尔曼笔下，古希腊的雕刻者首先观察古代希腊人的美，从希腊男女中选择那些最美的特征，再把这些特征融为一体，塑成雕像，达到理想中的美。这种理论表明，艺术家希冀的是高于日常生活的某种实在，但却一点儿都不注重创造。此论基本强调的是，最好的艺术存在于往昔，一个艺术家的伟大在于他能模仿过去最优秀的艺术家。换言之，这种艺术观和诗歌观可以被称为"传统的"，因为艺术家和诗人都要重现并延续先前的传统。

大美术家、大诗人、大音乐家都被认为要拥有常被称做

"天才"的某种特质。《法兰西百科全书》中对"天才"（Genius）的界定很值得关注，这一条是让-弗朗索瓦·德·圣-兰伯特（Jean-François, Marquis de Saint-Lambert）所写。解释中说到的和没说到的都很重要。在圣-兰伯特看来，天才是鹤立鸡群的人物。他写道：

> 天才之人有着更广博的心灵，故而能受到所有事物之情感的触动，关心自然之一切，从来不会无动于衷地接受一种观念：每一个事物都激发他，每一个事物都在他生命中存留。天才具有一种丰富、易感、明察的想象力，并将之充分发挥。例如，假使他身处暗室，仍能想到郊外、骄阳、风暴、烈风。他能按心愿的主题和意象来绘制一幅作品。画历史场景时，他的想象力能带他穿越到过去。[3]

圣-兰伯特把天才与灵感相联系，对比于那些只知循规蹈矩、按审美规则来行事的人。他说：

> 审美的规律和法则会给天才戴上镣铐：他打破这些，向那崇高、动人、尊贵升腾。天才的审美品位是自我界定的，取决于他对那表现自然的永恒之美的热爱，取决于他按自己创作的模型来建构场景的冲动，取决于他对美的理解和感觉。他需要表达这些令他激动的情致，却常常受到语法和用规的阻碍：他采用的言辞时常会妨碍某种意象的表达，换一种言辞才能显示其崇

高……力量、丰富性、某种质朴、新意、崇高和悲悯——这是艺术天才的特质；他不会浅尝辄止，平淡无奇不会让他满足，他甚至对自己的瑕疵都感到惊讶。[4]

圣-兰伯特还把天才与哲学、科学、政务、战争相联系。在圣-兰伯特眼里，天才就是非常特殊的人类。他之所以特殊，是因为他比别人吸纳了更多的感受，能比别人做出更深远的联系，能让想象力和感情比别人更广阔。被圣-兰伯特算做天才的人物，包括牛顿、洛克、弥尔顿及荷马。

18世纪，有的学者还区分先天自然的天才与后天养成的天才。他们的问题总是围绕着荷马与莎士比亚，这两位都开创了天才作品，没有什么前例可以模仿。荷马与莎士比亚并不是那么适用于这些理论，18世纪的评论家都如此云云。蒲柏（Alexander Pope）说：

> 莎士比亚的诗歌完全是源自灵感：他不算是模仿者，而是自然之机栝；这并不是说他为自然代言，毋宁说自然透由他来言说。[5]

18世纪中期关于艺术和诗歌的探讨，虽然范围非常广，但就我们所关注者而言，强调了两个方面。其一，艺术之角色，总体而言即是应用规则、模仿实在，这样的艺术观可称为"模仿观"。一位最重要的评论家曾将它与其他观点作对比，认为这一传统看待艺术及艺术家的角色犹如镜子。其二，天才无论再多么富于才华，也还是人，其思维仍与其他乏才之人皆处于实在的同一框架。天才人物虽然有深情，有博识，能吸纳溢出于现有规则之外的材料，但说到底天才也只是更有才的人而已。如亚历山大·蒲柏所言：

> 真正的语警识敏，只是自然装点得出神入化，此亦即心所常忖，而善于表达者永无其人。7

从18世纪末到19世纪初的五十年里，人们关于想象力与天才的观念发生了质的变化。新的美学观虽然植根于早先的作家，但这半个世纪发生了深刻的转型。这一变化与同期其他方面的改变一样，很大程度源于康德哲学。本书第四章"主体性转向"已经阐明了康德是如何将人类的心智划分为知性与理性。知性负责处理人类感性经验或曰现象界，而理性负责处理本体或曰超验世界。不仅如此，康德还假定了本体世界的存在，不能被感官所把握，他称之为 *ding an sich*，即物自体。

康德之后的两代哲学家，试图寻找出路，摆脱康德哲学把他们推进的牢笼。他们认为康德哲学把他们带入了一种人性与物性悬隔永分的无望境地。本体世界里人是自由的，但在现象世界里人受制于确定的自然法则。康德还让他们陷入到一种无力的状态中，人类心智永远无法穿越表象而达到本体。为了逃出康德之困境，有些学者以各自不同的方式转而求诸新的艺术哲学和想象力。

为走出康德之囚屋，德国出现了三条美学路径。第一条是费希特（J. G. Fichte）和谢林（F. W. J. von Schelling）所为。第二条与弗里德里希·席勒（Friedrich Schiller）相关。第三条是由施莱格尔兄弟开创的。每一条都相当复杂，都是美学史上一大主题。不管它们有多复杂，这一讲我所关注的只是这些理论共同具有的一种倾向，即抬高文化价值，提高艺术家身份。

所有这些人都从拒斥经验主义心理学开始，经验主义心理学与洛克、休谟的理论很相关，后来又被几个人通俗化。经验主义哲学家将人类心灵描绘成一个被动的官能，只是将印受下来的各种重组感觉相连接、重组。你们大概能想起来，康德同样拒斥被动的人心观念，并建立了一种视人心为主动官能的哲学和心理学，认为心智决定了其外在经验。他把人心看成一种主动的具有创造性的实体，并为之建立了哲学基础。

康德之后的哲学家，比康德的设想及证明更进一步，探索更透彻也更大胆，试图说明意识形成经验的方式。他们从康德停下的地方开始。尤其希望找到如何能让人类心灵更直接地洞悉或参与那个神秘"物自体"的方法，而不是分裂地居于现象世界与本体世界之间，似乎那被限定的现象世界和自由的本体世界之间好像天地悬隔一般互不相干。

他们研究的问题，简而言之，就是主体与客体关系的性质。康德之后的哲学家在主体性问题上比康德钻研得更深。他们相信康德的判断，认为研究知性世界或感觉知识根本就是个死胡同。这种探究不可能带他们超越被限之域和表象知识。因此,他们反观自心,从内在体验寻找通向实在的路径以及更深的理解。所有这些想法都陷入了很深的自我陶醉。他们希望通过这种内在探索找到一种方法,来联结主体与客体、现象界与本体界、外在生活之现实与内在生命之现实。

在这些后康德主义者中,约翰·戈特利布·费希特在政治上和哲学上都是最激进的。是他让想象力这一概念成为18世纪晚期思想的前沿和中心,后来的学者屡屡采用他的观点。康德的后期著作,尤其是《判断力批判》,赋予了想象力颇为重要的角色,认为想象力是联结人类思维和直观的一种智力。想象力模模糊糊地介于知性的感官世界与理性的超验世界之间。这种观点康德只是或多或少地暗示,而费希特将之大大推进。

费希特设想了一个能动的自我,即 Ich,能创造其自己的世界。自我是对意识的意识。要了解世界,自我就要找寻它自己的主体性。最终,对费希特而言,自我之外无实在。自我的核心是想象力,想象力实际上创造了意识,是想象力把自我与非我联结为一体。费希特言之过甚,实质上把人的精神等同于想象力。甚至于将组合及重组的想象力与搜寻和创造的想象力对比起来。费希特认为想象力实际上超越了感官经验,是主动创造性的。费希特写道:

> 这种想象的力量……由于它给意识带来更高的意象,那是普通经验所无法带来的,故称之为精神。没有

精神，哲学的要素都不可能有。⁸

如此一来，费希特使哲学本身以想象力为基础。他说：

> 那么，这就是富于创造性的想象力的工作……我们的哲学有没有精神就全看此种能力了……因为一个人要学习［形成知识及构建体系的］那些基础观念，必须通过创造性的想象力来认识……人类精神的全部过程都是通过想象力来施展，然而想象力只有通过想象力才能把握，别无他途。⁹

这样，费希特把想象力概念置于人类体验之前导及中心。想象力联结起了主观与客观。

弗里德里希·谢林又将此概念向前推进一步。谢林立志要以他的哲学统合人类经验和自然。他认为，自从笛卡尔和17世纪科学革命以来，人类与自然被分裂为心与物两个截然不同的领域。谢林设定了一个包含人类的宇宙，人类是上帝想象力的造物。宇宙实际上是上帝思维或想象力的一部分。相应的，人类的想象力，如同神圣上帝的想象力一样，也是创造性的。他说：

> 神之造物客观地表现为艺术，因为造物是把无限的理想投注于现实，艺术也是同样的过程。¹⁰

在艺术家创作中，人类的想象力模仿神之想象力。正如詹姆斯·恩格尔（James Engell）所言：

想象力让理性变得诗意化,释放了它的潜能,使观念变得生机盎然;它们都以物质形式显现。只有想象力能指引我们趋向哲学最高的召唤——那绝对者,或曰神。由于艺术是人类活动中最类似于上帝造物的想象力,那么最高的哲学就是艺术哲学。[11]

在谢林看来,艺术在本质上与无限相通。他写道:"那种不能当下展现无限的,或至少不能反映无限的,都不是艺术作品。"他在同一段里接着又说,"我们所说的自然,是藏在神奇绝妙的书中的一首诗"。谢林把人类想象力与神相连。上帝就是创造的意识;人类意识通过想象来模仿神的想象力。艺术家的工作就是效仿上帝之意识。

在英语世界,率先传介这些观念的,是塞缪尔·泰勒·柯勒律治著于1817年的《文学传记》(*Biographia Literaria*)。柯勒律治不仅仅采用了谢林的观点,甚至直接大段地抄袭,他把谢林的文字翻译成英语,合并到自己的书中,但并未得到许可。

和他所崇拜的德国哲学家一样,柯勒律治决心要用他的著述来构建一个人类与自然一体不二的统合体。其学说的基础是他对想象力概念的描述。对柯勒律治而言,想象力是联结并统合外在世界与内在反映的心灵力量。在柯勒律治看来,"想象力的规则本身就是成长与生成的力量"。他有一段谈论想象力的话很著名:

我把想象力分为原生和次生两种。原生想象力是一切人类知觉的活力和源动力，是无限"我存在"之永恒创造活动在有限心灵中的重演。次生想象力，我想说明它是原生想象力的影像，与自觉的意识同时存在。它的功用在性质上与原生想象力相同，只是在程度上和运作方式上有所不同。它溶化、弥散、消失，为的是重新创造。当这一过程无法达成时，它仍在奋力地理想化、努力地融合。它在本质上是生机盎然的，纵使所有的对象（作为事物而言）本质上是固定的和僵化的。[12]

这种想象力是人最高的能力，它创造诗歌乃至其他艺术。还有一种比想象力低级的能力，即幻想，但幻想只是对感觉信息的组合或重组。柯勒律治认为原生想象力以一种不由自主的方式运作。次生想象是自由意志的活动，从中流淌出诗歌。但不论在何种情况下，想象都直接通向神。它是流溢出来的神圣力量，表现在人类中的艺术家身上。

继承康德遗产而推崇艺术及艺术家的第二种路径，由弗里德里希·席勒在其《审美教育书简》(*Letters on the Aesthetic Education of Man*) 中提出。席勒是德国知名的戏剧家、诗人及评论家。他的戏剧描写了人试图冲破社会习俗和专制政权的束缚。他的书信集成《审美教育书简》这样一本相当简短的书，但却十分难懂。

席勒认为，康德把人类弃舍在一种不易达到自由的境地。自然世界看起来是被限定死的，而道德世界虽然被纳归人的内在，但却与人和自然、人和彼此的关系关联不大。席勒在卢梭的传统下寻找能让人生活于真正自由之邦的方法。和卢梭一样，席勒认为现代人类与自身对立。要得到自由就需要文化，然而现代文明却无法做到。席勒写道：

> 文化远远不能使我们获得自由，它在我们身上形成的每一种力量，都引发新的欲求。自然的镣铐越来越可怕地收紧，以致害怕丧失什么的恐惧窒息了要求改良的炽烈冲动，使被动顺从的准则成了生活的最高智慧。[13]*

席勒认为，在自然国家与文明国家之间需要有第三种国家，这就是通过审美教育达到的审美国度。这样的教育能引向道德国家，并可使道德国家持续下去。席勒把古希腊作为这种统一而自由之文明的模范。他解释道："我们的人性已经被现有的艺术败坏了，我们必须要借助于更高的艺术，来恢复我们本性的完整。"

我们不妨回忆一下卢梭的观点，他认为构建一个真正自由的新国家的是立法者。席勒的方向则与此不同。他认为国家既已腐化，就无法从中产生出革新之具，而必须从美术中产生。在席勒看来，总体而言，艺术是现代社会中一种或能避免现代社会之分裂及虚假表象的活动。艺术家对美的渴望能够把他带回对希腊的热爱及人的完整性。席勒说：

---

*〔德〕席勒：《审美教育书简》，张玉能译，译林出版社2012年版，第12页。译文根据原文有所调整。

艺术家虽然是他时代的儿子，但如果他同时是时代的学徒甚至宠臣，那他就不幸了。仁慈的神性把婴儿及时从他母亲胸前夺走，用更好时代的乳汁哺育他，让他在遥远的希腊天空下长大成人。成人之后，他以全新的身心回到自己的世纪。他的现身不是来取悦时代，而是要像阿伽门农的儿子那样令人战栗，净化时代。[14]*

　　如果艺术家是建立自由之手段，需要简单说明一下什么是席勒的自由概念。这个问题颇为复杂，学者们至今聚讼纷纭。

　　就我们的考虑，完全可以说席勒的自由观就是让人类不再彼此分裂、互相斗争。他试图找到某种方式，让人既是独立个体，又是人群中的成员——他试图使个人主义与社群相调和。他写道：

　　　　我们所享受的感官之乐仅仅是个体性的，内在于我们的族类对此是没有份的；我们无法让感官之乐普遍化，因为我们无法使我们的个体性普遍化。我们享受的知识之乐仅仅是族类的，因为我们得精心地把任何个体的痕迹从我们的判断中排除掉；因此我们不可能使我们的理性快乐成为普遍的，因为我们无法从别人的判断中清除掉个体性。只有美，是我们同时作为个体又作为族

---

* 〔德〕席勒：《审美教育书简》，张玉能译，译林出版社 2012 年版，第 24 页。译文根据原文有所调整。

类（即作为人类的代表）所能享受的。[15]*

我想强调的是，在此我们又遇到了一种人类自由的空想观念。它是一种存在于自由个体心中的自由，与制度安排无甚相关。其本质上是一种美学的自由观。我还想强调，要达到这种自由，人类就要仰赖于艺术家以及美的体验。席勒把艺术家转变成了人性的解放者。与许多时人一样，席勒寄望于古代世界，以美与自由为一体的文化为楷模。那个时代还有些人，我们在其他章节会讲到，则投注于中世纪。不管如何，往昔时代都发挥着同样的功能。

有些德国评论家，以施莱格尔兄弟和诺瓦利斯为首，塑造了一种诗歌理论，给艺术家戴上神圣的、超人的、非凡的光环。把"浪漫"一语引入文学艺术讨论的，非施莱格尔兄弟莫属。

施莱格尔兄弟将"浪漫"与两种重要的世界观联系在一起。一为历史主义；另一为进步论。相较于古典主义倾向，它们特指某些寓浪漫于历史的诗人。最重要的代表是塞万提斯（Cervantes）和莎士比亚（Shakespeare），A. W. 施莱格尔把他们的著作都译成了德文。他们指出浪漫主义艺术的第二个特征，就是浪漫艺术所具有的进步观念，或不确定的性质。这一观念在 A. W. 施莱格尔的《论戏剧艺术与文学》

---

* 〔德〕席勒：《审美教育书简》，张玉能译，译林出版社 2012 年版，第 96 页。译文有所调整。

(*Lectures on Dramatic Art and Literature*, 1809-1811) 中阐述得最充分。与古典相比，浪漫是崇尚进步的、不确定的、无终点的，因而其完善也是无止境的。关于古典与浪漫诗歌艺术的差别，施莱格尔列出了一系列对比：

> 古典——古代，完美，有限，非基督教，刻板，循规蹈矩，法国——范例为古代及法国文学。
>
> 浪漫——中世纪，无尽奋斗，生机，基督教，无甚规矩——范例为莎士比亚、中世纪浪漫主义、德国神话。[16]

在后来的思想文化生活中，这种分别变得极其重要。它开始扎根蔓延。很快，古典主义这一观念开始有了贬义的色彩，被认为是一种模仿与规矩的艺术观，可事实上，古典主义艺术的实践者和理论家都颇为强调灵感与天才的重要性，强调突破规矩的必要性。

同时，古典的观念也被认为是旧制度的艺术，并对美学持一种保守的态度。另一方面，几乎我们探讨过的所有美学理论都与"浪漫"扯上了关系，这也是"浪漫"一词及其同源词之意义如此五花八门的原因之一。那种超越日常现实、超越感官世界、奔向无限的浪漫感，成为19世纪艺术的方针。独创性——艺术犹如明灯——照亮内在于外在世界，成为那个时代的要求。艺术是主观自我的表达，也在一定程度上显现了深层实在或曰神意，这种观点成了西方世界大部分地区对艺术活动的看法。尽管几百年来艺术的目的都是模仿，从今开始，它就是独创的了。若谁能展示独创性，他便鹤立鸡群。

珀西·雪莱虽常过分渲染，但他 1821 年的《为诗辩护》（Defence of Poetry）反映了如上那些对艺术家（其书中即为诗人）的要求和期待。他特别在此文中以创造性想象力为名，抨击了科学和实用技艺，完全就像七十多年前狄德罗所发的责叹：

> 种种科学的教养已经扩大了外在世界中人类统辖王国的范围，但是，由于缺少诗的才能，内在世界同比例地缩小了；人类虽役使着各种元素，自己却还是个奴隶。[17]

> 真的，诗是神圣的东西。它既是知识的圆心又是知识的圆周。它包含一切科学，一切科学也必然溯源到它……[18]

> 诗是最美好、最幸福的心灵的最美好、最幸福瞬间的记录……仿佛是一种更神圣的本质渗透于我们自己的本质之中……诗拯救了降临于人间的神性，以免它腐坏。[19]

贯穿整个 19 世纪，艺术家都喜欢自夸或者是被描绘得有点类似于神。艺术家自视犹如天降宗教之大任。画家开始在风景画中描绘上帝。诗人被当成精神导师来阅读。音乐家试图创造新的宗教神话。博物馆和歌剧院成了宗教体验之所。独自读诗成为个体宗教或精神顿悟的契机。

柯勒律治在 1811 年的讲演中区分了"古典"与"浪漫",但在英国,"浪漫"一词直到 19 世纪后期才被广泛运用。最著名的英国浪漫诗人都不认为他们是欧洲大陆意义上的浪漫。在欧洲大陆传播"浪漫"观念的,要数斯塔尔夫人(Madame De Staël),她著了两卷本的《论德国》(*De l'Allemagne*),发表于 1813 年。确实是在此书以及相关评论的著作发表之后,"浪漫"一语方流行于欧洲文学圈。大概司汤达(Stendhal)是首个采用"浪漫"一词的法国作家。他在 1818 年一封信中写道:"我是个疯狂的浪漫主义者,换句话说,相较于拉辛,我更推崇莎士比亚;相较于布瓦洛,我更青睐拜伦。"

是否真的存在所谓浪漫主义这个东西,或更准确地说,文学艺术圈里是否有如此相近而可以被归纳在一个名号下的一群人呢?很长时间以来,学者们都莫衷一是。看起来似乎可行,诚如勒内·韦勒克(Rene Wellek)所主张的,纷纭多样的文化现象有某种统一的因素,常称之为"罗曼蒂克"。

韦勒克举出三大特征:

1. 重视想象力的诗歌观;
2. 推崇自然的世界观;
3. 强调象征和神话的诗风。[20]

诸上因素使得诗人,后来还有其他艺术家,超越推论的理性世界，而直截到达知觉和主体性。自然本身成为诗人的画布。诗人的遣词、画家及雕塑家的造型艺术、作曲家的音乐，都变成了比日常生活更真切实在的那个世界的符号。

那个时代最善于表达这些思想、表现神秘倾向并揭示深层实在的，莫过于笔名为诺瓦利斯的弗里德里希·冯·哈登贝格（Friedrich von Hardenberg），无人出其右。

他从青年时代即开始写作，但他所受的教育和职业是一名矿业工程师。他看重诗歌的神秘本质：

> 诗兴与玄想有很多共通之处。它是一种对特殊的、个体的、未知的、神秘的事物的感觉，是对那种待启示的必然——偶然的感觉。它代表了不可显现的，看到了不可见的，觉知到了不可触摸的，如此等等。对诗歌的评价是荒谬的。唯一可行的判断，是评价一物是否诗歌，那也仍是很难定断。诗人真正是在搜刮自己的感觉——或者说，在他身上发生的一切。他以最真诚的方式表现了主体—客体——心灵与世界。无限是一首好诗，是永生。诗意又与占卜之感觉及宗教感觉关系密切，因它有一种广义预言的感觉。一个诗人组织、联结、选择、创造——为什么非得这样写，而不能写成别样，甚至连他自己也弄不懂。[21]

他又说：

> 想象力如此奇妙，它可以取代我们的其他一切感

觉——很大程度上取决于我们的选择。外在感官彻底臣服于一板一眼的规则——而想象力却完全不系于我们所受的刺激。[22]

和其他德国学者一样，诺瓦利斯把莎士比亚奉为艺术家及人类中独特群体的代表：

> 完善自然之艺术，理所当然地与理性之造作及纯推理的精神有着天壤之别。莎士比亚没有机心、毫不学究。他有着大气磅礴而五彩斑斓的心灵，他的创作及作品，如同天然之造物，又有着一种思索的精神。最敏锐的观察者会发现其与宇宙的无限构造步调一致，与未发现的理念相互呼应，能从中看到与更高力量的沟通，看到人性的意义。[23]

不管在欧洲何处，这种诗歌观念对于艺术家角色的看法都带来了广泛的社会、文化、思想影响。艺术家所做的是创造而非模仿。人们认为艺术家必须要突破既有规则。艺术家从事艺术活动时，比凡夫俗子通常的感官生活要触及更深的实在。艺术家成了某种先知，他以他的想象和直觉，超越了寻常男女，接触到更深、更真的实在。因此，艺术家成了一切其他现代知识分子的某种楷模。19世纪晚期，奥斯卡·王尔德（Oscar Wilde）撰文《身为艺术家的评论者》，声言评论家对维护宏阔的文化机体发挥着重要价值，应当享有广泛的文化威望。

这种看待艺术家的观念之兴起，与印刷文化的兴起大概有着密切关系，这一点显而易见。在口述-誊写的文化下，模仿有着很高的价值。通过模仿，前人实践和深思的智慧都能得以延续。在印刷文化下，尤其当书籍一旦变得廉价而易得，过去的知识和实践便被保存在公共或私人图书馆中。在印刷文化下，诗人及其他艺术家的作品可以被轻易拷贝，他们的地位沦为受雇于出版商的文人。

浪漫主义关于艺术家的理论，为印刷时代艺术家的工作确立了非常特殊的地位。真正的艺术家，不同于那些模仿者或雇佣文人，他们触及到了实在，读者可以借由这些印刷的书籍，再次体验到实在，并可能感受到一种浅层的顿悟。在华兹华斯的《序曲》（*The Prelude*, 1850）等类似的作品中，读者真切地见证、体验了诗人心灵的成长历程。某些知识分子以自己富于天才的诗及其他艺术作品，认为自己与那些大众作家判然有别。这也让他们站到了商业化的印刷文化的对立面——尽管他们从那种商业化中获利不菲。

第十章 **民族主义**

19世纪至20世纪初，欧洲最有影响力的政治意识形态，非民族主义莫属。在东欧剧变及苏联解体的今天，它又活跃了起来。民族主义是一种政治观念，它的基础是一种相对现代的民族概念，即认为民族是由同一语言、同一习俗、同一文化、同一历史的人所组成的，并且由于这些共同的联结，他们理当由一个政府来管理。换言之，民族主义者主张，政治管理的疆域应当与族裔的地域相吻合。在以往的欧洲历史中，政治单位从未如此界定过，也从未如此管理过。直到18世纪晚期和19世纪早期，这种观念才开始形成。

维也纳会议一度提出，政治体的基础是合法的君主制或王朝，而非种族渊源。19世纪早期，民族主义与此针锋相对。民族主义者自然是反对像奥地利及沙俄帝国这样的多民族国家。他们也反对像德意志人及意大利人那般同一种族却居住在比民族国家范围小的区间里。故而，民族主义者对维也纳体系的国内秩序和国际秩序都颇为不满。

19世纪，民族主义者反对当时欧洲六大主要区域的政治格局：1800年英格兰将爱尔兰纳入它的直接管辖，爱尔兰人派代表进入威斯敏斯特议会。此后两个世纪，"爱尔兰问题"一直困扰着英国政治。德国的民族主义者，如我们以上提到的，希望寻求所有讲德语的人的联合，故而不满于奥地利帝国的多种族结构,而要求普鲁士和奥地利来统治德意志人。意大利民族主义者企图统一意大利半岛上所有讲意大利语的人,将奥地利人赶出去。波兰民族主义者盼望在欧洲版图上重现一个独立的波兰,他们把俄国看成主要攻击对象。东欧有一大批不同族群,包括匈牙利人、捷克人、斯洛文尼亚人,他们要求要么独立,要么得到奥地利帝国的正式承认。最后,地处欧洲东南的巴尔干半岛及其东边的族群,包括塞尔维亚人、希腊人、阿尔巴尼亚人、罗马尼亚人以及保加利亚人,准备从奥斯曼帝国或俄国的控制下独立出来。虽然这六大区域从未同时发生动乱,但任何一块区域的局势都箭在弦上。每一区域的民族运动都如潮水般涨落起伏。当权政府以为他们只需要压制下去,或者顶住压力扛过去,就会平静如初。然而,就在19世纪,民族主义者改变了欧洲的政治地图和政治文化。

民族主义者用了各种各样的理论和比喻,来表述其所谓的民族主义的特征及功用。他们会以促进经济和行政效率为缘由,来主张像意大利人或德意志人这样的大族群应该抛弃小型邦国,走向统一。民族要实现他们自己的天命,就类似于自由观念下的个人要施展其才能。有些民族主义者把民族说成是上帝匠心独具的创造,就如同有机自然界中各个独特的物种。还有一些民族主义者想在万物的神圣秩序中为自己的民族找到某种使命。例如,波兰民族主义者在19世纪把波兰描绘成各民族中的受难基督,暗示波兰会像基督一样经历复活和新生。

哪些族群可以被界定为民族，又要区别于地域和政治存在，这一直是个难题。理论上讲，所有的族群都可以是民族，但实际上，民族之称往往与大族群相连，大族群有自给自足的经济，有令人瞩目的文化交往史，有可以传播发扬其语言的文化精英，有能力征服其他族群或者能独立并自保。贯穿19世纪，有较小的族群声称他们符合这些标准，但他们并没有真正实现独立或得到正式承认。他们所做的和能做的，不过是造成了其所在国的不安定。

事实上，正是民族主义者在19世纪造就了民族。19世纪前半期，某些区域里相对较小的族群形成了民族主义的理想，并开始传授这个刚刚有民族意识的族群的历史和语言。这些早期的民族主义者在某种意义上塑造了一些观念和期待，19世纪后半期则被广受民众支持的民族主义推而广之。

民族主义产生于欧洲的十年之间，正值知识分子阶层丧失宗教信仰、摒弃宗教活动。18世纪中期，在罗马天主教徒和新教徒心目中，基督教已经通行天下，尽管还有潜在的教派纷争和告解冲突。它们彼此虽然不同，但每个群体都相信自己那个版本的基督教是普世的。不管怎么样，民族主义都或许会反对人类一切普世观念。它首先会反对的就是基督教以及信奉基督教的一体化欧洲，但民族主义接下来也会反对自由主义的普世观念，以及社会主义的普世观念。即便在基督教主导的若干世纪里，信仰、教会、上帝之真理都被人们视为永恒的、不受时间影响的,但在民族主义者眼里,各种民族依然是一直存在的,它们赖以存在的实体是永恒的,虽然长期被隐匿、压抑,终究必将兴起。

导致知识分子群体开始认同民族主义而放弃基督教普世主义的一个原因,就是拉丁文不再作为知识界交流的主要语言。很显然,促成民族主义的所有因素中,没有什么比语言更为重要的了,学术拉丁文的衰微,推动了各地自身语言的发展。在相当长的时期中,法语替代了拉丁文而成为知识界交流的语言,不过法语也同样面临着各地本土语言的挑战。

从物质的角度来看,印刷文化世界在19世纪早期成为民族主义的大本营。印刷文化对各民族语言的形成起到了几方面促进作用,而各民族语言又反过来构成了民族主义意识形态的主要基石。

首先,印刷文化产生了一个交流世界,这个交流世界位于学术拉丁文之下,但又居于普通的、往往不会付诸印刷的地方语言之上。不少世俗知识分子不用拉丁文,但他们的知识文化生活又比那些使用本地语言的文盲更高更广。非拉丁语的语言印刷出版所形成的世界,使得这些知识分子们可以建立起彼此交流及自我参照的一片天地。

其次,我在以前的课程里提到过,印刷文化会带来一种语言的稳定感。成千上万印刷出来的书籍、手册、杂志、报纸都使用一种语言,即使这种语言正在形成中,那也会给人感觉它早就一直存在。随着这些印刷品越来越多,后来的读者就会感觉到与若干世纪之前的古人共存于一个想象的共同体,然而,在多数情况下,所谓的古人也都不会早于16世纪。

最后,由于印刷文化具有确立稳定性和增强统一性的作用,这意味着那些最初是某地方语言或官方方言的语言一旦成了印刷语言,长期而论,就比没有进入印刷文化的其他地方语言更具有影响力。语言的力量进入到出版文化的世界中,之后又进入到广播文化中,其力量可以从如下事实中看出端倪:自19世纪以来,既有民族国家之中的少数民族不断吁求保存他们自己的语言,而中央政府往往拒绝其请。

若民族主义如我所言,几乎是欧洲知识分子和作家们的一种文化构造,那么,民族主义是通过哪些知识途径构造出来的呢?

新闻

民族是一个由印刷文化创造出来的想象共同体,就此而言,报纸拓展出来的传播世界建立了一个具有共同体验、共同知识(即使是谬误而歪曲的)以及共同语言的世界。18世纪,它最先在英国形成,19世纪又蔓延到欧洲。事实上,最出名的民族主义者都在用报纸以及周刊、月刊、季刊铺天盖地地发表言论。这些出版物,在其发表之初乃至后来结集成册,共同形成了持续贯穿这段时期的叙事,构成了一个民族主义者参照和定位的世界。

在多数情况下，是一群作家或知识精英在使用书面语言来传播民族主义化的民族概念。他们通常是历史学家和文学工作者。他们撰写一个群体的历史，收集早先用这一群体语言所写的作品并发表出来，以此建立起相关文献。18世纪后期，在学校里教这一民族官方语言的教师以及历史教师，则是传播民族主义信念的重要人物。学校和政府机构使用什么语言总是民族主义者争夺的焦点。这个过程可能意味着官方版的法语或意大利语得到推广，在学校中取代了本地方言。在斯堪的纳维亚半岛和东欧的一些地方，民族主义者认为民族语言在早先时候更为纯粹，他们试图使之复兴。而实际上，这些复兴的语言往往是现代学者或语言学家的发明。随着民族语言的建立，欧洲相比于19世纪之前具有了更紧密的语言一体化。不过，即使在1850年，也只有不到一半的法国居民说官方法语。

因此，由于印刷文化的兴起，民族主义者得以把语言作为民族性的基础。相比于口语，大量印刷出来的书籍、期刊、杂志和报纸使语言以更持久的方式"固定"了下来。一致的印刷语言可以超越林林总总的区域口语方言，建立起统一的版本。不同区域的人以前还没有想过他们共属于一个民族，由于这些方面的作用，他们开始认为自己应当属于一个民族。

在关于民族主义的探讨中，本尼迪克特·安德森（Benedict Anderson）提出"想象的共同体"（imagined communities）这一比喻，来描述这一被民族主义作家和其他知识分子所塑造出来的集合。贯穿整个 19 世纪，数不胜数的人们开始相信他们同属于一个民族共同体或一个民族，然而实际上他们之间鲜有共同之处。这种现象是宣传、教育、文学创作、语言、字典编纂以及大众传媒的结果。民族主义者多为知识分子，且往往是流亡中的知识分子。他们创作出来的作品，又被社会政治精英们广泛地传诵讨论，从而形成了民族身份的观念。民族（nations）和民族身份（nationhood）是 19 世纪最主要的人为现象和产物之一。

字典、词典、语法书和课本

语言学，即对语言的正规研究，是出现在欧洲知识生活中的一个新因素，它发轫于 18 世纪，勃兴于 19 世纪。它与历史主义的兴起紧密相关，也与赫德关于单一文化之独特性的观念密切相关。由于语言学世界的出现，人们对所有语言都有研究兴趣，认为它们均具研究价值。过去人们认为希伯来语、希腊语和拉丁语能够胜任普遍的表达，而对语言多样性的无穷兴趣大大取消了它们独尊的地位。语言学的研究显示了语言会成长变化，语言有其历史。19 世纪欧洲的语言学家们开始为各种地方语言编纂字典、语法书和语言史。第一部民族史在真正意义上就是语言史。语言对于民族主义意识形态的产生起到了重要的作用，尤其是语言类书籍的诞生对民族主义的促进甚大，这意味着在欧洲，特别是 19 世纪的欧洲，大学及其图书馆成了民族主义者及民族主义知识分子一个重要的聚集之地。

18世纪，随着英格兰与苏格兰的统一，出现了学习英语语法的热潮，因为很多苏格兰人想到英格兰来做生意，或是想进入议会，他们都需要使用英语。在18世纪90年代早期，俄国科学院（Russian Academy）编写了第一部俄语词典。俄语语法书诞生于1802年。约瑟夫·多布罗夫斯基（Joseph Dobrovsky）1792年出版了《波希米亚语言史及其古文献》（*The History of the Bohemian Language and Old Literature*），这是描述捷克语历史的首部著作。其后不久，巴尔干半岛北部的学者们也写了不少书，使斯洛文尼亚语、塞尔维亚—克罗地亚语、保加利亚语正式确立为语言。第一本乌克兰语语法书诞生于1817年。芬兰语和挪威语在19世纪中期被确立为两种不同的语言。如上种种，我们要思考的重点在于，这些语言并非自然形成的，它们都是知识分子、作家和教师们基于地方性的口语而构造出来的，他们决心要把某些口头语言带入到印刷文化的固定世界中。因此，语言在塑造民族意识中成为有力的工具。这一过程被称为"语言学—辞典编纂之革命"（the philological-lexicographic revolution）。[1]

不过，由于19世纪前半期有文化的人还相当少，首先感受到语言学革命之影响的人，主要是受过教育的贵族、军官、官僚以及中产阶级——换言之，那些最先且最广地想象着民族共同体的人，也是那些与经济、社会及政治权力走得最近的人。与此同时,随着选举权的扩大,能识字的人也越来越多。选举权一旦扩大,政府就会建立教育体系,这反过来又能传授印刷文化造就的民族语言。在这些复杂的过程中,各种不同群体开始认为他们拥有特定的语言,而且这些语言从无法追忆的远古就一直存在。在此之外,有着多民族人口的王朝国家的统治者,通常选择一种地方语言作为整个帝国的官方语言。例如,哈布斯堡家族采用德语,而罗曼诺夫王朝采用俄语。这会让君主们对一个民族群体产生语言上及文化上的认同。为了支撑起各自的王朝统治,他们会把某种民族语言推向整个帝国,尤其在帝国的政治阶层中推行。一方面,官方的选择可以使得一种地方语言凌驾于其他地方语言之上,另一方面,也会使另一些人运用其他语言来反抗王朝的权威。因此,我们可以看到,贯穿整个19世纪,地方学校不断有保存本地语言的努力,而政府强加意志以推行官方语言的最著名案例,就是1832年在印度推行英语。

民族的政治史

19世纪是一个有着卷帙浩繁的民族史的大时代。这些民族史往往不单单是一个族群带着自我意识写下他们过去的故事,这些故事强调的更是某种优良的民族特性,还明确指认出这个族群的历史宿敌。这些民族史构造了一个取代神圣历史的世俗区域历史,不过,在有些情况下,民族也会被赋予神圣历史中的一种特殊角色，最值得注意的就是波兰。这些民族史的用意在于制造民族之公民。我们再一次看到，一个人对种族或民族的忠诚，或其在民族国家中的公民身份，成了一个人最主要的社会联系，它在很多方面取代了一个人的宗教忠诚，或与宗教忠诚相混。

  历史学家们关注一些古代及现代的事件，把它们视为形成民族事件和民族意识的关键时刻。一个最重要的现代事件，就是拿破仑从莫斯科撤退的时候，被分散的德意志邦国击溃。拿破仑的部队从莫斯科撤退时，德意志人对拿破仑的抗击，是现代德国历史上几乎所有讲德语区域的人民的首次联合。对这一行动的记忆，成为了德意志民族身份感出现的一个关键时刻。厄内斯特·莫里兹·阿尔恩特（Ernest Moritz Arndt）有一段话描写那个时刻人们的激动和欢腾，这段文字在随后一个多世纪不断地被德国历史教科书引用。

> 激情燃烧，人民站起来了，"与国王和祖国之神一道"。普鲁士人只有一种声音，一种感情，一种仇恨和一种爱，去拯救祖国，去解放德意志。普鲁士人想要战争；战争和死亡是他们所愿，和平是他们害怕的，因为他们知道从拿破仑那里能得到的是不光荣的和平。战争！战争！呼喊回荡在喀尔巴阡山到波罗的海之间，回荡在尼曼河和易北河之间。战争！没落的贵族和地主在呼喊。战争！农民骑着他最后的马匹去赴死……战争！市民们被驻军和税收压得日渐筋疲力尽。战争！寡妇把

她的独生子送上了前线。战争！姑娘噙着自豪而痛苦的泪水与未婚夫告别。还扛不起枪的少年、白发的老人、因伤残而早就光荣退役的军官、地产丰饶的地主和官员、大家族的父亲以及大企业的管理人——所有人都不甘落后。甚至年轻女子也纷纷乔装改扮而奔赴军营；所有的人都想要投身训练，把自己武装起来，为祖国战斗、牺牲……这些神圣的热情和快乐的迷茫中，最美好的是人们忘却了地位、阶级、年龄的差别……对祖国之自由和光荣的伟大情感，吞没了所有其他情感，使人们忘记了其他思量和关系。[2]

在这些特定民族的历史中，再一次把现代或历史上曾经为敌的其他族群或潜在族群对立起来。有些民族或族群是在与所谓潜在的"他者"或内部危险群体的对立中确立自我的。这就是中欧和东欧反犹太主义造成的一种后果。意识到在这些民族政治史中历史和神话之间应当有清晰的界线，也很重要。中世纪打的仗总是被念念不忘，说得活灵活现，好像就发生在昨天，似乎时间发生了巨大的断裂。

文学艺术史

文学艺术史与政治史以及政治忠诚相毗邻，它建立起了文化的传统。在很大程度上是随着文学艺术史的撰写，民族文学才开始成为独特的经典和文化的参照点。

博物馆——国家博物馆与地区博物馆

就很多方面而言，现代博物馆本身是19世纪的发明。人们建造博物馆，在其中展示反映民族往昔和民族文化的物件。参观博物馆就是一种既古老又年轻的体验，它会巩固一个人的文化、种族、民族身份认同。举个例子，发挥了展示法兰西民族的政治和文化历史之作用的，就是成立于1795年的法国历史建筑博物馆（Musée des Monuments Français，或译为法国遗迹博物馆——译按）。最初它是为保护在法国大革命期间被损坏的古迹和艺术品而建立的。然而此后，博物馆的管理者就开始把法国中世纪以来的古迹的复制品安置进博物馆，其中包括教堂和其他中世纪建筑的某些部分，以及君主的棺冢。这座博物馆是对法国艺术发展与历史学发展之交汇点的反映。19世纪研究法国大革命最了不起的历史学家之一，儒勒·米什莱（Jules Michelet），曾经描述了自己年幼时游览这座博物馆的经历：

> 即便是现在，我还能想起当时的感觉，是那么历历在目，令人心潮澎湃。当我这个小孩子走下黑暗的墓穴，盯着那些苍白的脸庞，心惊肉跳；我怀着激动、好奇而胆怯的心情，一边走一边看，走过一间又一间房，穿越一个又一个时代，我在寻找什么呢？我不知道——

那个时代的生活，毫无疑问，以及时代的精神。我还不完全确定他们已不在人世，所有大理石的棺材都从坟墓中支了出来。当我从泛着雪花石膏光泽的 16 世纪奢华的古迹中，走到墨洛温王朝低矮的屋室，发现了达戈贝尔特（Dagobert）的剑，我觉得自己可能会突然看到国王希尔佩里克（Chilpéric）和王后弗蕾德君特（Frédégonde）醒来坐起身。[3]

学校体系及大学

能够造就民族主义观念和公民之最有力的思想动力及机构，毫无疑问，就是国民基础教育的各种体系，它们于 19 世纪后半期在欧洲建立起来。这些学校体系成了广泛施加民族文化同化的发动机，各地方的学校教师或有意识或无意识地成为相当于牧师一样的世俗传教者。学校培养民族主义公民，这些人之后又进入军队，故而学校对民族主义的促成更甚于军队。

学生和大学能有力地推动建立民族主义心理和反抗封建王朝统治者，这一点在 19 世纪初就已显现出来。拿破仑之后不久，民族主义在德国大学生中风靡一时，学生们加入各种各样被通称为"联谊会"（Burschenschaften）的学生社团，后者某种程度上类似于兄弟会。这些联谊会一般都是持反犹太主义立场的。1817 年，耶拿的学生组织了一场大型的庆祝活动，聚集了德意志各个邦国里的大学生，庆祝莱比锡会战胜利四周年，以及马丁·路德"九十五条论纲"发表三百周年。这场庆祝活动决不可小觑，它纪念的是对法战争之胜利、德国推倒教皇专权的改革运动，以及那个把《圣经》译成德语并由此而建立了德语规范化形态的人。学生们聚集在瓦特堡城堡附近，故而这次活动被称为"瓦特堡之庆"（Wartburg Festival）。这么一场民族主义情感的公然表达，让统治着多元种族的奥地利颇感担忧，民族主义的信条对他们而言，就好像政治死刑执行令一般。1819 年，学生卡尔·桑德（Karl Sand）暗杀剧作家奥古斯特·冯·科策布（August von Kotzebue），梅特涅以此为机，对德国各个大学实行了严格的政治控制，对德国的新闻出版界实施审查制度，这即是"卡尔斯巴法令"（Carlsbad Decrees）。这一针对大学和新闻出版界的举措，清晰地显示了民族主义的敌人认为民族主义观念的力量来源于当时的出版文化和教育机构。

种族理论

我将在后面的课程讨论种族理论和民族主义的关系。此处我想讲的是，种族理论不仅如很多观点那样，认为民族或种族本质上为独特的存在体，它还另有主张。

民族主义在 19 世纪演变为形态多样的政治力量。我在这里将考察民族主义变化出的一些形态，来看看民族主义会以何种不同的形式出现。在整个 19 世纪，民族主义者常常试图把他们的主张说成是自由主义政治的一部分。法国大革命的军队抱持着平民主权国家和实现欧洲人权的理想，是民族主义在 19 世纪早期最有力的体现。然而，法兰西帝国却转而对西班牙和德国的民族解放运动频施武力。

  民族主义运动与自由主义及共和主义最紧密的联结，是在意大利出现的。意大利的情形似乎反映了民族主义与保守主义作斗争的状况。在意大利，民族主义的反对者有哈布斯堡帝国、罗马教皇、腐败的那不勒斯王国；另一方则有雄辩滔滔地宣扬民族主义的朱塞佩·马志尼（Giuseppe Mazzini），他是个共和主义者，也反对教权，在职业上还是一位学者。他在伦敦流亡期间，对意大利的民族主义观念起到了引领和宣传的作用。这又一次说明了，流亡中的知识分子为民族这一想象共同体作了定义。在欧洲所有自由主义者看来，马志尼对民族身份的定义，既是对平民主权国家的臣服，也是对民族天命的宗教概念的臣服。马志尼认为，民族的核心特征是共同观念、共同准则、共同目标。民族是因语言、特定的地理、历史赋予的角色而凝聚在一起的，人们认可同样的准则，会在统一法律体系的规定下为获得同一个明确的目标携手前行：

  一个民族的生命在于对准一个目标的和谐活动（即，集体中所有人的才干和能量都得到发挥）……

  但民族性的涵义比这更丰富。民族性也是上帝赋予人类活动的一部分。它的使命是一个民族要为之奋斗到底的任务，以让神圣理念在人间实现。它让一个民族获得作为人类的权利；它是一场洗礼，它赋予一个民族其自有的特点以及在兄弟民族中的位置……

民族性存在的基础是它的神圣性，既在疆界之内，又超越于疆界之上。

如果民族性是任何人都不可侵犯的，无论朋友还是敌人，在国家之内它必须被视为神圣的，就像宗教一般，在国家之外则是庄严的使命。一个国家之中这一观念的稳步成长十分必要，它来源于人性的普通法，也是人性之普通法的一部分。这些观念以美好而纯净的样态示人也十分必要，没有任何掺杂，没有任何奴性的恐惧，没有任何怀疑的迟虑，强健而灵动，它涵容了民族生活发展中的方方面面和表现。这些观念，是天命秩序中的必然成分，必须保持它们的原初样态，即便要和谐地融入人类普遍的发展之中。人必须是民族性的基础；它的手段是合乎逻辑的，其规则是灵活运用的；它的力量是所有人的力量；它会带来所有人生活的改善，以及尽可能多的人的幸福；它的目标是完成上帝赋予的任务。这就是我们所谓的民族性。[4]

169 西欧广泛地接受了这种民族主义观念。它非常之温和。它在讨论民族主义和民族身份时，对实现其理想所会包含的潜在暴力轻描淡写。它也把民族性的原则与自由进程的其他因素联系在一起，英国的自由主义者就被民族主义观点深深吸引，维多利亚时代的英国确实对马志尼（Giuseppe Mazzini）和加里波第（Giuseppe Garibaldi）非常推崇，其后，英国自由主义者仍对之热情不减，一直到19世纪末。

对民族性观念的另一种自由主义诠释，出现在1848年哈布斯堡王朝统治下的各种革命运动中。这种民族主义定义就没么清晰，即便在别的欧洲自由主义者看来也不甚了了。意大利虽不再是欧洲权力政治的主体，且哈布斯堡帝国的统治范围只在意大利北部的一些区域，然而，当民族性的观念开始在德国诸邦国的学生、知识分子、持自由观的官员身上起作用时，欧洲中部整个原有的政治势力也开始活动起来。1848年，奥地利帝国的革命分子在布拉格召开泛斯拉夫大会，民族主义所面临的这种困难就显现了出来。

1848年6月，第一次泛斯拉夫大会在布拉格举行。大会宣言呼吁奥地利帝国的重组以及东欧其他大部分区域的政治重组，呼吁各个斯拉夫民族改变自己的民族立场，俄国、奥地利、奥斯曼帝国以及德国一些未受邀参会的邦国中的斯拉夫人统在其列。这份文件所表达的民族愿望对欧洲之影响一直延续至今。需要留意的是，1848年那个时候，民族性的原则在斯拉夫人的政治生活中还是很新鲜的观念。

> 布拉格的斯拉夫人大会在欧洲甚至对斯拉夫人自己而言都闻所未闻。有史以来的第一次，我们，这个伟大种族的散居成员，这么大规模地从远方前来聚会，彼此

170 重新结成兄弟,一起平静地商讨我们大家的事务。我们能理解彼此,并不是单单由于我们那八千万人共说的美妙语言,更是因为我们心连心,精神特质彼此相似……

我们相信,现今的精神趋势要求新的政治形式,国家必须重新依托于另一种原则来建立,我们向奥地利皇帝建议,如果不改变疆界的话,既然大多数[斯拉夫人]生活在皇帝的宪制政府之下,他应该把他的帝国改成平等民族国家之间的联盟……

……我们拼命高声为我们不幸的兄弟波兰人呐喊,他们的民族认同被悄悄地夺走了。我们呼吁政府改变这一祸害,改变他们行政政策中陈旧繁重而不断延续的罪,我们相信欧洲人都有恻隐之心……我们要求匈牙利政府部门速速废除用不人道、强迫的手段对待匈牙利的几个斯拉夫种族,即塞尔维亚人、克罗地亚人、斯洛伐克人、鲁塞尼亚人,并迅速且完全地保障他们的民族权利。最后,我们希望土耳其宫廷那些考虑不周的政策不再为难我们土耳其的斯拉夫弟兄,不再阻碍他们的民族性,应该让其民族性自然而然地发展出来。因此,如果我们对那些卑鄙行径正式表示反对,我们会信心饱满地去做,因为我们在为促进自由而行动。自由能让那些一直居统治地位的人更加公平,并让他们明白:不公与自负不仅会给不得不承受它们的人带来耻辱,也会给如此行为的人带来耻辱。[5]

1848年民族主义者虽然最后失败了，但他们的理想由从普鲁士及奥地利帝国压迫下流亡在外的人传播到了欧洲各地。他们的理想还传播到了美国，被政治自由而激进的欧洲移民群体广为接受，这些移民都是19世纪40年代以后移民美国的。马志尼和泛斯拉夫民族主义的理想影响了美国的外交政策，尤其影响了伍德罗·威尔逊（Woodrow Wilson）的外交政策，威尔逊本人也是一位历史学家、知识分子。

　　为了避免大家认为所有民族主义都是自由主义的，有必要提醒一下，保守的政治势力也会出于他们自己的考虑而利用民族主义。在19世纪70年代完成德国统一大业的，毕竟是保守的普鲁士君主国极其保守的军队，他们为政治保守主义俘获了德国的民族主义。不过，第一个企图把民族主义据为己有的保守欧洲势力，当属沙皇尼古拉一世下的俄国。

　　从19世纪20年代晚期到40年代，尼古拉一世的政府采纳了一个称做"官方民族性"（Official Nationality）的规划。它的口号不断在政府文件、报纸、杂志和教材中刊登，即"正统性、专制性、民族主义"。俄国东正教信仰为道德、教育和思想生活提供了基础。自彼得大帝统治以来，教会都是世俗政府控制学校和大学的武器。俄国年轻人被教育要接受他们在生活中的地位，反对从社会底层往上走。

　　"专制性"的规划捍卫沙皇作为唯一权威之不受约束的权力，以确保如此广大的俄国及其人民能有秩序地统一起来。政治作家们强调，只有在彼得大帝、凯瑟琳大帝和亚历山大一世的专权统治下,俄国才能繁荣昌盛,才能对世界事务发挥大的影响力。

既然俄罗斯民族性备受赞颂,这个国家热切地想要看到它的宗教、语言和习俗是永久智慧的来源,并能使俄国不受西方道德败坏和政治混乱的影响。主持"官方民族性"规划的是康特·S.S. 乌瓦罗夫（Count S. S. Uvarov）,他于1833年至1849年任俄国教育部长。他和沙皇的所作所为,造成了俄国严肃思想界与沙皇政府之间严重的离心离德。乌瓦罗夫把"官方民族性"定义为在沙皇统治之下的一种俄国民族主义立场,以杜绝文明可能出现的崩溃。据此,1843年,乌瓦罗夫向沙皇是这样解释的:

> 值此欧洲宗教和社会机制迅速崩溃之际,在这个有害观念广为传播之时,目睹了我们周围四面八方的严重危机,有必要在坚固的基础上建立我们的祖国,使之建立在整个民族的健全、强大和生命之上;我们有必要发现构成俄国独特性并只属于俄国的那些特性的原理;有必要将俄国民族性神圣的吉光片羽集于一体,将我们获救之锚牢牢系靠于它们。幸运的是,俄国对神圣法则保持着热忱的信仰,没有神圣法则,俄国就不可能繁荣,不可能强盛,不可能生存。俄罗斯人真诚而深刻地归依于他们父辈的教会,把它视为社会幸福和家庭幸福的保障。如果没有对先辈信仰的热爱,民族和个人都会灭亡。一个对祖国虔诚的俄国人,不会容许丢掉那唯一的

"正统性"原则,就像不会容许盗走沙皇皇冠上唯一的珍珠。"专制性"是俄国政治存在的主要条件。俄国巨人站立于它之上,它是他伟大的砥柱。俄皇陛下不可胜数的臣民中的大多数都体会到这一真理;即便他们处于社会生活的不同阶层,即便他们所受教育程度不同,与政府关系不同,都能全然地体会到这一真理。俄国是靠着拯救的信仰而活,信仰又得到一个强大的、人性化的、开明的专制政体的保护,它必须渗透进大众教育中,在大众教育中发展。与这两条民族原则并行的,还有同样重要、同样有效的第三条:民族性。[6]

18世纪晚期,波兰已从欧洲的版图上消失,并入俄国。1830年波兰起义之后,俄国意图把同样的原则施加给波兰,使其俄国化。

然而,要揭示出民族主义原则那潜在反自由的一面,根本不需要抨击专制的官方民族主义。不管哪里的民族主义者,其问题的核心都在于少数民族的状况。在民族主义概念背后的,虽然并非必然,但往往都是平民主权论,主张民众的素质而非君主的素质决定了民族的特点。但民族主义的这一方面常常导致混乱和冲突,历史上如此,现在依然如此。某一民族占优势的地方,往往存在着别的少数民族不容忽视的地盘,不管少数民族乐意不乐意,主体民族都想将其收服统治。某些情况下,民族主义者会在一个国家的某一地区占优势,但同一种族的人却对本国其他地区没有什么民族主义抱负，前者企图把他们的抱负强加给后者。哈布斯堡帝国中民族主义者的每一块重镇，都存在很重要的少数民族地盘。在德国辖下的波兰，以及信仰天主教的爱尔兰中的新教徒，也存在同样的情况。在19世纪，少数民族的愿望不太被关注。不过，有一位英国作家敏锐地注意到了存在的问题。

阿克顿勋爵是19世纪英国历史学大家，也是当时宗教和政治事件的评论家。他所有的著作都深切关注自由的性质以及如何保护自由。他是指出民族主义政治危险的先声之一。他于1862年写道：

> 民族权利的最大敌人是近代民族主义理论。这种理论在国家与民族之间画等号，实际上将处于国界之内的所有其他民族置于一种隶属的境地。它不承认这些民族与构成国家的统治民族地位平等，因为若是那样，国家就不再是民族国家了，这有悖于它的生存原则。因此，这些弱势民族或是被灭绝，或是遭受奴役，或是被驱逐，或是被置于一种依附地位，一切取决于那个总揽社会所有权利的强势民族的人道和文明程度。
>
> 如果我们把为履行道德义务而建立自由制度视为世俗社会之鹄的，我们就必须承认，那些包容明显不同的民族而不压迫它们的国家，例如英帝国和奥地利帝国，实质上是最完善的国家。那些无民族共存现象的国家是不完善的，那些丧失了民族共存之效用的国家是衰朽的。一个无力满足不同民族需要的国家是在自毁其誉；

一个竭力统一、同化或驱逐不同民族的国家是在自我戕害;一个不包含不同民族的国家缺乏自治的主要基础。因此,这种民族主义理论是历史的倒退……民族主义的目标既非自由,亦非繁荣,它把自由与繁荣都牺牲给了使民族成为国家之模型和尺度这个强制性的需要。它的进程将是以物质和道德的毁灭为标志,它的目的是使一项新发明压倒上帝的作品和人类的利益。任何变革的原则,任何可以想象的政治理论,都不可能比它更全面,更具颠覆性和更独断。它是对民主的否定,因为它对民意的表达施加限制,并用一个更高的原则取而代之。[7]

与同时代其他学者相比,阿克顿更明白19世纪民族主义目标和价值的巨大混乱,鼓吹民族主义的人一旦从民族国家的经济、官僚机构及军队真正获得权力,就会给欧洲再次带来破坏,就像曾经的宗教战争以及法国大革命那种世俗的宗教战争。

第十一章 种族与反犹太主义

19世纪是一个宏观理论的时代,这些宏观理论多是以某一种主要因素来解释世界。19世纪的社会与政治思想充满了各种理论尝试,都试图发现并提出能解释人性和人类社会的确定性方法。其中,马克思和他的后辈关注于经济之力及阶级。实证主义者受孔德(Comte)的启发而关注于"人类发展三阶段说",以及根据科学规律而建立的社会科学和社会组织。民族主义者关注民族国家的建立。其他的思想家则敞怀拥抱由达尔文主义衍生的各种进化理论和发展思想。每一个理论都有它的拥护者,都产生了不小的影响。

不过,有一种关于人性和人类关系的理论,不仅影响了它那个时代,还持续至今,且比其他理论的作用力更现实。这种人性及社会的确定性模型,便是人种或种族主义思想。在19世纪,"种族"一词被赋予了某种新的意味,也产生了一种新的作用,不仅西方思想如此,世界上那些受西方人影响和控制的地方也概莫能外。当然,自古以来人们就注意到了不同人类有不同的种族外表。18世纪晚期之前,也早就存在着基于种族的偏见、盲信及歧视。换言之,地球上各个地方的人曾经所持的种族观念和偏见,现在都被收归于"种族主义"这个宽泛术语之下。这些观点不只局限于西方。

然而,18世纪晚期以来,有些新的思想因素开始出现。

从那时一直到 20 世纪早期，人种或种族思想就成为一套清晰的观念，它被用来阐释历史，描述社会问题，解释文化差异，说明经济发展的不同层次。在 19 世纪，种族真正成为给蓄奴制度、帝国主义、反犹太主义及民族主义辩护的一种意识形态。

在我看来，种族主义思想或理论有五条正式或非正式的主张。

1. 持种族观念者认为，不同人种在天性上就是截然有别的存在。种族主义者以不同形式声言，人类的不同种族之间判然有别，就像动物物种一样截然不同。他们认为，种族是天生的不同种类，由血脉来传递。在 19 世纪，种族的肤色问题还不是欧洲种族主义的应有之义，注意到这一点很重要。血统还是核心要素。现实中，所有的种族识别规范都是依据血统，而非肤色。其界线不是那么绝对，因为不同种族的人可能混血生出下一代。然而，持种族观念的人却把种族界线看得颇为固定。他们一般也反对种族混合。需要注意的是，这种观念中没有什么科学依据；它只是对可见的人类外貌差异的一种形式上的维护。

2. 持种族观念者认为，体貌类型和道德品性之间有某种一致性。换言之，他们想说的是，身体特征和社会特性之间有关联。这种观念背后的假设是，体貌特征以某种不甚明确的方式决定着人的社会、智力及文化品性。不管言辞说得多么合理动听，种族主义思想本质上是一种对历史和人类的物质主义理解。

3. 持种族观念者认为，某一文化群体的种族品性会反过来决定其成员个体的品性。曾有评论家如此说："种族主义因而是一种集体心理的学说，它内在地仇视个体主义意识形态。"[1]

4. 持种族观念者不会从他们的论证中得出文化相对论或种族相对论。与此相反，他们在任何情况下都会把不同种族分成三六九等，按他们对价值的高下分判，给各种族贴上某种特性的标签。这些价值往往是对种族在美感、智力和道德品质方面的评判。一般而言，划分种族等级的人都会把他自己的种族置于优越之处。

5. 持种族观念的人最终会把他们的观念付诸某种政治或社会政策及活动。种族思想所依据的知识基础设法要达成一种实际结果，又进一步加固了偏见。因此，那种所谓的知识基础力图形成社会运动或政治政策，来维护或加固他们所揭示的种族等级。

种族思想的整个历史都不光彩地与科学至上主义或科学狂热信徒相连。换言之，在很大程度上，种族思想的文化权威植根于18世纪以来科学的文化权威。19世纪和20世纪，科学大行其道，种族思想之所以有那么大的文化影响力，正是由于它与科学的密切关系。我们应当观察到，尤其是在19世纪，科学与区分性别领域的意识形态也有类似的关系。

19世纪的种族主义思想代表了对当时三大主流思想文化

潮流的反作用：一为法国大革命的普世原则；二为自由主义的制度和法律架构；三为打乱了传统社会等级及界线的新兴城市工业秩序。实际上，对欧洲内部而言，它是对欧洲文化趋同的一种反动；对外而言，它又是维系欧洲对世界其他地区的霸权的一种力量。种族思想在美国也颇为类似，曾维系了奴隶制这种不自由的制度，使白人文化凌驾于整个大陆，还反对从欧洲及亚洲来的移民融入同化，最终加固了合法化的种族分离制度。

19世纪欧洲出版的很多学术著作都在宣扬传播种族思想。学者群体中有不少支持种族思想的人，其著作常被认为是泛科学的理念。他们中不乏人类学家和语言学家。

1749年，法国生物学家布丰在他的一篇科学论文中首次使用"种族"（race）这个词。他是在描述的意义上使用此概念的。18世纪讨论种族最重要、最具影响力的人，是约翰·弗里德里希·布卢门巴赫（Johann Friedrich Blumenbach）。1775年，他发表了《论人的自然多样性》(*On the Natural Variety of Mankind*)。布卢门巴赫认为，所有要确立特定精确人种区分的企图，都是随意妄为，没有什么事实基础。

然而，他也提议，出于方便的考虑，可以将人类分为五大分支或种族。他首度用"高加索人种"来描述欧洲人，因为他相信高加索山是早期欧洲人的起源之地。19世纪前半期，所有人类学家的观念都主要受他的影响。他认为，人类来源于同一对远祖父母，所以种族之间没有什么根本差异或优劣之分。这一观点被称为"一元发生说"（Monogenesis）。支持这一观点的却是两群截然不同的人：

1. 自由主义者，他们推崇一切人类和民族的特点。

2. 宗教保守主义者和宗教博爱主义者，他们信仰圣经的人类起源观，把所有人都看成上帝的儿女。

整个19世纪，自由主义者和福音派基督徒都在反对奴隶制及贩奴贸易，通过他们共同的努力，19世纪见证了广泛的奴隶解放。废除奴隶制的不光是美国，1833年英属殖民地废除奴隶制，1848年法属殖民地废除奴隶制，1863年荷属殖民地废除奴隶制。

支持奴隶制最突出的种族理论是多元发生说（polygenesis）。这种观点认为，每一个种族都是分别产生的，有着各自不同的起源。启蒙哲学家大多都持多元发生观。有些哲学家被多元发生说吸引，例如伏尔泰，是因为多元发生说撼动了《圣经》的权威。这一观念最重要的表达，似乎就是1774年爱德华·朗（Edward Long）在其《牙买加的历史》（*History of Jamaica*）中所讲的。朗写这本书是作为英国对牙买加岛政策的未来参考。他说，欧洲人与牙买加岛上作为奴隶的黑人属于不同的种族，并说白黑混血人没有生育能力，这完全违背事实。朗断言这些种族的起源是彼此独立的。在长达75年之久的时间里，他这本书是多元发生论者的理论来源和权威之作。这样一本书居然有着这样的地位，显示了19世纪人类学的重要特点，即彻头彻尾都建立在风靡一时的游记基础上的二手观察。且看看达尔文的《物种起源》及《人类的由来》(*Descent of Man*)的脚注，就会发现连最前沿的科学家都依赖于这种文献。这样的状况一直持续到19世纪结束。

19世纪后期，科学家把头颅测量的差异看成智力水平的差异，多元发生说再度流行起来。多元发生说后来被用来解释可见的差异。在19世纪50年代晚期到60年代早期，爱丁堡大学教授罗伯特·诺克斯（Robert Knox）和法国的保罗·布罗卡（Paul Broca）持多元发生说，并断言在生存竞争中混血人种一定会输给纯血统种族。1850年，诺克斯发表了名声甚噪的《人的种族》(*The Races of Man*)。书中的理论基础及多元发生说表现出了三种思想。

1. 立足于臆测出的经验证据，而提出的赞成奴隶制的论点。

2. 欧洲人在遭遇肤色、习惯及道德与他们极为不同的人时，不愿意承认他们与自己有同样的人性，由此而生的一种自圆其说的解释。

3. 为全球及本地的殖民剥削而辩护。一旦殖民地官员接受了种族间有内在差别并且有色人种不同于白种人的观念，他就不必把欧洲以外的人当成人来对待。这为把殖民地人民排除于人性之外提供了借口。

身为奴隶主或殖民统治者的欧洲人原本遭到道德质疑，多元发生说帮了他们，为他们提供了一种合理的借口，可以不把欧洲文明的权利及礼仪用在奴隶和殖民地人民身上。

语言学是直接推动种族思想的第二大学术科学领域。语言学家们的观点促成了所谓的"雅利安人神话"（Aryan myth）。在 18 世纪晚期到 19 世纪早期，威廉·琼斯爵士（Sir William Jones）和托马斯·杨（Thomas Young）两位英国语言学家观察到希腊语、梵语、波斯语、凯尔特语和日耳曼语之间的相似性。杨称这一组群为"印欧"语系。从这一观察即产生了对雅利安人的构造神话，说雅利安语系发源于一个单一的印欧种族，它首先征服了印度，在印度推行了它的语言，后来又向北、向西扩张，最终征服了欧洲，总之一直是通过征伐来体现它的优越。

这种神话风靡德国，尤其与德国浪漫主义相连。移居牛津的德国语言学家马克斯·穆勒（F. Max Müeller）于 1859 年至 1860 年间发表一系列讲课，主张"印—欧"这个词应该被"雅利安"取代。继而，欧洲掀起了寻找雅利安人故乡的潮流，大量的书籍都围绕这个话题。就这样，印-欧人或雅利安人神话给欧洲思想植入了一种征服者作为主导种族的观念，并且认为，他们的子孙仍旧生活在现代欧洲，应当延续其高人一等的家系。有些人把雅利安人子孙指认为某一个民族，还有些人认为他们是一个特定的阶级。雅利安人常常与北欧人或条顿人相联系。用雅利安人神话来对历史加以种族解释并形成种族主义信条，有两个人是始作俑者——阿瑟·戈宾诺（Arthur de Gobineau）和休斯顿·斯图尔特·张伯伦（Houston Stewart Chamberlain）。

戈宾诺伯爵生于1816年。幼年时接触到浪漫主义和政治复古的观念。虽生为贵族，却时命不济地晚生了一个世纪——生在那么一个贵族没落的世纪。在路易斯·菲利普（Louis Phillipe）的七月王朝统治时期，戈宾诺是一个记者。和那个时代很多知识分子一样，他憎恶在从未有过的资产阶级统治下那种乏味的、平庸的资产阶级生活。他想为自己也为世人去寻求两大现象的原因：

1. 为什么法国贵族没落了？

2. 为什么资产阶级的生活如此无趣、如此低劣、如此贫乏？为什么它还在变差？

换言之，他打算写一篇对法国自由主义的批评。因此，在托克维尔看来是天赐的、必然的政治平等主义，戈宾诺却针锋相对地反对。不仅如此，尽管孔德等很多学者持历史进步观，戈宾诺的观点却是历史退化论。

1853年至1855年间，戈宾诺发表了四卷本的《人种不平等论》（*Essay on the Inequality of the Human Races*）。它是一篇反对法国大革命理念、反对民主概念的政治论文。然而，它的立论又是历史的、哲学的。它理解所有历史的核心就是种族。戈宾诺说，如果没有充分理解种族这一要素，历史发展和明日走向就是一片蒙迷而毫无目的。

从戈宾诺自设的任务来看，究其实质，他的历史观和历史哲学就是悲观的。他不得不指出，贵族虽然自己没犯什么错,可是命当衰落。他也不得不指出,资产阶级生活不如早先贵族治下的生活那么称意,而且,虽然他是个浪漫主义者,他还是相当现实地看到了贵族将一去不复返。他要展示的是,日子永远不会像生活在他祖先治下那么好。

戈宾诺的历史观中有三大主要因素:

1. 种族特征;
2. 种族混血;
3. 退化。

戈宾诺在很大程度上追随了其早先,以及当时的人类学家,即把所有人类分为三个种族,且每一人种有特定的文化和道德特征。

1. 黑种人——最低级,智力不足,放荡,体能旺盛,动力,意志;
2. 黄种人——高于黑人,冷漠,所有事都追求中庸,热衷于实效,遵守法律,喜欢现代自由;
3. 白种人——雅利安人——能够反思且智力充沛,宽广的实效观,坚韧不拔,自由生活,荣誉感强,感官欲望低于其他人种。[2]

戈宾诺认为所有这些道德及文化特征都是与生俱来、深入血液的。依戈宾诺之见,真正的文明可能只有靠种族混血。如此看来,他不算是个种族纯粹论者。每个种族都有可以贡献给其他种族的优点。例如,黑种人的动力和意志对于白种统治者就很有用。另一方面,在戈宾诺那里,文明又始终由白种人造就——换言之，哪里有文明，那里白种人的血液就一定占主导。甚而，所有欧洲贵族的血统中，白人或雅利安人血统成分相比于拉丁血统成分要占支配地位。这样，他断言法国实际上由两种不同种族组成：一为北欧贵族，一为法兰克的非贵族。北欧贵族统治法国时，生活美好，物阜民丰。但一切都已逝去。

逝去的原因就是**退化**，由于人种不断混血，所以退化无可避免。最终，由于白种人的感官欲望最少，雅利安血统的主导地位就在不断的混血中越来越弱化，下一代的雅利安血统越来越少。在戈宾诺看来，所谓退化，指的是随着血管中血液被不断掺杂，一个民族失去了它原先的内在价值。对戈宾诺来说，种族本质上而言就是不稳定的。某一种族虽然还用同一名称，但他们不再是曾经的那个种族了。无论环境还是制度都不能修复一个退化的种族。因而，19世纪企图解决政治和社会问题的各种方案中，没有哪一个能应对种族退化。由种族退化引起的贵族没落，解释了资产阶级生活为何如此平庸，也预言了一个更平庸的未来。

戈宾诺的种族理论否定了19世纪欧洲两大主要思想——基督教和自由博爱主义——亦因此而实际上对所有当代欧洲价值观均有所破坏。

戈宾诺是个不错的天主教徒，他不会说基督教没有价值。但他认为，基督教只对未来生活有价值，对当下的生活没有影响。基督教可能会让一个文明不那么粗野，但它无法阻止退化,也无法令一个种族超越它血液所体现的特点而变得更优秀。

种族理论否定了环境决定论,更重要的,它也否定了自由主义的道德基础,即否定了个体是道德自由的。因此,种族理论与自由主义势不两立。在种族思想中,没有个体的存在;相反,所有个体都是种族混合的产物,因而也是他们种族合成的牺牲品。如果一个人希望变得稍稍与众不同,那是没有任何希望的,戈宾诺让所有人类都成了与生俱来的无助受害者,无法超脱。因此,他把自己在贵族制没落时代的小贵族境遇,放大为人类的处境。戈宾诺在当时算不上声誉显赫,但欧洲的知识分子群体都在读他的书。人类学期刊也对他的著作进行评论。今天来看,他的观点非常符合19世纪历史解释常见的宏大理论模式。而且,他的观点对1870年后的法国知识界影响深刻,因为那时法国经历了普法战争的失败、巴黎公社的暴动、第三共和国的平庸。在此之后,法国保守主义者企图对这一切给出解释,就找到了戈宾诺的观点。的确,19世纪后半期,种族思想对法国知识界的影响超过了德国。大概在20世纪前二十多年,法国知识界又开始广泛讨论戈宾诺,他的影响力达到顶峰。

戈宾诺的思想中最引人注目的就是"退化"(degeneration)。1857年,本尼迪克·奥古斯丁·莫雷尔(Bénédict Augustin Morel)这样定义这个词:"退化就是对人类正常形态的违背,它们由遗传来传递,逐渐导向灭亡。"这一观念在欧洲医学圈和社会科学研究者群体中迅速传开。马克斯·诺尔道（Max Nordau）1892年至1893年著的《退化》(*Degeneration*)对此的讨论最为著名。那时，人们讨论退化，想的并不是贵族价值和品质的失落，而是想着中产阶级价值和声望受到的威胁。这是一个重要的转变，因为自19世纪后半段以来，最担心退化的似乎是中产阶级作家和中产阶级专业人士。退化的人总是被定义成生活方式及外貌特征与白种的、受过教育的、干净的、健康的、可敬的欧洲人形成强烈对比的那些人。

戈宾诺之后，欧洲的种族思想在19世纪末被休斯顿·斯图尔特·张伯伦大大推进。张伯伦是英裔德国人，是理查德·瓦格纳的女婿。瓦格纳读过戈宾诺的书，早年还吸收了德国反犹太思想的各种观念。张伯伦在与瓦格纳的交往中，吸收了瓦格纳的很多种族观念。

1899年，张伯伦出版了《十九世纪的基础》(*Foundations of the Nineteenth Century*)。这部两卷本的书对欧洲产生了不可估量的影响，相比于戈宾诺，它的种族主义更加激进，并且在诸多方面都有所不同。

1. 张伯伦的写作，不是出于惋惜昔日贵族时代的消逝。他更关注一个纯种化的未来，而非种族的退化。他认为民族国家是保持种族纯正的方法。

2. 张伯伦是个公然而毫不知耻的反犹太主义者。他把历史描述成两极化的斗争，上帝在德意志-雅利安种族一边，而魔鬼在犹太种族一边。张伯伦与他那一代的某些德国人一样，离谱到否认耶稣是犹太人的可能性。

3. 张伯伦设想出了一种人种改良的遗传方法。现有居统治地位的高等种族确定是种族混合的结果。这种混合应该保持下去，避免退化或污染的可能。

4. 张伯伦眼中的种族含义要比戈宾诺更模糊。它更形而上学，不那么唯物。它意味着一种同宇宙的特定关系。精神因素和道德特征比身体特征更重要。张伯伦思想的所有这些面向，都与内在潜能的浪漫主义观念有关。它可能还与叔本华的意志概念有关联。

张伯伦这样说：

> 意识到自己属于哪一种族，这是再显而易见不过的了。一个人属于某一独特的、纯粹的种族，永远不会失去对此的意识。他血缘的守护天使会始终看护，当他失去立足根基时即予以支撑，当他有迷失之厄时即如苏格拉底的守护神那样给予警诫，敦促他服从，迫使他担当他以为不可能故而从来不敢尝试的事。他虽然和其他人一样软弱、有过失，但种族之特征会让他具有绝不一般的品质，他的行为会具有一种纯粹而特别的伟大，并在他那典型的超人品格中表现出来，他自己会意识到这些，别人也会看到这些。种族将一个人提升到超越自我；它赋予他卓越的——或许我应该说超自然的——力量，因此它完全使他卓尔不群，与那些混杂了世界各地

人群的裔种彻底区分开来：这个纯种的人或许比其他人更有才华，而种族从各方面加强并提升了他，他即成为一个凌驾于众人之上的天才。他并非如天现异相般被抛掷到地球上的耀眼流星，而是如同那强壮而坚实的大树般伸向天空，受着千千万万根须的滋养——这不是孤独的个体，而是为着同一目标而奋斗的数不尽的灵魂之总集。[3]

从1899年至1914年间，《十九世纪的基础》增订了八版，有无数的译本，销量超过十万册。德国皇帝把这本书发放给他的军官团，德国各个图书馆里也收藏了这本书。

需要强调一点，这非常重要，种族观念侵入欧洲思想之处往往是在一个群体——通常是统治集团——寻求自我的优越性，以使自己从被统治人民当中超升出来，或者在主流文化受到既有的其他群体挑战时用以维护主流文化。

我们可以在英语作家讨论爱尔兰问题时看到这一点。上一讲已经指出，整个19世纪，爱尔兰民族主义是英国的一大难题。那段时间，英国学者接二连三地试图论证，爱尔兰人非我族类，是比英格兰的盎格鲁-撒克逊文化更低劣的种族。爱尔兰人是凯尔特人，而英格兰人是盎格鲁-撒克逊人，也就是战无不胜的雅利安人的后裔。英人主张，正因为爱尔兰人是凯尔特人，所以不适于独立自治。约翰·R. 格林、爱德华·A. 弗里曼（Edward A. Freeman）以及主教斯塔布斯（Bishop Stubbs）等英国历史学家均持此论。在他们之前，人类学家罗伯特·诺克斯在《人的种族》一书里称，凯尔特人不能理解撒克逊人所言的"独立"（independence）。他说，凯尔特人不能守军纪，憎恶秩序，有宗教狂热倾向。凯尔特人的习俗完全显示了他们无法自我管理。马修·阿诺德（Matthew Arnold）1866年发表了一系列讲演，主题为《凯尔特文学研究》（On the Study of Celtic Literature）。他说撒克逊文学的特点是活力与诚挚，而凯尔特文学的特点是情绪与感伤。语词背后的价值判断再一次指向爱尔兰人的短处。所有这些说法都被英国政治精英用来否定爱尔兰自治，将爱尔兰维持在英国主权之下。

对于欧洲各个族群，种族思想所带来的最致命后果就是反犹太主义。就其观念而言，在1800年，反犹太主义还不是一种种族理论，而是一种文化和宗教偏见，这一点很关键。而在19世纪，随着人类学、语言学和医药学兴起了种族理论，反犹太主义逐渐与之结合，也受到它的支持。这样一来，到19世纪末，反犹太主义乘着科学之浪达到了顶峰。

与科学、种族及反犹太主义相关的观念遍及欧洲和美国。它们普遍与三大科学领域相关：进化论、优生学、公共卫生。这些结合在一起，成了科学种族思想，世纪交替之际在欧洲则形成科学反犹太主义。下面这些科学观念到底在其中发挥了什么作用呢？

社会达尔文主义

达尔文的进化理论强调在自然秩序中各类物种的生存竞争,这一点我们会在之后的课程中看得更透彻。欧美一些科学家以及非专业传播者之所以会被自然选择的进化观所吸引,是因为其竞争的一面。达尔文所说的,乃是物种在长时间中发展演化,某些具有微小优势的物种从生存奋斗中脱颖而出。而科学及社会科学的学者们却把这种观念操之过甚。

他们主张,各种社会群体,包括国家、阶级和种族,统统都处于生存斗争中。他们认为,弱者不该存活下去,公共政策和个人道德都要保护强者。大众媒体对社会达尔文主义的传播,强调的是整个人类应该根据统治族群的社会理想来塑造。例如,1900 年臭名昭著的德国实业家、军火制造商艾尔弗雷德·克虏伯(Alfred Krupp)赞助了一场论文比赛,题目为:"我们能从达尔文主义的原理中学到什么,以应用到国内政治发展和国家法律上?"

优生学

优生学作为一门科学,是由英国的弗朗西斯·高尔顿(Francis Galton)和卡尔·皮尔逊(Karl Pearson)发展起来的。最直白地说,优生学主张,人类首先应考虑如何使生理、社会和道德最大限度地服务于社会,以此为据,来安排婚姻和生育。它实际上要求人类实行选择育种。欧洲主要国家都成立了各种各样的优生组织。与19世纪早期那些宣扬种族思想的组织相比,优生学在各个方面都相当乐观。他们相信人类可以通过选择育种来增加人们的优良特质。优生学内在地反民主。他们害怕大众政治文化出现,害怕知识精英被乌合之众所淹没。因此,优生运动自始至终都是由专业化的中产阶层所主导。高尔顿成立了优生教育协会(Eugenics Education Society)来推进他的理念。

然而,优生学的理念从中产阶层迅速传播到社会其他部分。它有一种简单机械的观念:如果有人具有某种社会认定的不良特征,不被允许与同样问题的人或更受社会欢迎的人结婚生子,那么社会就可以免于退化,可能因此而产生道德、精神及社会的进步。

以保罗·罗斯(Paul Rose)的《瓦格纳、种族与进化》(*Wagner, Race and Revolution*)为尤,整个19世纪,德国的反犹太作家们把现代问题和负面社会现象都一股脑地推给犹太人。当那些特质被视为由基因决定、流淌在血液中并且通过生育而遗传给下一代,那么说犹太人和非犹太人不能结婚就是理所当然的了,甚至发展到主张把犹太人从人类中清除消灭,那样就可以减轻那些恶性特征的危害。

很多优生学论者都对欧洲以外的非白种人抱持同样的观

念，看清这一点相当重要。他们不仅针锋相对地仇视欧洲的犹太人，他们也把矛头指向欧洲其他族群，只要他们认为其有某种不良社会特质。这些人包括吉普赛人、大多数斯拉夫人以及同性恋者。但是，欧洲的文化传统，将对优生之纯粹种族的追求集中在了犹太人身上。

公共卫生

公共卫生科学是 19 世纪最可观的成果之一。水的净化处理，以及治疗天花、霍乱、疟疾等传染病，都证明了欧洲科学对于延长寿命及改善日常生活质量的力量。然而，公共卫生运动所获得的威望与保健的理念，都转而引入到种族纯度的考量中。举例来说，1904 年，德国出现了名为《种族与社会生物学杂志》（*Journal for Racial and Social Biology*）的出版物。同一年还成立了德国种族保健协会（German Society for Racial Hygiene）。毫无疑问，建立在优生学基础上的种族保健诉求会鼓吹强制性绝育。

19 世纪 70 年代，反犹太主义开始与科学结合。在这十年中，德国的作家们纷纷主张，犹太人问题与宗教或独特的犹太文化并无太大相关，而主要与其种族相关。来自汉堡的记者威廉·马尔（Wilhelm Marr）提出了"反犹太主义"（anti-Semitism，或直译为"反闪族主义"）一词，用来表明关键在于人种之别，而非宗教或文化差异。19 世纪 70 至 80

年代，这种反犹太主义与一种对现代经济生活及商业与资本主义周期的普遍焦虑结合在了一起，因为犹太的金融业与之颇为相关。

然而，到了19世纪末，德国的非犹太人把反犹太主义与帝国主义一道用来自我标榜，认为他们比世界其他人种更高级。在这种氛围下，伴随着公共卫生的观念，德国的大学和德国职业界同时出现了种族保健的理念，还成立了地方性的协会组织来促进种族保健。纳粹的大多数种族观念就是来自于这些混合在一起的诸种观念。在同时期的美国，类似的一整套观念也形成了种族保健运动，针对的是美国黑人和亚裔。

美国与德国的种族问题虽然风马牛不相及，但应该留心到它们。美国及其他西欧国家现在对谴责20世纪30年代的纳粹政治仍然犹豫扭捏，这在我们大多数人看来颇为费解。不仅如此，我们还要看到，在1935年的整个西方世界，各个国家接受过最高等教育的群体里，盛行着以种族观念为基础的种族科学和态度。

注意到以上的事实，会让我们对种族思想有总体把握，也对19世纪欧洲思想中的反犹太主义有定性的认识。正如恩斯特·卡西尔（Ernst Cassirer）所言，这些观念的根源和吸引力存在于人的某些形而上的渴望。我们有一种破坏性的需要，由于害怕在自己身上看到某些特质，因此定义出某种敌对的"他者"作为这些特质的承载者。

然而，我既然身为一名历史学者，必须要提醒大家，种族思想在19世纪开始与当时许多被认为时髦而先进的观念相连：对资本主义盲目发展的抵制；欧美必须担负起英国诗人吉卜林（Rudyard Kipling）所说的"白人的担子"（the White Man's Burden）的观念；文明与经济进步的观念；民族主义；人类学、语言学、进化论、优生学和公共卫生学等新兴的科学。这看似所谓的进步论浪潮里，种族思想升到了浪尖。在欧洲和各殖民帝国中发生的各式各样的群体谋杀和群体暴行，便是受这种思想的驱动——谋杀和暴行都是为了崇高的道义和真诚理智的信念——就因为它们被称为是革新的、先进的、科学的、进步的，我们非得接受这些观念？对此我们要更加警惕。

阿历克西·德·托克维尔为其友人戈宾诺的书写评论时，对我们上面谈到的问题有着清醒的认识。托克维尔1853年11月17日写给戈宾诺的信里说：

> 你的学说是一种宿命论、一种命定说，如果你愿意的话，但无论如何都与圣·奥古斯丁、詹森教派、加尔文教派差别很大……你不断说种族或重生、或退化、或受损、或通过注入新鲜血液而获得从未有过的社会能力……我不得不直截了当地说，这种命定论是纯粹物质主义的近亲。民众的理性总是循着最惯常的思路，如果他们接受了你的学说，他们就会直接从种族推到个体，把社会能力推向各种潜能。命定论是否应该被引入物质

秩序，上帝是否有意造出各个人种而让某些种族担负特殊使命，不让他们有某种情感、思想、习惯、品行——这一切都不是我关心的，我关注的是这些哲学学说的实际影响。两种理论的结果即使不会彻底遏制人类自由，也会极大妨碍人类自由。因此，我承认，在读了你的书之后，我还是彻底反对你的学说。我认为它们相当错谬，并且也非常有害。构成人类的不同家族确实存在某种性情、某种独特的特质，这些都是成千上万各种不同缘由造成的。但这些性情和能力难道是固定不变、不可逾越的吗？这从来没有被验证过，也永远没有人可能去验证，因为不仅要知悉过去还要通晓未来，才可能下这样的定论。[4]*

---

* 译文参考〔法〕托克维尔：《政治与友谊：托克维尔书信集》，黄艳红译，崇明编校，上海三联书店2010年版，第226—227页。译文根据英文有所调整。

第十二章 瓦格纳

19 世纪早期思想的一大特点就是乌托邦的思潮，20 世纪它继续以各种方式影响着生活，理查德·瓦格纳的生活和事业就是这乌托邦思潮的艺术顶点。瓦格纳把社会的民愤、对资产阶级生活的敌视与美学结合到了一起，比 20 世纪的其他艺术大师有过之而无不及。与此同时，作为盛极一时的文化现象，他的音乐神话一年又一年地把观众带到美感体验的新高度，其中体现的政治思想和活动也一直折磨恼扰着后人。

卡尔·马克思的思想主要继承的是启蒙运动的理性主义和形而上自然主义，只是加以若干奇特的改变。理查德·瓦格纳的思想和美学主要继承的是浪漫主义，强调超凡的艺术家、中世纪精神、非理性。然而，瓦格纳对中产阶级和市侩大力抨击，丝毫不亚于马克思。不过，他认为革新转变社会的力量蕴藏在他创作的艺术和音乐之中。

瓦格纳以及他身边的人，还有德国及其他地方继承他衣钵的人，都认为自己在开启一种新的文化，以战胜在他们眼里那种堕落的中产阶级自由国家和资本社会。如此来讲，瓦格纳是资产阶级文化和现代世界的一位批判大家。

理查德·瓦格纳 1813 年 5 月生于莱比锡。究竟他的父亲是谁，是个长期存疑的问题。他母亲曾嫁给了一名叫瓦格纳的男子,但这人在1813年下半年就去世了。次年,她又嫁给了路德维格·盖耶(Ludwig Geyer),他俩其实早就传出绯闻。这本来不稀奇,但要知道,盖耶是犹太人,而瓦格纳成年以来的事业以极端反犹太主义著称,这一来,事情就非同小可了。瓦格纳只在1831年至1832年间受过几个月的正规音乐教育。不过,他却具有非凡的才能和十足的自信。1834年,他在马德堡担任指挥。1836年,他娶了一个年长于他的演员明娜·普拉纳(Minna Planer)为妻。这场婚姻在他后来的生活中成了一个大问题,因为他不断地有艳遇出现。明娜被瓦格纳彻底抛弃之后,死于1866年。那时,瓦格纳与弗朗茨·李斯特(Franz Liszt)之女柯西玛·冯·彪罗(Cosima von Bülow)已经同居。当时柯西玛还是有夫之妇,在她1870年正式离婚之前,与瓦格纳已经有了孩子,后来二人才结为夫妇。在这些年里,瓦格纳创作了不少题材为爱情、纯洁、从过度肉欲之欢中得到救赎的歌剧和音乐剧。

1841年,瓦格纳完成了他的第一部歌剧《黎恩济》(*Rienzi*),1842年在德雷斯顿上演。总的来说,这部作品是所谓"大歌剧"(Grand Opera)之典范。

《黎恩济》的形式和风格采用了流行于巴黎的歌剧形式,深受歌剧家贾科莫·梅耶贝尔(Giacomo Meyerbeer)的影响。它完全是传统歌剧,有宣叙调、咏叹调、大量的合唱,弦乐队阵势浩大、振聋发聩。这样的歌剧在巴黎非常盛行,观者如云,很是赚钱。不妨说,大歌剧是商业歌剧,瞄准的是巴黎和其他欧洲城市里有钱的资产阶级。

1843 年，瓦格纳担任德雷斯顿歌剧院的音乐指挥，直至 1849 年卸任。这些年中，他创作了《汤豪舍》(*Tannhäuser*)、《罗恩格林》(*Lohengrin*) 及《漂泊的荷兰人》(*The Flying Dutchman*)，它们一直是世界各地歌剧剧目中的主打作品。它们之所以比当时其他歌剧更胜一筹，一个原因就是瓦格纳不仅创作音乐，自己还编剧。同样是在德雷斯顿的这段时间里，瓦格纳参与了德雷斯顿激进的政治运动，批评撒克逊王国的社会和政治。起初，他寄望于君主来推动改革。他也希望德国能够迅速发展出独特的艺术，以鼓舞整个国家的最高道德和政治热情。

到 1848 年，瓦格纳对撒克逊君主制不再抱有幻想，自己也负债累累。那一年，无政府主义者米哈伊尔·巴枯宁 (Mikail Bakunin) 从布拉格的革命运动中逃离到德雷斯顿，与瓦格纳结识。当 1849 年德雷斯顿出现革命风潮时，瓦格纳也参与其中。当君主重建秩序的形势变得明朗时，瓦格纳和家人逃到了魏玛，最后在瑞士落脚。他与 19 世纪三四十年代的许多激进分子一样，背井离乡，在外流亡。

瓦格纳在欧洲各国辗转了十五年，最后定居于瑞士。那十五年是他一生中最富于创造力的时段，他创作了《尼伯龙根指环》(*The Ring of the Nibelung*) 的剧本及其中大多数的音乐、《纽伦堡的名歌手》(*Die Meistersinger*) 和《特里斯坦与伊索尔德》(*Tristan and Isolde*) 的剧本和音乐。在这些年中，他改革了欧洲音乐，更确切地说，他完成了由贝多芬开启的音乐革新。

1864年登基的巴伐利亚国王路德维希二世读过瓦格纳的诗文，对他的音乐情有独钟，他用皇室的钱替瓦格纳偿清了所有债务，并答应支付他所有的开销，慷慨地施以庇护。路德维希是个充满了梦想和自我妄想的国王，他希望赞助能带来德国艺术重生的艺术家。瓦格纳早在路德维希上台之前的十五年间就一直把自己打造成这种形象。他能服务于路德维希，让他大喜过望。然而没过多久，慕尼黑的政治圈就对瓦格纳相当敌视，认为他出于一己之私而操控年轻的国王，道德败坏。因而他又离开了慕尼黑。

但是，瓦格纳并没有放弃他的梦想、他的雄心，也没有和路德维希中断联系。他意识到，随着俾斯麦以战争和外交所推进的德国统一，他可以用他的理想和能力来博得盛名。1872年，瓦格纳移居拜罗伊特，他从德国各地的瓦格纳协会获得了充足的筹资，建造了享誉全球的大剧院，此剧院不为"大歌剧"设计，而是专门适用于"乐剧"（Music Dramas）。它应当是一个能让观众领略到真正艺术的殿堂，而不是一个大歌剧的场所。人们到此应该会感受到类似于宗教体验的演出。1876年8月，四晚联演的《尼伯龙根的指环》在这个剧院里首次全本上演。从那时直至今日，拜罗伊特大剧院的演出一直观者如织，人们对那些歌剧的评论也众说纷纭。

1882年，瓦格纳创作了《帕西法尔》（Parsifal），当时不少人都认为这部作品是对之前作品的扬弃。次年，瓦格纳在威尼斯去世，他最后的居所现在成了当地的赌场。

瓦格纳的一生可能是他最不同寻常的作品了。他让自己成为成就非凡、自我标榜的"艺术家"形象，即在浪漫主义美学影响下的两三代作曲家和音乐家所认为的那种形象。但自从德雷斯顿革命失败之后，他就为他的音乐写了大量优美而富于表现力的文字（译成英文足有八卷之多），这也使他的音乐具有一种同代作曲家不可企及的文化智识广度。

在德雷斯顿革命失败之后的两年间，瓦格纳发表了他主要的四部理论著作，阐述自己的美学体系。这些著作以及其发表之后创作的音乐，标志了瓦格纳前期和后期的分界。这四部著作是《艺术与革命》(Art and Revolution，1849年)、《未来的艺术作品》(The Art-Work of the Future，1849年)、《音乐中的犹太教》(Jewry in Music，1850年)，以及《歌剧与戏剧》(Opera and Drama，1851年)。1849年德雷斯顿革命以及1848年欧洲广泛的革命运动，都没能撼动资本主义文化，而瓦格纳这些书在美学的范围中实现了对资产阶级、资本主义、商业文化的谴责。它们开启了对当代文化的批判，谴责它堕落而鄙俗，并指责这种堕落来源于犹太人，主张新艺术必须要克服所有这些缺陷。顺道要留心的是，所有这些观念都不是瓦格纳首创的，注意到这一点很重要。他的观点之所以这么有影响力，是源于19世纪60年代中期以来他在艺术上和文化政治上获得的成功。随着1870年之后德国统一，民族主义如愿以偿,很多受过教育的德国人向往创造独特的德国文化,民族主义的浪潮逐渐高涨,瓦格纳这些观点达到了其巅峰。瓦格纳的观点倚重于德国统一之后的文化而顺风顺水,同样,马克思的观点也是倚重了德国社会民主党。

瓦格纳以音乐尤其是歌剧为媒介,展开了相当广泛的社会及文化批判。他认为当时歌剧——意指"大歌剧"——讨好庸俗的品位,满脑子想着挣钱和娱乐。它是表面、肤浅而败坏的。在瓦格纳之前有不少人抨击中产阶级文化,抨击德国人对法国文化的媚态,瓦格纳呼应了他们的观点。在瓦格纳看来,"大歌剧"也是法国歌剧的代号,剧院组织就是为了满足浅薄娱乐的需要,"被大城市居民的百无聊赖所蚕食"。

在瓦格纳眼里,资产阶级艺术是彻彻底底的物质主义。它只从属于这个世俗世界,而完全不涉及也涉及不了心灵的深度或是人类体验。它根本不去转化人们的经验。换言之,瓦格纳抨击"大歌剧"的那些缺点,恰好是浪漫主义诗人批判新古典主义诗歌的那些缺点。

与此同时,瓦格纳对这种浅薄以及商业运作有着与众不同的剖析。他说歌剧之道德文化败坏的推手是犹太人。就他的事业角度而言,瓦格纳的反犹太主义是基于文化理论的立场,而不是种族理论的立场。他与其他德国激进分子(包括早年马克思)一样,把商业与犹太人联系在一起,把庸俗社会与来自犹太人的商业价值观联系在一起。不仅如此,他还认为他痛恨的那种文化是来源于犹太人的影响,而自从法国大革命和拿破仑战争让欧洲犹太人得到解放之后,犹太人对文化的影响就发生了。他尤其讨厌梅耶贝尔(Meyerbeer),虽然此人一度帮助过瓦格纳;他也反感菲利克斯·门德尔松(Felix Mendelssohn)。瓦格纳主要在1850年《音乐中的犹太教》一书中阐述了自己对艺术文化领域中犹太人的批评。

瓦格纳指斥犹太人是德国的外人,更是欧洲文化的外人。他说:"犹太人世代生活在这个国家里,说着这个国家的语言,却始终说得如同一个外人。"瓦格纳认为,这种文化状态意味着,不管犹太人同化得多么彻底,他都始终无法真正说他生活之地的语言,因为他不属于发展出这一语言的历史族群。这即是说,犹太人无法娴熟地用欧洲语言表达自己。在瓦格纳看来,犹太人更是无法用激扬道德情感的音乐来表达自我。他为此给出的理由更加扭曲,他说,犹太人天生就与其周围的文化格格不入。而且,已被同化的犹太人则摒弃了自身的犹太文化,因此与艺术之源产生了双重隔绝。

瓦格纳从未放弃这种强烈的反犹太主张,反而随着年岁增长愈演愈烈。尽管还在和犹太人会面,并坚持让犹太指挥家赫尔曼·利维(Herman Levi)担任拜罗伊特管弦乐团指挥,瓦格纳却把不可胜数的文化遗产和艺术声望都倾注在德国和欧洲的反犹太主义上。

瓦格纳认为,"大歌剧"已经被商业生活、犹太教、法国所污染,取而代之的应该是他所谓的"总体艺术作品"(Gesamtkunstwerk),即融合所有的艺术。他在《未来的艺术作品》和《歌剧与戏剧》中谈到过。对于 19 世纪中期庸俗艺术之堕落，瓦格纳给出的解答是回到希腊，回到类似于希腊悲剧的艺术形式。他在这一点上也绝非原创，早在温克尔曼和歌德时代，德国文坛就有了这种观点。

在《未来的艺术作品》和《歌剧与戏剧》中，瓦格纳指出，艺术必须要与人民密切相关，而且要充分融合各种主要的艺术门类。对于瓦格纳来说，替代歌剧的"总体艺术作品"就是他所称的"音乐剧"。早在 19 世纪 40 年代，瓦格纳就已经开始将对话引入歌剧，开始取消大歌剧中的宣叙调、咏叹调、合唱。他主张音乐剧的唱词与音乐必须要紧密结合。音乐的主导动机应当能提醒观众想起早先的情节和人物关系。戏剧的各个部分之间应该彼此呼应，舞台表演也应该为戏剧效果服务。所有这些，都意味着交流的主要方式是通过感官来唤起人们的情感。他在《歌剧与戏剧》中写道：

> 综合思维理当与艺术的戏剧作品无甚相关。在戏剧中，我们必须要成为感觉的认识者……然而，这种感觉只能通过它自身来领会；它无可言表，只能以自己的语言。无限迁就理智的解释方式，对感觉却是束手无策，反而会干扰感觉。[1]

瓦格纳认为，综合的艺术作品在希腊人那里做到了，现代艺术应该力图效仿古代的成就。希腊悲剧综合了宗教、情感、信仰、共同体历史、共同体的道德期望、音乐、诗歌、舞蹈艺术。多种艺术融合进了悲剧模式之中,既体现了宗教,又体现了人性,宗教与人性使得希腊人成为一个共同体,同时也增强了他们的共同感。

希腊艺术尤其是戏剧,部分灵感来源于神话。神话对于瓦格纳及同时代的人而言,具有非同一般的力量:

> 神话之无与伦比,在于它无论何时都为真,而且不论它的内容被压缩得多么紧,在历史长河中它都是取之不尽、用之不竭的。

瓦格纳接着又说,神话是诗人理想的原材料,"……民间的纯朴而无名的诗歌,古往今来不绝入耳,在文化成熟时期被伟大的诗人们重新处理"。未来的艺术应该力图使用、展现这些神话,把它们融入到整体艺术作品中。

我们有必要回忆一下瓦格纳呼吁神话力量和希腊神话之范例的背景——基督教受到时人的攻击,斯特劳斯正试图将基督教降到神话的地位。而且,瓦格纳在写作方面追随卡莱尔。卡莱尔在欧洲读者甚众,在其看来,现代人已经无法重新披上老教袍,因此主张为现代人类建立新的神话。瓦格纳整个事业就是把传统宗教、古希腊神话、中世纪神话以及最重要的德国神话中的主题和相关故事,融合进他的诗歌和音乐创作中。若不是在基督教沦落到智识上和文化上均被怀疑的氛围中,瓦格纳的智识、政治和艺术事业也难成气候。

最能体现瓦格纳这些早期美学理论的作品,便是《尼伯龙根的指环》。这一大型乐剧由四部歌剧组成:"莱茵的黄金""女武神""齐格弗里德""诸神的黄昏"。此剧分四个晚上演出,合为一个整全的音乐体验。瓦格纳从德国神话中汲取资源,在19世纪50年代早期为这一戏剧创作了诗歌,又在19世纪60年代中期差不多完成了音乐。其诗歌和音乐都发表了出来,被音乐界所知。其后,通过建造拜罗伊特大剧院,瓦格纳为这个大型"总体艺术作品"创建了剧场及美工背景,并兜售给了新统一之德国的精英们,声称这是建立一种新的国家文化的基础,希腊以降欧洲从未有过的艺术作品赖之而复兴。从1876年《尼伯龙根的指环》首演,到19世纪20年代国家社会主义者蜂拥而至,再到二战结束后德国重建时瓦格纳家族继续在原处上演《尼伯龙根的指环》,拜罗伊特大剧院与在那里上演的戏剧一直是德国政治与文化备受争议的地方。

要讲清楚《尼伯龙根的指环》的故事及其寓意,对于本课程而言太过宏大而复杂。简而言之,观众们经过四个晚上的观赏,经历了一场跌宕起伏的故事,众神的世界由于贪婪和不贞而毁灭。诸神由于对黄金的贪执受到诅咒。瓦格纳很注重构建爱情与金钱之间的紧张关系,注重凸显人们为占有金钱而付出的惨痛代价,甚至牺牲了爱情。因而,正如后来乔治·本纳德·萧伯纳的评论:《尼伯龙根的指环》与瓦格纳早期激进主义立场高度相关。

值得注意的是,《尼伯龙根的指环》中的角色几乎都不是人类。他们有天神、矮人、莱茵水仙子、巨人，以及其他非人类。与同时代的艺术家相比，瓦格纳更善于用神话故事来表达思想。

瓦格纳在 1853 年写完了《尼伯龙根的指环》的诗句，它们反映了他 19 世纪 40 年代的激进思想和 19 世纪 50 年代的美学理论。到了 1876 年《尼伯龙根的指环》全本首演时，欧洲的局势已经变了，瓦格纳也变了。1848 年几场革命虽然彻底失败，政治激进派没能如愿，但它们的目标（如德国统一）却由政治保守派贯彻下去。瓦格纳自己也不再是一贫如洗的流亡者。他有了巴伐利亚国王做他的赞助人，新德国那些有钱有势又持民族主义观念的中产阶级对他不吝称誉，又予以财力资助。不仅如此，在 19 世纪 50 年代，瓦格纳阅读了阿瑟·叔本华（Authur Schopenhauer）之后，他的想法也开始改变了。

叔本华是与黑格尔同期的哲学家，他最重要的著作《作为意志与表象的世界》发表于 1818 年。但到了 19 世纪 50 年代，欧洲又掀起了叔本华热，其哲学十分流行，至少持续到 20 世纪 20 年代。叔本华的形而上学和美学影响了瓦格纳，又通过瓦格纳影响了欧洲其余大部分地区。与 19 世纪 40 年代影响过瓦格纳的那些撰著者不同，叔本华深怀悲观，同时也沉溺于非理性。

叔本华与康德之后的许多德国哲学家一样，都对探索"物自体"十分着迷，既然康德声称我们无法了解物自体，那么总希望找到一种方式让人对"物自体"多少有所认识。叔本华处理这个问题的办法是将理性与意志进行对比,并如康德之后的很多人那样,把理性视为有限的、不足的。叔本华说:"理性的本性是女性的,它只能在有所取之后,才能有所予。"[2]* 理性可以为认知提供形式,但理性却无法提供深刻的知识。理性可以从感性经验中总结出普遍规律,天才可以获得这样的知识:"理性的或者抽象的知识的最大价值,在于它可以被交流,也能被永久保存。"

不过,在叔本华看来,理性永远无法达到事物的核心,不能提供真正深刻的知识或体验。康德曾说过,人类哲学总体而言无法穿透到实体的核心。叔本华的说法与此不同,他认为自己可以弄清楚世界究竟是怎么回事,但这种知识永远不可能来源于由理性构架并整理的观念。他解释说:

> ……我们永远无法从外部通达事物的实质。不管我们怎么探求,我们除了作为比喻的影像与空洞的名字之外,怎么都摸不透。我们就像在枉自绕着一座城堡走,徒劳无功地寻找它的入口,只落得画一画它的外观罢了。[3]**

要想从外观透入进去,叔本华说,我们必须要审思我们

---

* 〔德〕叔本华:《作为意志和表象的世界》,石冲白译,商务印书馆1982年版,第89页。

** 同上注,第150页。译文根据原文有所调整。

自己的内在本质。如此审思可显明出我们的内在自我：不是理性而是意志。而且，我们的身体只不过是意志的客观化。

> 意志的概念……在所有概念中，是唯一既不来源于现象，也不来源于认知的纯观念，而来源于我们每个人最当下的觉知，我们每个人都能由此而知自己的个性，由于它的本质是当下，它就不落入任何形式，乃至不落入主体与客体，它也同时就是个体性，因为在知识区分主体与客体之先，本是一体的。[4]*

叔本华说，意志总是在追求、永不停歇、永不满足，整个现象世界无非就是意志的客观化。意志是无律则的，它在因果世界之外，在日常生活和经验世界之外。

叔本华很有兴趣强调意志永不停歇地追求这一特点，是因为他认为人类，或至少有些人，能够克服意志，最终穿越那不过是意志客观化之知识的观念之域。

艺术天才能够完成这一转变——在这个意义上，叔本华的哲学是对艺术家狂热崇拜的另一个典型。在叔本华看来，天才在进行艺术或美学创作及构思时，他会暂时克服意志。克服意志要求人否定掉意志，即意味着一种克己的行为。对于叔本华来说——此处我们可以明白为何瓦格纳如此倾慕他——能够把人类从日常理性观念的领域中解放出来并凝聚

---

* 〔德〕叔本华：《作为意志和表象的世界》，石冲白译，商务印书馆1982年版，第150页。译文根据原文有所调整。

204 在一起的艺术,首推音乐。其他的艺术,比如绘画,需用观念的形式,但音乐却逃出了这种束缚:

> 音乐也像世界本身一样,是整个意志的直接客观化或摹本,甚至像理念,其种种具体的表现也构成了个别事物的世界。如此看来,音乐根本不像……而是意志本身的摹本,而理念则是意志的客观化。这就是为什么音乐的效果比其他艺术更加强而有力、摄人心魄,那是因为其他艺术只表达事物的影子,而音乐则表达事物本身。[5]*

进而他又说:

> 乐调的创作以及如何在乐调中展露人类意愿与情感的最深奥秘,是天才所做的事。天才远离一切思虑和意图,其创作大概应称之为灵感,这在音乐中比其他活动中更为显著……作曲家让世界的内在本质表露,用理性不能了解的语言表达最深刻的智慧,如同处于催眠状态下的人说出自己清醒时毫无意识的事。[6]

这种观念显然与浪漫主义概念中的艺术天才之作用如出一辙。然而,到了19世纪后半期,很多主要的浪漫派理论家已然被人们淡忘,叔本华的观点大行其道。对于生活在19

---

* 〔德〕叔本华:《作为意志和表象的世界》,石冲白译,商务印书馆1982年版,第357页。译文根据原文有所调整。

世纪后半期的人们来说，那是个狂热崇拜科学、资产阶级物质主义正当其盛的时代，叔本华的哲学为人们提供了逃避物质主义之路。世界的中心不是机械的，而是一种渴望的冲动——堪称巨大的力比多（Libido）。在那秩序井然的自然活动表面下是沸腾的鼎镬——这就是实情，无论你研究自然本质还是人类本性。

叔本华的思想表明，行动永远比思想更重要，因为行动更接近事物的核心，即意志。不过，这种哲学也是深度的悲观主义。它相当明确地表示：理性、谋划、预见、如此等都不能左右世界。理智只能在意志行动或决定事情之后才明白意志及其动机。而且，意志本身不是理性的。意志不关心个人的任何东西，只关心它自己渴望的目标。她（他）虽有意识，但意识只在客观化的时候短暂存在，继而又成为永久的意志，这就是永生。叔本华说：

> 自然关注的并不是个体而是种族，它热切地渴求种族的延续，因而会有大量过剩精子的极度浪费，它寻求结合产子的冲动也非常强烈。[7]

在某种意义上，叔本华的世界类似于达尔文后来所主张的。在达尔文主义的世界图景开始受人关注之时，叔本华的思想也风靡起来，那是因为达尔文展现的是一个机械的世界，而叔本华显示的却是唯意志论模式的奋斗与变化。

不过，悲观主义却更深了。这意味着一旦人为自己设定某种目标，他/她就不会快乐。目标一朝实现，意志的冲动则又开始活动。一个人战胜意志的唯一办法，哪怕短暂的战胜，就是遗世独立、弃绝欲求。

叔本华对瓦格纳的影响有两个不同的方面。其一，受叔本华的新哲学的影响，瓦格纳19世纪50年代早期的美学转向了一种相当激进的方式，他的音乐创作风格也为之一变。叔本华的思想与"总体艺术作品"南辕北辙，因为它只将音乐举为艺术中至高无上又最为深远者。这一新的观念于1859年首见于瓦格纳的《特里斯坦与伊索尔德》。这是一个爱情故事，男女主角被激情所困，万计无可施，最终双双身亡。在此部歌剧中，瓦格纳不再让角色对唱，而是回到了合唱。而且整部作品中音乐占主导地位，其中有大段大段无歌唱的管弦乐演奏，几乎没有旋律。在1860年《未来的音乐》一文中，瓦格纳总结了他的新观点，他坦承自己受叔本华的影响。瓦格纳在文中将管弦乐队的作用置于歌唱家以及剧作家之上。管弦乐队（可能还有作曲家）通过奏出纯粹音乐而达到某种近乎于揭示实体的深度。

其二，叔本华的伦理学把瓦格纳引向了一种社会及政治的静态模式，这恰恰符合他新近功成名就、财源滚滚的状态。当世界被仅仅理解为意志时，英雄对世界的拯救或挽回就变得不再可能了。瓦格纳是否自19世纪50年代起，已经对改造世界不再像40年代后期时那么兴趣强烈，这还不甚明了。

瓦格纳的作品在不断地演进，他的政治保守主义和强烈的反犹太主义倾向也在不断地演进。

他的最后一部歌剧是《帕西法尔》。这一作品大出崇拜者们的意料之外，但不久就风靡起来。之所以出乎意外，是因为《帕西法尔》有明显的宗教色彩，是一部准基督教歌剧。它同时有着明显的道德意向。它在1882年演出的时候，瓦格纳的崇拜者们都认为瓦格纳背离了之前的所有作品，这标志着他抛弃了自己先前所写的那些理论和改革举措。《帕西法尔》的故事是围绕结盟兄弟展开的，人们认为它实际上存在着或潜藏着反犹太主义。它的团体是必须保存其雅利安纯洁性的圣杯团体，基督之血被描绘成能让衰败的雅利安世界复兴起来的媒介。

这是一部种族重生的歌剧。令瓦格纳的学生长期困惑的是，这部作品与他先前的立场既相同又相斥。相同的是，两者都认为自希腊之后，艺术或者说人类社会经历了一个长期衰败的过程。不过，关于如何克服这种衰败，瓦格纳这回给出的答案不是激进的政治改革或新的美学事业，而是强烈地暗示拯救世界要通过某种种族重生。

对瓦格纳给予轻率嘲讽的评价委实不难。他为了飞黄腾达而不惜自我吹捧、道德伪善。托马斯·曼（Thomas Mann）曾说，在很多方面，瓦格纳都只是个浅薄的半吊子。瓦格纳从他周围的知识文化氛围中汲取了很多东西，他的立场在改革、革命到民族主义、独裁主义、非理性主义之间游移。他为不当之情、不伦之恋大唱赞歌，而中产阶级也为此欢呼。他的声誉如日中天，在乐坛人物中恐怕只有20世纪的摇滚明星才会如此故意地自我造势。他的美学影响了整个西方世界的诗歌和音乐。

对瓦格纳的狂热在德国达到巅峰，这是意料之中的事。他杂糅的思想吸引了大批崇拜者。很多德国青年相信他的世界可以带来国家的艺术复兴。瓦格纳后期更与统一德国的狂热民族主义者和种族分子气味相投，例如他的女婿休斯顿·斯图尔特·张伯伦。

"瓦格纳热"最让人反感且贻害甚深的部分，出现在1883年瓦格纳去世之后。他的遗孀柯西玛注定要看到他的作品和思想大行其道，以及拜罗伊特大剧院成为圣地。她精心地经营政治关系，无所不为地把瓦格纳的艺术描绘成能让德意志帝国更加光辉灿烂的艺术。瓦格纳对往昔的歌颂、对英雄主义的赞美、对军事价值的称许、对非理性的嘉赏，吸引了在俾斯麦治下看惯了铁血之胜，同时又厌倦了物质主义的那一代德国人。他们想让艺术从中产阶级的堕落中重生，这种意向可以在帕西法尔或者齐格弗里德的英雄形象中看到。瓦格纳现象最值得注意且发人深省之处，是西方世界上最美妙的音乐与把现代西方历史引向备受谴责之事件的那种政治、社会、种族观念，居然会融合为一个审美文化整体。

第十三章 分隔两性领域的意识形态

在这一课中，我将探讨一些思想观念，这些思想把女性置于滞留于家中的位置，只能守望着男人活动的世界——就像卡斯珀·大卫·弗里德里希（Caspar David Friedrich）1822年描绘的《窗前的女人》那样。需要强调，今天早晨我要讨论的，是19世纪在西方世界形成中上阶层普遍社会观点的那些意识形态或观念集合——即男人与女人天生适合于迥然不同的社会领域。在探讨这些观念时，我要说明，女性生活的理想与现实之间有很大差异，两个领域的意识形态颇为不同。而且，这些观念中的绝大部分——虽然不是全部——都是针对中产阶级的女性生活，以及看来是体面的工薪阶层的妇女。而数百万的穷困妇女及农村妇女受这些观念的影响微乎其微。

19世纪社会中女性的实际地位与关于女性的观念，向我们显示了巨大的反差。19世纪，在生活的诸多领域中，自由都大张其势。政治自由广泛铺开，经济自由广而行之，宗教自由也前所未有地扩展，虽然时有障碍。不仅如此，欧洲各种各样的团体都空前未有地各行其是。例如，种族团体和民族主义者打造了一个行动自决的新世界。到19世纪末，工人联盟和工人政党已经在欧洲诸国起势。就在19世纪中叶，北美结束了奴隶制，乃至俄国也废除了农奴制。

然而，直至 19 世纪末，女性在社会、政治、经济、宗教和思想方面还处于从属的地位。很显然，我们都可以看到，在 19 世纪最后的二十多年，少数女性有了受教育的机会，但人数却真是相当少。1900 年，欧洲还不允许妇女拥有选举权。关于妇女拥有财产的条件，虽有了不少改善，但在国内法的各个领域，法律还是压倒性地偏向男性。约翰·斯图尔特·密尔在《妇女的屈从地位》(The Subjection of Women, 1869) 中写道：

> 那么什么是现代世界的特点，即区别于早已过去的时代的现代制度、现代社会观念、现代生活呢？那就是：人不再是生而即有其生活地位并不可改变地被钉在那个位置上，而是可以自由地运用其才能和有利的机会去获取他们最期望的命运……现今，在这些进步的国家里，只有妇女还无法获得这样的权利……法律和制度还在因其生为女性而限制她们，规定她们终其一生都不能为某些事物奋斗。[1]

这是一篇揭示了妇女在家中为人妻、为人母之地位的文章，极为少数的学者和作家会碰触这个话题，或者可以说微乎其微。而且，我们也可以看到，不少人在其他社会群体中推进自由行动的思想，实际上却反对妇女在私人生活和公共生活中取得自由。

在 18 世纪末，法国大革命之后，人们对妇女的态度竟然与旧制度下人们对妇女的态度有一种奇怪而荒谬的相似。例如，让-奥诺雷·弗拉戈纳尔（Jean-Honoré Fragonard）的《秋千》及《好母亲》。两幅画作都描绘了女性的贵族形象。画面里的女性轻佻而无头脑，仅仅是男人色欲和追逐的对象，她们的人生结局就是当母亲。

这门课里不止一次地提到过，我们应该牢记在心：卢梭以不同的方式挑战了旧制度文化的思想和道德预设。在那个时代乃至之后两代人心中，他是个**离经叛道的人**（enfant terrible）。然而，关于社会性别领域及其活动，卢梭却给妇女的社会地位设了重重限制，18世纪没有其他作家比他更过分。由于卢梭被视为文化和政治的激进分子，他对女性加以限制的立场，也让其他男性激进分子认为他们改造世界不需要根本性地改变妇女的社会政治地位。在很大程度上，这种态度延续到了后来的激进社会组织中。

卢梭在《爱弥儿》中表达了他的妇女观。这部大作追溯了卢梭如何教育年幼的爱弥儿。当爱弥儿步入青春期，卢梭要为他找一个年轻女性相配。这位年轻女子就是苏菲。卢梭说，她应该与爱弥儿是同一种人。但卢梭随即设定了一系列限制。他平静地宣称：

> 我们唯一可以肯定的是，男人与女人共同的是皆属于同一人种，让他们区别开来的则是性别……在他们相同之处，他们是平等的；在相异之处，他们是不可比较的。一个完美的女子和一个完美的男子在心智上应有所

区别，就像他们外表的差异一样……通过两性的结合，每一方都为共同的目标平等地贡献，但是方式却不同。从这种区别中产生了两性在伦理关系上的差别。一方应当是主动而强壮的，另一方则是被动而柔弱的。一方必定有意愿和能力，只要另一方不怎么抵抗就可成事。随着这一原则的确立，那么可知女人天生地就是要取悦男人。[2]*

卢梭从这个原则引申出若干逻辑结论，对女性相当不利。由于女人天生地被征服，她们必须要让自己能取悦于男人。女性要用她们的端庄来节制自己的性欲和男人的性欲。如此一来，卢梭认为女人通过施展她们的柔弱，实际上获得了对男人的某种控制权。

然而，卢梭接下来直言不讳地说，女人在身体方面永远不能与男人平等。他说，月经、怀孕、哺乳、抚育等，都让妇女的才智和社会角色无法与她们的性别分离。他知道并非所有女性都同意这种评价，但他回应：

> 当女性抱怨……这种不公正的、人为造成的不平等，她就错了。这种不平等不是一种人为的建构——或者，至少说，它不是源于偏见，而是源于理性。自然已经将生孩子的责任赋予了这一性别，就要求另一性别对

---

* 〔法〕卢梭：《爱弥儿：论教育》（下卷），李平沤译，商务印书馆1978年版，第527—528页。译文根据原文有所调整。

之负责。毫无疑问，任何人都不能违背忠诚，若丈夫不忠，则剥夺了其妻子守贞的唯一回报，是不公而野蛮的男人。但若是妻子不忠，则问题更严重，她摧毁了家庭，破坏了所有自然的纽带。倘若给男人一个不是他的孩子，她辜负了两方。她既不贞也不义。[3]*

总结这段话，他写道："女人，你说她们并不是总要生孩子？不是，但她们本然的使命就是生孩子。"

卢梭继续不断地给妇女设限，他说：

> 一旦证明了男人与女人在性格和气质方面的构造都不相同，且不应该相同，那么他们就不应当受到相同的教育。

那么卢梭给女性设想了什么样的教育呢？对此他有一个非常直接而强硬的回答：

> ……对妇女的整个教育应该围绕着男人。取悦于男人，对男人有用，让她得到男人的喜爱和尊重，男人小的时候予以抚养，男人长大了予以关心，劝勉他们，安慰他们，使他的生活惬意而甜蜜——这就是女人恒时的责任，她们应从小就受到这样的教育。[4]**

---

* 〔法〕卢梭：《爱弥儿：论教育》（下卷），李平沤译，商务印书馆1978年版，第532—533页。译文根据原文有所调整。

** 同上注，第536—539页。译文根据原文有所调整。

他接下来又说女人无论先天素质和后天培养都缺乏像男人那样的理性。她们无法胜任健全思考和抽象真理。应该谨慎地教给她们宗教。在各种方面苏菲都要服务于爱弥儿，在情感上和性方面让他心满意足，给他生孩子、养孩子，并保持忠贞。而且她要一直待在家里，卢梭美其名曰"女人的帝国"。卢梭唯恐有人对其观点有疑惑，即又断言曰："一个过于聪明的妻子，对于她的丈夫、她的孩子、她的朋友、她的佣人及所有人都是一场瘟疫。"

这种思考模式变得非常普遍。卢梭把人们对性别的偏见明明白白地讲了出来，其方式正是柏克后来阐述政治偏见所用的方式。吊诡的是，这种思维进一步被政治共和主义思想所继承，他们把共和国公民的世界视为男人的世界，而锅碗瓢盆、宜家宜室则是女人的世界。

213　雅克-路易·大卫（J.-L. David）创作了《苏格拉底之死》《扈从给布鲁图斯带回他儿子的尸体》等画作，意在表明对旧制度下的贵族社会的政治批判。大卫是雅各宾派，在法国大革命中十分活跃。其作品暗示了贵族统治的现代社会已经没有了古代共和国的优点。他与卢梭非常相似的是，一方面乐于批判现有政治体制，一方面又不愿意质疑既有的两性关系结构。

按逻辑来说，法国大革命普遍的政治理念应该被延伸到妇女问题上，但却没有。1794 年，妇女参加政治组织的权利被正式取消。而且，对欧洲产生了广泛影响的《拿破仑法典》确立了国内法及婚姻家庭法的所有领域中男性的优势地位。

不过，在法国大革命期间，还有一个声音不屈地为妇女代言，直截反对把社会性别区隔而开的意识形态。这个声音就是玛丽·沃斯通克拉夫特（Mary Wollstonecraft）的《女权辩护》（*A Vindication of the Rights of Woman*，1792）。她是18世纪末、19世纪初最重要的女性作家之一。她与英国新教关系密切，并且是一元论思想圈的一分子，柏克曾经在《法国大革命反思录》一书中批评过一元论。事实上，她的书也反过来批评了柏克的观点。

沃斯通克拉夫特在她1792年的书中写了什么呢？她认为，把妇女重新与自己的家庭相联结并拒绝她们享有男人已拥有的权利，这是个习俗问题。这一状况之所以存在，只是因为它长期以来就是如此实践的，并不因为它就是合理的做法。她问了一个基本问题："如果女人也同样具有理性的天赋，谁让男人成了独断的裁决者？"她整本书的基本观点就是女人也具备人类普遍拥有的理性，以此提高女人的地位。换言之，她坚定地主张女人应该被视为人类，而不是女性。

她质问，说女性不具有天赋之理性的观点怎么会比比皆是？她的回答是：

> 我把这种华而不实的原因之一，归之于一种从论述教育问题的书籍得来的错误教育体系，与其说这些书籍的作者把女性看做是人，不如说他们把女性看做是妇

女。他们更渴望把她们变成迷人的情妇，而不是变成深情的妻子和有理性的母亲；由于遵从这种似是而非的论调，女性的理智受到了蛊惑，以致现代的文明妇女，除了少数而外，在她们应该怀有一种更高尚的理想并用她们的才能和美德争得尊敬的时候，却一心一意想激起别人的爱怜。[5]*

她的整本书都在试图向男性和女性阐释以说服妇女，当她们不再被当做时尚、精致、感觉的生物，而被视为理性的生物时，她们会变得更好。她认为，几乎所有谈论妇女、家庭、孩子的作者，都希望把妇女变成于社会无用的人。

因此，沃斯通克拉夫特对卢梭于《爱弥儿》中描绘的女性形象予以一一批驳，她首先说：

> ……最理想的教育……应该是为增强体质和培养心灵而精心筹划的理智锻炼。换句话说，就是要使个人能够养成独立自主的良好的品德习惯。事实上，如果一个人的品德不是从运用自己的理性得来的，要把他称为有良好品德的人，那是笑谈。卢梭关于男人的说法就是这样的；我把它引申到妇女方面……[6]**

---

* 〔英〕玛丽·沃斯通克拉夫特：《女权辩护——关于政治和道德问题的批评》，王瑛译，中央编译出版社 2006 年版，前言第 1 页。译文根据原文有所调整。

** 同上注，第 14 页。译文根据原文有所调整。

她接着又说：

> ……卢梭宣称妇女永远不应该认为自己是独立自主的，她必须在恐惧心理的支配下发挥她天生的狡猾的才能，她必须变成一个卖弄风情的奴隶，这样才能成为一个更迷人的情欲对象，每当男人想要让自己松弛一下的时候，她可以成为他的一个更亲密的伴侣。卢梭把这些他自认为从天性的表现中得出来的论据更向前引申一步，他暗示：人类一切美德的基础，即真理和坚强意志，应该有限制地加以培养，因为从妇女的性格来看，服从才是她们应该严格地一丝不苟地铭记在心的首要的一课。一派胡言！几时才能有一位伟人，以其坚强的意志把骄傲和肉欲所散播在这个问题上的乌烟瘴气一扫而光呢！[7]*

既然没有这样的伟人出现，沃斯通克拉夫特就自己阐述了如何澄清这个问题：

> 做母亲的人要想使自己女儿具有真正高贵的品格，一定不要去理会那些无知者的冷嘲热讽；采取与卢梭用一切骗人的动听的说法，以及哲理上的诡辩所推荐的办法恰好相反的办法来进行教育。因为他的雄辩使荒谬的

---

* 〔英〕玛丽·沃斯通克拉夫特：《女权辩护：关于政治和道德问题的批评》，王瑛译，中央编译出版社2006年版，第20页。译文根据原文有所调整。

第十三章 分隔两性领域的意识形态

论调听来似乎颇有道理，他的武断的结论虽不能令人信服，但是足以迷惑那些无力反驳它们的人们。[8]*

在沃斯通克拉夫特看来：

> 现在已经到了对女性作风实行变革的时候了，也就是说恢复她们失去的尊严，使她们作为人类的一部分去努力改造自己，进而改造世界。现在已经到了把不可改变的道德和地方性的风尚划分清楚的时候。[9]**

她认为，改变现状的唯一办法就是女子教育的大转变。否则，她们就会被社会教育成自视甚高却于社会无用、经济与心理上都有依赖性的人。沃斯通克拉夫特的著作具有高度的理性，她条理分明地论述了女性乃理性的生物。然而她的思想对抗的是来自法规及偏见的观念。它们是社会教条，正如19世纪红衣主教纽曼后来所言："很多人因为某个教条或生或死，但没有人会为了一个结论而殉道。"

在沃斯通克拉夫特写作的那个世界，她的书实际上并没有立即产生反响。它是18世纪90年代许多激进言论之一，但却是关注女性状况的极少著作中的一部。这本书以及它在19世纪备受冷遇的命运，反映了19世纪自由社会中女性的

---

* 〔英〕玛丽·沃斯通克拉夫特：《女权辩护：关于政治和道德问题的批评》，王瑛译，中央编译出版社2006年版，第39页，译文根据原文有所调整。

** 同上注，第44页，译文根据原文有所调整。

问题。自由主义的观念——那些由代议机构通过法律来确保的一整套普遍权利及程序——按逻辑应该被延伸至女性。但在19世纪大半时间中，这一整套权利都没有惠及妇女。沃斯通克拉夫特非常准确地认识到了，妨碍女性被视为具有完全理性的完整之人的，是她们所受的教育和她们社会化的方式，从国家法律到这些点点滴滴，都使她们成了合法的下级。

19世纪的自由社会充满了这样的自相矛盾。它的捍卫者和宣传者不停地为自由写作、为自由言说，但欧洲及美国的任何自由社会都没有给他们所说的自由真正作过限定。

自由社会却总是抑制特殊群体伸展自由——以财产而论的工人阶级，以种族而论的有色人种，以性别而论的女性。在自由主义者的眼里，国内的这些群体都缺乏某种与自由主义的全人概念相关的东西。

更矛盾的是，长期来看，自由社会的价值最终会将自由拓展到那些群体，自由社会具有自我批判力，它所坚持的公民自由容许各种不同程度的自由讨论，它确实在不断探讨权利的问题。不过，这个过程太过漫长，在妇女问题上，卢梭与沃斯通克拉夫特的辩论不断重现——妇女是否在某种程度上缺乏理性，因而不能被全然纳入人类的圈子？

在19世纪前四分之三的时间中，欧洲很少有人愿意去挑战对妇女自由的钳禁——尤其是中产阶级女性，以及渴望中产阶级生活方式的女性——不论是在家庭之中，还是区隔性别领域的社会中。法国小说家乔治·桑（George Sand）就是少数挑战者之一。

乔治·桑本名阿曼婷-露西·奥罗尔·杜平（Amantine Lucile Aurore Dupin）。1822年，18岁的她嫁给了卡西米尔·杜德望（Casimir Dudevant）。接下来几年中她生了两个孩子，孩子的父亲或许是，也或许不是卡西米尔。1831年，她离开了丈夫，带着孩子去了巴黎。在巴黎，她当了一名作家，最终成为19世纪最多产、读者最多的小说家之一。

从外省移居巴黎，从一个乡间主妇成为大都市的作家，她在个人生活和文化方面都发生了巨大的变化。杜德望太太从她丈夫那里独立了出来，最终合法分居。她一心想要自立为一名艺术家，而不只是当个女作家。她决意要进入巴黎文坛，因此她必需首先进入男人的世界。她过着一种完全放荡不羁的生活，以一袭男装遮掩性别而出名，她穿着这种装束进入了一般只向男性开放的公共场合。她交往的男情人一个又一个，在当时人看来是数也数不过来，其中有阿尔弗莱·德·缪塞（Alfred de Musset）以及肖邦（Chopin）。她还取了一个男性的名字——乔治·桑。在一封1832年的信件里，她写道："在巴黎，杜德望太太已经死了。但人们知道乔治·桑朝气蓬勃。"

乔治·桑转而成为一个冲破性别领域之分、可以享受生活并有所作为的人。历史学家和传记作家往往注目于她放荡不羁的生活方式、男性服饰、情人们、雪茄烟，还有经常携带的匕首,但这些都不是乔治·桑本人在其自传中所关注的。在自传中,她认为自己以两种方式冲破了重重分隔的界域。

其一,她没有按照卢梭在《爱弥儿》中给女性的建议去做,而是效仿卢梭本人的个性和生活经历。卢梭是个蔑视当时习俗的人,她也做了类似的事。她批评卢梭的很多观点,但与卢梭一样,也是对社会进行艺术批评的大家。她用卢梭的观点来解放自己作为女性的人生,又推倒了卢梭树立起来的界域屏障。

其二,她把自己塑造成一个艺术家的形象。她在自传里讲:

> 做个艺术家!是的,我想成为艺术家,不只是为了从财富的物质牢笼中逃离出来,那笼子不论大小都将人束缚在一个可憎的、琐碎的空间里;更是为了从公众观念的控制下逃离出来,那是多么狭隘、愚蠢、自以为是、虚弱、鄙俗的啊!世俗的偏见如此之错谬、过时、傲慢、残酷、不敬、阴暗,所以要生活在世俗偏见之外,而且最重要的是,让我自己与自己和解。[10]

乔治·桑不管在生活中还是小说里,都反对区隔两性领域的意识形态和做法。她于1832年发表了《安蒂亚娜》(*Indiana*)。故事反映了19世纪妇女生活中受到的种种束缚。女主角周围的男性角色代表了男性观念和当时政治观念的各种不同面向。非常年轻的安蒂亚娜嫁给了一个上了年纪的男人,没有爱情。她的丈夫是个波拿巴主义者,对妇女抱持着各种老旧的观念,认为他可以肆意地打她、指挥她。莱孟,则是一个保皇派,也是个情场老手,作者以他来代表法国上流社会当时的普遍风气,他不比其他人更好,也不比其他人更坏。拉尔夫是个矜持的英国人,他既是父亲般的角色又是爱情的归宿。此外,还有来自克里奥尔的仆人努恩,她被莱孟引诱,后来自杀身亡。但努恩不止是一个人物,她代表了力量,尤其是被排斥在性别区分之外的女人的性欲。

  在这部小说出版之际,它被看成是对婚姻的抨击。乔治·桑给她笔下的人物注入了对妇女现状的种种质疑与抗议。与此同时,她展示了"分隔领域"的思想对社会、身体、心理的破坏性。很明显,乔治·桑的整部小说都在展现女性想要突破分隔领域时会遭遇到的困难:首先,安蒂亚娜以及小说中的其他女性与男性之间不断产生莫名其妙的吸引力,而这些男人会在性方面利用她们、身体上虐待她们、心灵上奴役她们,还盼着她们死去。安蒂亚娜就不断地被这种男人吸引。最后安蒂亚娜与拉尔夫的关系中是怎么摆脱这样的问题,也没有交代清楚。其次,虐待没有相应的法律或社会援助。其三,只有一堆无奈的办法——努恩自杀,安蒂亚娜与拉尔夫出走。乔治·桑这部小说实际上透露出,无论是法国还是欧洲社会的女性,都无法逃脱性别的分隔。她并不认为所有女人都能成为艺术家。在小说的关键环节,安蒂亚娜写信给想要引诱她的莱孟，明确地说：

> 别让我去想上帝；这是神父该做的，他们的职责是软化因罪恶而强硬的心。至于我，我比你虔诚得多。我不跟你们侍奉一个上帝，可是我更尽心也更纯洁地侍奉我自己的上帝。你的上帝是男子的上帝，是一个男子，是一个国王，是你们种族的创始人和保护人。而我的上帝是宇宙的上帝，是创世主，是救世主，是一切生命的希望。你的上帝为了男人而造万物，我的上帝使祂创造的一切生物都互相为益。你认为你是世界的主人；我认为你只是个僭主。你认为上帝保佑你并授权你统治世界；我认为祂或许暂时这么安排，但终将瞬息之间把你散在风中……对我而言，我只有一个信念，你恰恰没有。我相信上帝。我拒绝你自造的宗教，我认为那不过是你的伪饰，你的道德和原则只是你的社会群体的利益罢了。你把它植入法律，假装那是得自上帝本人的，就像你的神父为了树立他们自己的权威和财富，处处寻求存在感，而建立宗教规矩和礼仪。但所有这一切都是谎言，都是不敬。我向祂祈祷，我理解祂，我明白祂与你没有任何共通之处，我尽我之力归依于祂，我也让自己离开你，你的每一个行动都会推倒祂的工作，污染祂的赐予。你借上帝之名击碎一个弱女子的抵抗、遏制一个破碎心灵的哀号，你是多么恶劣……不，别跟我谈上帝——你不能，莱孟！不要以祂之名放逐我、让我沉

默，因为那不是祂的意志，而是人的暴力，不得不忍受。如果我倾听上帝所赋予的内心之声，倾听坚强勇敢天性的高贵本能，那恐怕就是唯一真正的良心，我会逃向沙漠，去学会如何在没有帮助、保护和爱情下生活；我会独立而自在地在我们美丽的群山之中生活，忘掉僭主，忘掉不公，忘掉负心人。[11]

乔治·桑就此指出了她与男性的状态上的根本区别。甚至连男人的神与女人的神都变得不一样了。在这种情况下，甚至连灶神和家神都没有共享的区域。

沃斯通克拉夫特与乔治·桑这两个先例以及她们的思想为什么没有改变欧洲社会的方向呢？是什么力量阻碍呢？最明显的就是——也一直都是——男人牢固的利益以及女人在经济上和心理上要依赖男性。其次，欧洲社会对激进方法的普遍忧惧。在19世纪前四分之三的时间里，几乎所有提倡扩展妇女政治社会权益的主张都与政治社会激进组织有关。其三，强大的家庭观念。人们担心女性的社会角色一旦变化就会让家庭倾覆，这种担忧一直都很有影响力。其四，则是玛丽·沃斯通克拉夫特所谓的对妇女的"偏见"，也就是乔治·桑所认为的公众意见之体现，这些在日常生活行为、女性教养、写女性的小说、女性的医学观念以及艺术中都在延续。

然而，要说明区隔两性领域的意识形态导致了人们生活方式的变化，仅仅关注细微的社会结构是不够的。直到19

世纪末，妇女还没有经济自由和财产权，这是法律所规定的。法律也规定因贫而为娼的女性必须进行物理侵入式体检，实际上是被关在医院里。而且，教育机构和很多职业也把妇女拒之门外。高等教育机构不收女性就是最明显的例子。只有极少的女性能进入知识生活，因为在19世纪前半期，欧洲和美国还没有大学向女性开放。

19世纪中叶之后，欧洲大陆大学对女生开始有限制的开放。19世纪60年代，苏黎世大学首开先河。随后，伦敦大学于1878年，索邦大学于1880年，普鲁士的大学直到1900年，陆续允许女性学习知识，进入职业生涯。然而，招收数量很少。向女性开放的职业一般为小学教师，这是与她们在人们心中作为母亲的天性最接近的职业。区隔两性领域的界限依然存在。

这一状况对女性的影响可以从不能学习古典希腊语窥见一斑。欧洲各个大学里的主要课程是数学、希腊语和拉丁语。19世纪中期，希腊语与拉丁语相比占据主导地位。乔治·艾略特《米德尔马契》（*Middlemarch*，1871—1872）中有一段话，可以反映出将女性排斥在古典语言学习之外会在知识上使女性陷于孤立。这部小说的女主角是一位叫多萝西娅的年轻女子，她嫁给了一个正在写《世界神话索引大全》（*The Key to All Mythologies*）的年长学者卡苏朋（Casaubon）。年轻的多萝西娅，还没有正式结婚时，为了讨好她的未婚夫而想帮他做些看起来重要的工作，于是小说里有如下一段：

一天早晨,多萝西娅对卡苏朋先生说:"为了使我更加有用,我是不是现在就可以做些准备?我想学学拉丁文和希腊文的念法,使我能够为你朗读这些书,尽管我不懂得它们的意义,就像弥尔顿的女儿为她们父亲所做的那样,这成吗?"

"对你而言,这恐怕是一件吃力的事,"卡苏朋先生回答,笑了笑,"真的,要是我没有记错,你提到的那几位小姐,就为了要念她们不懂得的语言,反抗过她们的父亲。"

"是这样,不过,首先,她们都是淘气的女孩子,要不然,能够帮助这么一位父亲,她们应该感到自豪;其次,她们应该好好学习,使她们懂得她们所念的东西,这样就会发生兴趣了。我想,你不致希望我成为一个淘气而愚蠢的人吧?"

"我希望你成为一个尽可能完美的女子,在生活的一切方面无不如此。当然,如果你能抄写希腊文,这对我是大有用处的,但要做到这点,最好先读一些书。"

多萝西娅认为这是一个美好的允诺。她不想马上要求卡苏朋先生教她这些语言,因为她最担心的就是非但不能帮助他,反而成为他的累赘。但她想懂得拉丁文和希腊文,实在完全是为她未来的丈夫着想。那些男性的知识领域,在她看来是一个高台,登上这个高台,一切真理便可一目了然。现在，她常常怀疑自己那些结论，因为她觉得她幼稚无知，她想，既然那些熟知经典的人对村舍漠不关心，这并不影响他们对上帝的崇敬，那么她怎么能确定简陋的小屋子不是同样体现了上帝的恩宠呢？也许，还应该懂得希伯来文——至少是字母和一些词根——这样才能追根问源，对基督徒的社会责任作出合理的判断。她并没有达到那种自我牺牲的高度，满足于得到一个博学的丈夫、可怜的孩子，她希望自己也变成博学之士呢。布鲁克小姐尽管具有聪明的虚名，实际还是很天真的。西莉亚的头脑虽然从没受到重视，却能一眼识破别人不切实际的空想。看来除非一贯保持冷静，才能保证不致在任何特定的时刻头脑发热。

然而，卡苏朋先生还是答应了，他每天花一个钟头教她和听她念字母，像老师教小孩子一样，不过也许更像一个情侣，看到心爱的女学生缺乏基本训练，显得困难重重，反而觉得她很可爱，很有趣。在这种情况下，恐怕大多数学者专家都是甘愿当启蒙教师的。但多萝西娅发现自己这么笨，有些吃惊，也有些泄气。她战战兢兢，对希腊文重音的作用提出了一些问题，然而得到的答复只是使她痛苦和怀疑，觉得其中的一些奥妙，对女人的头脑说来，可能是怎么也无法理解的。

布鲁克先生［多萝西娅的父亲］无疑也是这么看

的。一天，当那种教学活动正在进行时，他来到图书室，便以他平时斩钉截铁的语调指出了这点。

"我看，算啦，卡苏朋，这种艰深的学问，诸如古典文学、数学这类东西，对女人说来，实在太费力气了，太费力气了，你知道的。"

"多萝西娅只是学学字母的念法，"卡苏朋先生说，回避了问题。"她非常关心我的视力，想让我省省眼。"

"哦，好吧，不了解意义，你知道，那也许还可以。但女人的头脑总显得浮泛一些——灵敏，但是肤浅，只适合学学音乐、美术，以及诸如此类的东西。这些方面，她们在一定程度上还可以，但也只限于轻松的玩意儿，你知道的。"[12]*

这段话的作者无疑是19世纪最伟大的女作家。它刻画了这样一个世界：女子无论多么富有才智，教育体系以及时人的偏见却阻止了她们走向更广阔的学习世界。对我们很多人而言，学习希腊语和拉丁语是很奢侈的事，它需要严苛的训练和很大的决心。但在19世纪中期，直到20世纪，如果没有希腊语的知识是上不了牛津或剑桥的。在20世纪以前，即便建立了女子学院，甚至女生也通过了同样的考试，她们还是拿不到大学学位。

---

* 〔英〕乔治·艾略特：《米德尔马契》，人民文学出版社1987年版，第74—76页。

19世纪关于妇女的观念中还有一个矛盾。在19世纪后半期，科学、医学、社会学、批判伦理学以及心理分析被认为是欧洲思想中最先进的。人们认为这些学科能将欧洲人从过去宗教和偏见的束缚中解放出来。然而，在这些思想和研究领域中，人人都不如此行事，或者延续既有的分隔两性领域的范式，或者在他们的研究意向中掺入厌恶女性的新观念：

1. 生物学和医学思想维系了女性比男性低劣的观念。那些协会召开的凡是牵涉人类学、人种学的会议，因为会讨论到性生活的问题，女性都不被准予参会。达尔文在《人类的由来》中支持对女性的传统观念，达尔文著名的拥护者托马斯·亨利·赫胥黎声称女人劣于男人。欧洲大陆的其他进化论学者也持同样的看法。

2. 奥古斯特·孔德、赫伯特·斯宾塞和埃米尔·涂尔干（Emile Durkheim）三位作为社会学开创之父，把女性看成主要依靠感觉的生物，当她们做妻子、做母亲时，是最适得其所的。

3. 19世纪后期社会学者关于女性问题有一些讨论，但都不在议程中占重要位置，而且常常在主张妇女传统角色的社会派别的引领下结束。

4. 许多第一代心理分析师都是在医学院接受的培训，因而也接受了传统医学认为女性在身心两方面都劣于男性的观念，他们还信奉弗洛伊德的各种理论，认为女性的天性和宿命就是做妻子和母亲。

因此，从卢梭的时代到弗洛伊德的时代，整个世纪的思想进步洪流中，几乎所有的思想家都拒绝把他们的自由进步观念延伸到妇女问题上，分隔两性领域的铁笼子依然如故。

第十四章 信仰之今昔

这一讲将会探讨广义的"世俗化"。所谓"世俗化",我指的是一场观念与价值的运动,它导致基督教和其他宗教不再是整个欧洲社会的指导原则,也不再是许多人生活的指导原则。这场运动,如果它真是一场运动的话,是欧洲文明史上最举足轻重的转折之一。它的出现,表明了人们想要重新建构个人价值和社会价值。19世纪不只是一个喊出了"上帝已死"的世纪,或许更关键的,它是上帝与超验价值从欧洲人生活中消逝的世纪,尤其是从知识分子的生活中消逝。

1835年,苏格兰学者托马斯·卡莱尔发表了《旧衣新裁》(*Sartor Resartus*,或译为《拼凑的裁缝》《衣服的哲学》《衣裳哲学》等——译按)。此书以衣服为喻,探讨了当时诸多的宗教问题和政治问题。其中,卡莱尔写道:

> 教堂之服,在我们的词汇里,是 Forms,是 Vestures,穿着这样的衣服,人在不同时期为自己体现并代表宗教教义;换言之,给有感知能力和实际活动能力的肉体披上世界神圣理念的外衣,这样,神圣理念可以作为一种鲜活而赋予生命的话语,寓于他们之中⋯⋯在我们这个时代,同样的教堂之服已经悲惨地变得破破烂烂:不止如此,更糟糕的是,许多已经变成空壳子,或面具。空壳子或面具下再也没有活生生的人或精神了。

只有蜘蛛和肮脏的甲壳虫在那里恶心地繁殖，忙碌着它们的生计，而可怕的面具假装有生命，仍在那里用玻璃眼盯着你。追寻宗教的一整代人，以及随后半个世代的人，已经完全脱掉了那件衣服，在无人注意的角落里给自己编织新衣服，穿着它出来保佑我们或我们的子孙。[1]*

卡莱尔笔下那宗教的破衣烂衫，在19世纪早期还有无数的裁缝（包括卡莱尔本人）想要为它修补破洞，或者用旧衣的衣料重织一件新衣。

与19世纪早期思想的其他许多方面一样，推动基督教新转向的一大动力之源来自卢梭的思想。其基础文本是1762年《爱弥儿》中"一个萨瓦省牧师的自白"。我们不妨回忆一下，在首堂课，我曾把这段"自白"与主体性转向相联系。这位牧师相信，对外在世界的思量要么导向机械决定论，要么导向道德和宗教的普遍迷茫。因此，他转向了内在，强调他个人主观感受应当作为领悟神圣知识的途径。在其中一处，这位牧师说："让我们别再把宗教仪式和宗教本身混淆了。敬拜上帝需要从心而发。如果敬拜是虔诚的，它就是礼服。"在另一处，他又说："本质的敬拜是心灵的敬拜。如果是虔诚的，不管以什么形式献上，上帝都不会拒绝

---

* 〔英〕卡莱尔：《拼凑的裁缝》，马秋武等译，广西师范大学出版社2004年版，第199—201页。译文有所调整。

它的效忠。"牧师尤其警示爱弥儿，认识宗教不要依靠书本（即指《圣经》及新教教义），或者通过自然（即自然神论），或者借助复杂的礼仪（即罗马天主教），而是要把它们当做真实或虔诚。

卢梭使宗教转向内在，并以情感作为基础。让这种宗教阐释方式势力倍增的，是康德哲学在宗教上的影响，并由德国路德派神学家弗里德里希·施莱尔马赫（Friedrich Schleiermacher）所发展。卢梭的宗教观与他大多数著作一样，都是批判性强于建设性，它宣示一种态度，但并没有深刻的哲学或形而上学基础。施莱尔马赫发表他最著名的宗教声明《论宗教：对蔑视宗教的有教养者讲话》（*On Religion: Speeches to Its Cultured Despisers*，1799）时，他还是生活在柏林的一位年轻的神学家，几年之后，他便成了 19 世纪最具影响力的新教神学家。

与很多同时期的德国青年一样，施莱尔马赫对康德遗留下来的哲学和神学状况不满。康德的认识论以及《单纯理性限度内的宗教》（*Religion Within the Limits of Reason Alone*）一书，让人类陷入一个截然分离的世界：一个是知性活动的感官现象界，受到自然界确定的法则支配；另一个是本体界，关于本体界，康德认为我们可以明确直觉到上帝、永生以及道德生活之自由。但是，康德认为人类对上帝所在的超验界不会有真知识或真体验。

卢梭与康德所遗留下来的，被施莱尔马赫接手。他主张,通过我们的感觉,我们确实可以与神圣界产生某种联系。这就是所谓的"感觉之神学"(theology of feeling)。我们完全可以说,19世纪神学观念中对基督教思想的影响没有比此更大的了。它将新教福音派觉醒运动所带来的主观性与德国唯心哲学联结在了一起。它让新教完全摆脱了人们对自然宗教、圣经、教会组织之合法性的质疑,把情感置于现代宗教信仰的核心。施莱尔马赫对新教行为的主观化体验给予了一个郑重的神学道歉。在1799年的著作中,他写道:

> 宗教的本质既非思维也非行动,而是直观和感觉。它期盼直观宇宙,期盼一心一意地聆听宇宙自身的显现和活动,渴望以孩子般的顺从领会并全心接受宇宙当下的作用力。[2]*

施莱尔马赫通过这样定义宗教,排除了批评基督教的人(他称那些人为"蔑视宗教的有教养者")所抨击的许多问题。宗教的基础不是书本,也不是教会组织。即使从神学角度来看,施莱尔马赫的主张依然相当激进。他把宗教之根不植于自然,不植于天启,不植于宗教神话,不植于上帝之本质,而是深植于人性。他认为,应该通过探求人的主观感受来发现神圣:

---

* 译文参考〔德〕施莱尔马赫:《论宗教》,邓安庆译,人民出版社2011年版,第30页。译文有所调整。

什么叫做启示？每种原本的和全新的对宇宙的直观就是一种启示。不过每个人最好要知道，对他而言究竟什么是原本的和新的，如果某种东西在他心中曾是原本的，对于你们也还是要好好斟酌一下。什么叫做灵感？这只是给予自由的宗教名称。每种变成宗教行动的自由行为，每种宗教直观的再次灵现，一种宗教情感每次实际地倾情表达，甚至也包括把对宇宙的直观转向另一面，这都是以灵感发生的。因为它是把宇宙的一种行动通过一个人传达给另一个人。[3]*

在书中另外一处，施莱尔马赫又说：

对上帝的信仰依赖于想象力的方向，我希望你不要认为这是亵渎上帝。你将明白，想象力是我们最具原创性的至高能力，它之外的一切都只是它的反映；你将明白，是你的想象力为你造出了世界，没有世界你也不会有上帝。[4]

以这种方式，施莱尔马赫用了"想象力"（imagination）这个词——这个词在当时美学著作中指称诗人及艺术家那种最独特的能力——他把"想象力"看做人类得以主观地体验到神圣之无限的一般基础能力。施莱尔马赫不认为所有人都

---

* 译文参考〔德〕施莱尔马赫：《论宗教》，邓安庆译，人民出版社2011年版，第68页。

能成为富于灵感的艺术家，但他用了同一个词来表达一个人只要真诚并向自己主观感觉探索，就能体验到上帝并明白真正的宗教，而不需要征询教会或《圣经》或神职人员。他原本可以在其他个人著作中为教会、《圣经》、神职人员另述其一席之地，但他的神学基本立场导向了宗教唯信仰论和文化唯信仰论。这又进一步带来了19世纪神学那种唯我独尊的普遍倾向。认识上帝就是认识人性。

18世纪和19世纪之交，罗马天主教又出现了新的回潮。法国大革命收敛了它的肆意，政策趋向于更为保守，从五人执政内阁统治到拿破仑统治期间，罗马天主教在法国的复兴相当可观。批判法国大革命的一个方式就是向罗马天主教表示忠诚。弗朗索瓦·勒内·德·夏多布里昂子爵（François René, Vicomte de Chateaubriand）代表了为罗马天主教辩护的最重要的新声。他最重要的著作是1802年出版的《基督教真谛》。

在此书中，夏多布里昂力图把罗马天主教信仰的力量植根于神秘主义以及人对神秘的直觉。他与施莱尔马赫一样也诉诸内心。对于罗马天主教，他说："我们的奥秘直接向内心诉说；它们明白我们存在的秘密。"他回忆自己和一位朋友在船上看日落，写道：

> 谁要没有注意到上帝的这番美景，那真是值得可怜。我的同伴们摘下他们的油布帽子，用沙哑的嗓音向救苦圣母（Our Lady of Good Help）吟唱赞颂，她是海上

的保护神。我的眼中情不自禁地流出泪来。那些人的祈祷是多么感人,他们站在海洋中间那脆弱的甲板上,凝视着波翻浪涌后面的日落!向大悲之母(Mother of Sorrows)的吁求直入内心!意识到我们在无限面前是多么微不足道。

——我们的吟唱,在沉静的海浪上空辽远地回荡,
——夜晚来临,危险也迫近
——我们的船只,它就是众多奇迹中的一个奇迹,
——有着虔诚的船员,其心中都充满了崇敬和敬畏,
——一位庄严的神父在祷告,
——全能的上帝俯向海洋,一手托住西边的太阳,一手升起东方的月亮,在浩瀚中倾耳而听祂所造物那微弱的声音,
——所有一切汇成的这个情景,艺术无力表达,人类的心灵也很难感知。[5]

对夏多布里昂来说,"基督宗教本身就是人类情绪的一种,有它的悸动、它的狂热、它的洞见、它的欢乐、它的泪水、它对社会和孤独的爱"。他认为这种情绪可以被古迹、哥特式教堂、庙宇遗迹所引发的地点意识和神秘感所唤起。这些地方及其所激发的记忆、感受,唤起了基督教情操的情绪和主观感觉。

不管是新教的施莱尔马赫,还是罗马天主教的夏多布里

昂，我们都能从中发现内在神圣概念对19世纪思想的影响。对神圣的体验都被缩小为人类的某种主观感觉。

如果我们回到托马斯·卡莱尔，我们大概能发现，这样的宗教观是怎样在一个没有任何传统宗教信仰，却又希望以精神化的方式看待世界和人类处境的普通信徒那里奏效的。卡莱尔是个苏格兰人，生于1795年，与约翰·济慈同年。他成长于苏格兰一个严格的加尔文教家庭中，父母希望他以后做牧师。后来他进了爱丁堡大学，不再信教，很大原因是他在那儿读了不少有怀疑精神的启蒙思想家的著作。他没有去担任神职，而是投入了当时在爱丁堡方兴未艾的出版业，他发现可以通过翻译德国著作以及写关于德国文学的杂志长文来挣钱养活自己。他的文章是将德国文学引介到英国的主要管道。1833年至1834年间，他在《弗雷泽杂志》（*Fraser's Magazine*）连载了《旧衣新裁》，这本书前文已提到过。这是一部以德国风格写成的英语散文。他在英国没有找到愿意将这些文章结集出版的人，在拉尔夫·沃尔多·爱默生（Ralph Waldo Emerson）的鼎力相助下，这些文章首先在波士顿以书的形式出版。

《旧衣新裁》坦率地说是一本怪书，但也很有魅力。此书以一个编辑之口，讲述了他所编辑的德国作家迪奥根尼·托尔夫斯德吕克（Diogenes Teufelsdröckh，意为"魔鬼的粪便"——译按）教授的文学遗作。托尔夫斯德吕克毕生关注衣服的哲学。在整本书中，衣服是个千变万化的象征，卡莱尔借此来探讨宇宙本质、人在宇宙中的位置，以及人对宇宙的反应。卡莱尔整本书所针对的批判对象，是各种形式的机械论或机械的哲学，或曰任何会将自然贬低为因果范畴的哲学或思想立场。卡莱尔借推崇托尔夫斯德吕克，表达了他对洛克哲学的摈弃，以及对直觉的强调。

在卡莱尔笔下，衣服代表了自然或不深究实体的人类的所有肤浅看法。衣服妨碍了我们认识我们相伴、相爱、相处的人的真正内在自我。机械论对自然界的阐释，妨碍了我们看到自然的精神性。思想降格为逻辑，妨碍了我们对直觉的领悟。

用这种方式，卡莱尔改变了人性概念和物质概念。关于人性，他写道：

> 以低级的逻辑看来……人是什么？是穿裤子的杂食两足动物。在纯粹理性看来，人是什么？是精神，是灵魂，是神的化身。围绕着人这神秘的被动体，围着一层（感官的）外套，它是由所有那些毛碎布，用天国的织机织成的。借此外套，他把自己展示给同类，或与他们住在一处，或同盟或分裂，他自己看宇宙并适应着宇宙，宇宙有着蔚蓝的星空，还有漫长的千年万年。他深藏于那件奇特的外套下，处于声音、颜色和各种形状之中，就好像裹住、包住、无法解脱似的；然而那是天国织就的，值得神穿。他不是借此站在种种浩瀚无际的中央，站在种种永恒的交汇点吗？他感觉到，他被赋予知

道、相信的力量；不止如此，爱的灵魂，在其天国原初的明亮中通畅无阻，然而，在此处，却片刻都透不过吗？[6]*

我们所见所感只是人类的一部分。我们是活在无边无垠、亘古亘今之中的感性生物，我们靠感知和直觉触及深层实体。而且，物质宇宙本身不过就是深层精神实体的外套。卡莱尔说：

> 物质若不是总那么可鄙，它就是精神，是精神的表现：要是它不这么光荣，它能更荣耀吗？可见的东西，无非是一件衣服，一件更高级、天国里不可见的、无法想象的、无定形的衣服，它会在耀眼的光明中显得黯淡。[7]**

卡莱尔与其笔下的托尔夫斯德吕克靠着自然的超自然主义这一观念，在一个看似机械的宇宙里发现了安宁与旨趣。这种观念认为，在自然那机械的表面背后有着超越机械论的深层实在。自然的超自然主义是对自然的一种饱含情感的态度，观者仰慕自然的伟大，仰慕它造就神秘和奇迹的秩序。通过这种方式，卡莱尔希望克服机械论的僵死，为自然找回生命与灵魂。他和其他浪漫主义者都力图为科学革命重新筑

---

* 〔英〕卡莱尔：《拼凑的裁缝》，马秋武等译，广西师范大学出版社2004年版，第63页。译文有所调整。

** 同上注，第64页。译文有所调整。

基,或者逆转其后果,让那被弄得机械僵硬的自然秩序重获生机。德国哲学首先为摆脱机械宇宙观开辟了道路。

卡莱尔试图解决宗教危机,而他对自然与宇宙加以精神化的处理方式又引来了更多人的回应。那么,宗教危机是哪些原因造成的呢?首先,启蒙运动批判制度化的宗教,造成了整体下滑。对一些欧洲人来说,制度化的宗教是对宗教的败坏或屈就。此外,主体性转向已渗透到生活的方方面面,在这样的文化中,制度化宗教看起来是浅薄而老套的。但在19世纪前半期,基督教又遭到新的攻击,《圣经》的历史可靠性受到质疑,即众所周知的"对《圣经》的高等批判"(Higher Criticism of the Bible)或者"对经文的高等批判"(Higher Criticism of the scripture)。

自新教国家的改革开始,《圣经》就一直是基督教信仰的基础。各种宗派教团在《圣经》如何解读方面争论不休,但它的可靠性几乎不会有争议。可是在19世纪,《圣经》的性质、真相、可靠性却成了欧美知识分子面对的一大问题。启蒙**哲学**认为《圣经》里很多事件,尤其是那些神迹,不可能是真的。他们指责《圣经》作者存心要欺骗读者。同时,18世纪的作家们也试图把神迹合理化——即给《圣经》所述的神迹一种理性化的解释。例如,关于耶稣使五千人吃饱,一位德国作家解释说,耶稣站在门徒存储食物的洞穴口不远。

19世纪很多批评《圣经》的人都是很有信仰的人,他们的批评方式颇为不同。他们质疑的是《圣经》到底是不是历史,它是否能当成以前发生之事的记录而相信。这些人受历史主义的影响,认为如果一切事物都是特定时间、地点以及特定文化的产物,或曰"绝对精神"理解自身的特定阶段,那么《圣经》这个文本也必然同样受到时间所限。信仰的真理和其他真理一样都是相对的。在一时、一地、一种文化下有效的,并不一定对生活在另一时、另一地、另一文化里的人有效。

那些脑子里都是这种观念的德国神学家,尤其是受了黑格尔影响的人,开始检视《圣经》。他们不仅关注《圣经》内在的自洽性,更把它的总体性质看做是历史文献。他们的结论是,《圣经》不是可靠的文献,不可信。

持高等批判的人中最为著名的,或者说当时最臭名昭著的,是大卫·弗里德里希·施特劳斯(David Friedrich Strauss)。1835年,他出版了《耶稣传》(*The Life of Jesus Critically Examined*, 1835)。出版这本书的代价是斯特劳斯没能在德国取得教授职位。斯特劳斯主张,《新约》四福音书所记录的耶稣生平不是真实历史。在他眼中,它们甚至都不是与耶稣交往的私人记述。毋宁说,福音书所呈现的不是历史而是神话。耶稣这个人无疑存在过,但福音里所展现的耶稣是理想化的,却非耶稣一生的真实记录。福音的作者把公元1世纪巴勒斯坦地区希伯来人的一切希冀和渴望都集中于耶稣这个人身上。耶稣这一神话,体现了他们在巨大灾难的时代对救世主有着群体性的渴求和热望。福音书字里行间所讲述的就是这个神话，或者说是理想化，而不是历史记录——甚至不是错误的历史记录。不如这样说，福音书展现了一个古代希伯来人在特定历史时刻下救世主心理的一个形象。如此一来，斯特劳斯及其后来的追随者攻击了基督教信仰的历史基础。

除了从历史角度对基督教加以批评，从19世纪20年代到19世纪50年代，还出现了一股对基督教核心教义做出强烈道德批评的思潮。启蒙观念和进步观念让许多知识分子相信，现代需要一种新型的更加体贴、更加人性的道德。上帝的道德衡量标准不再时兴，人与人之间开明而合宜的关系成为了新准则。根据这种新准则，基督教关于救赎的核心教义——上帝这位父神牺牲了他的（完全无罪的）独子以拯救人类，偿还了人类因罪而欠下父神上帝的债——被看做彻底悖德。人们开始觉得，做出这种可怕悖德行为的上帝完全不公正。自19世纪中期以来，不断有人就这一主题著书。这种观念也导致一些人放弃基督教，还有一些人因此而对父神上帝和耶稣怀着很伤感的态度。

如果斯特劳斯及其门人的观点是对的，那基督教的历史、教义及宗教学说应该是什么呢？有些人干脆拒绝斯特劳斯，他后来也的确多少改变了他的观点；有些人受了斯特劳斯的影响而放弃基督教信仰；还有一些人循着卡莱尔的路数，试图除去他们旧的宗教衣裳，再去找件新的来。新的宗教衣裳往往是相信宇宙之精神性的一种不太清晰的信念或直觉，它认为自然及人类经验不是物质的而是精神性的，它的显现、背景及核心都是精神性的。

这种观念有千变万化的形式。有一些观念教人继续把《圣经》作为精神指引，有一些观念会让人对生活及宇宙采取相当不肯定的态度，宗教体验也各式各样。它常常导向一种非常感情用事的态度，不管是对普遍意义上的宗教，还是特定意义上的基督教。在这些之外还有一种，就是虽然坚守着《圣经》，但却主张必须要根据现代的价值观和需要来解读《圣经》。这种观点与基督教和犹太教的自由神学结合在一起，形成了一种认识——宗教经文可以根据时代需要来调整，不必固守经文写作的那个时代。

这种观念在英语世界有两个重要的范例，其一是部学术论文集，另一是部畅销小说。

1860 年，随着一本名为《散文与评论》（*Essays and Reviews*）的书出版，英国知识界开始有了对《圣经》的高等批判。这本书是由七篇文章组成的一个系列，作者分别是六位圣公会教士和一位平信徒。这些作者们都是虔诚的基督徒，但他们认为基督教信仰，尤其是基督教对《圣经》的解读，必须要适应于现代科学的发现，也要适应于文字学对古语和古文的新理解。其中最有说服力的文章是本杰明·乔伊特（Benjamin Jowett）的《论解经》(On the Interpretation of Scripture)。他是"钦定希腊语教授"（Regius Professorship of

Greek）并早就是一位注解圣经的大家了。他认为《圣经》必须被当做其他书来解释：换言之，它应得到尊重，但不应该与其他古文献（如柏拉图的作品）区别对待，应该一样地阅读、学习、阐释。他写道："事到如今，不可能再对批判的结果视而不见了。"

《散文与评论》激起了格外的敌意。其中两位作者由于他们的文章而被叫上了法庭。各种宗教刊物里的批评之声如潮水般涌来。不过，高等批判却已在英国的宗教和知识生活中占据了前沿和中心的位置。

整个19世纪60年代，越来越多对经文持批判历史观的著作出版面世。青年男女保持他们从小接受的宗教信仰越来越难了。1873年，马修·阿诺德试图在《文学与教条》（*Literature and Dogma*）中解决这个问题。他说，《圣经》作者采用的是诗化的写作，而不是科学的写作，所以《圣经》也应该用这种方式去读。读《圣经》就像读饱含智慧的古诗文，《圣经》中神奇或超自然的成分应被搁在一边，读者应从《圣经》中寻找善行的准则。《圣经》教导的并不是科学或历史，而是要敦促善男信女去提升他们的道德自我。

马修·阿诺德有个侄女，她以丈夫的名字广为人知，她就是汉弗莱·沃德夫人（Mrs Humphrey Ward）。1888年她发表了一部畅销小说，专写信仰之失。书名是《罗伯特·艾尔斯米尔》（*Robert Elsmere*），在英国和美国的销量超过了二十五万册。书中主人公罗伯特·艾尔斯米尔成长于一个信教家庭，家中人虔诚而并不激进，他后来进了牛津大学读书。在牛津，他遇到了一位叫格雷先生（Grey）的老师，向他介绍了一种服务于他人的哲学。格雷先生对基督教信仰持严厉的怀疑态度，但并不打算劝诱他的学生放弃自幼以来的信仰。艾尔斯米尔毕业以后就任圣职，成了一位圣公会牧师。他在大学里教了三年书之后又去了乡村教区。在那儿与一个名叫凯瑟琳的极其虔诚的年轻女子结了婚，凯瑟琳吸引他的是她为教区的穷人无私奉献服务。在教区任职期间，他结识了当地的乡绅文多弗先生（Wendover）。

文多弗是个阴郁的人，深深浸淫在德国高等批判之中。他以把罗伯特扭转成无信仰的人作为自己的目标。罗伯特决心要通过自己学习历史来驳倒这个乡绅，然而结果他发现自己站不住脚，决定再也不相信《圣经》里的任何奇迹了。最终他承认自己无法再相信耶稣的神圣、救赎和耶稣复活。他认为，这意味着他必须要放弃神职。这也给原本幸福的婚姻带来了紧张。他仍然相信上帝，他必须要为上帝和人类同胞们服务。因此，他寻求一种新的信仰和改革，于是乎来到伦敦的贫民窟，试图组织一个"新兄弟会"来为贫民服务。他以一种人性化的观点来看基督，把他作为自己的楷模。然而在新事业开始不久，他就患上了热病，在他深爱却长期受苦的妻子臂弯里去世了。

艾尔斯米尔的故事显现了一种方向：失去基督教信仰会把人引向——在为人类同胞服务的意义上——没有神学的基

督教伦理。不过，19世纪欧洲有其他一些哲学及宗教思想家试图为基督教找到替代品，建立一种新型的世俗宗教。其中最出名、影响最大的，就是**实证主义**（Positivism），它是由法国学者奥古斯特·孔德所建立的世俗信仰。

孔德生于1798年，所以他没有赶上法国大革命，拿破仑统治的大部分时间他都只是个孩子。他在巴黎综合技术学校（Ecole Polytechnique，亦译"中央公共工程学院"——译按）当学生时，参加了一场学生抗议几何学教学方式的活动。政府关闭了学校并把学生们打发回家。于是，孔德始终没有拿到学位。

之后不久，二十岁的孔德担任法国空想社会思想家圣西门（Saint Simon）的秘书。圣西门一般被视作欧洲社会主义的奠基之父。他设想的社会是由理性的技术专家来治理的。圣西门还主张一种重要的历史理论，这在密尔的《自传》中也讲到过。圣西门指出，历史在批判期（Critical Periods）与生机期（Organic Periods）之间来回摆动。在批判期，所有的制度、习俗、观念和社会实践都受到批评和拆解。因此，批判期是杂乱而充满动荡的。批判期之后迎来的是建设的生机期。生机期时，人们有着广泛一致的价值和观念，社会通过制度定型而平静有效地运转。圣西门及其追随者认为，启蒙运动、法国大革命以及新工业经济秩序确立之后，欧洲正处于混乱而迷茫的批判期之中。他们想要提出一些观念、建立一些制度，以促进欧洲转向新的生机期。

年轻的孔德做了圣西门的弟子，却不是心中毫无怀疑的弟子。最终，他们也分道扬镳了。在 19 世纪 20 年代，孔德开始了一段极不愉快的婚姻，很长时间都处于严重抑郁中。此后的一段时间，他创作力迸发，1830 年至 1842 年间出版了六卷本的《实证哲学教程》（Cours de philosophie positive）。在此书中，他开始为他所认为的人类知识和社会的新起点奠定基础，提出了人类认识发展的"三阶段论"，即人类种族以及种族中的个体将经历三个特定的认识阶段：

1. **神学的阶段**——在人类发展的这一时段，自然界和人自己的经历都以灵魂和神来解释。在这个阶段，一些人类学家会用"万物有灵论"（animism）来说明，因为所有的自然界事物和人类体验都被看做是具有灵魂的。

2. **形而上学的阶段**——继而，人类社会走出了神学化的解释方式，进入到一个新的阶段。在形而上学这一阶段，世界不再是神学的，也不再是神灵或灵魂。它们毋宁是相当思想化的类别。这一阶段比神学阶段更进步，但还是充满了谬误和迷茫。

3. **实证的阶段**——人类认识发展推进到了最终的实证阶段，或曰科学阶段。在这一终极阶段，人类只依据感官经验来考察世界、解释世界。他们并不试图以神灵或形而上学实体解释自己的经验。在实证阶段，人类不想解释现象背后的力量。孔德相信这种科学的方法，或曰实证的方法，能应用到物质世界和人类社会的一切方面。职是之故，他被称做

"社会学之父"(Father of Sociology)。

如果孔德就此止步,那么他可能留在人们心目中的形象是最后一位启蒙思想家。他大部分关于知识的理论都植根于启蒙神学,尽管他也对启蒙神学的观念有所推进。不过,在1851年至1854年间,孔德出版了四卷本的《实证政治体系》(*Système de politique positive*)。此书让他一些崇拜者大跌眼镜、大惑不解;但同时也吸引了一大群新的弟子。在《实证政治体系》中,孔德抱负不凡,想要塑造一种宗教生活的新模式,以图在即将到来的实证阶段达到凝聚社会之效。孔德心里始终把神学和宗教区分开来,他认为神学是糟糕的科学,而宗教倘若经过改良并清除掉其中超自然的成分,就能够为社会提供新的黏合剂。

在《实证政治体系》中,孔德主张,爱应成为人与人之间的有力联结。他提出了一套新宗教,既让爱充满社会,又不会有老式基督教迷信的危险。他还筹划了一部新的实证主义日历,不再采用圣徒节,取而代之的是纪念从古至今名人丰功伟绩的节日,这很可能是受法国大革命确立节庆的影响。信仰的核心是女性之爱。孔德在妻子离开他之后,曾深爱过一个女人,很可能他们之间只是纯精神的恋爱关系。

当他这位恋人克洛蒂尔·德·沃(Clothilde de Vaux)去世时,孔德几乎以崇拜之思跪在她生前常坐的椅子前祈祷。可能让人颇为惊讶的是,孔德所提倡的新宗教,即他所谓的"人道教"居然吸引了不少信徒。在巴黎和伦敦都建立了孔德的教堂。它们很类似于新教教堂，只是圣徒画像的位置被名人胸像所取代。教堂的墙壁一般都刷成淡绿色，其原因只有孔德自己知道。他把自己封为"人道教大祭司"（High Priest of Humanity）。随着时光推移，孔德变得相当保守，支持路易-拿破仑·波拿巴的第二帝国。他的新宗教的箴言是"秩序与进步"。人道教被很多人诟病，说它不过就是"罗马天主教减去基督教"（Roman Catholicism minus Christianity）。

要取笑孔德和他的新宗教太容易了，甚至忍不住想要揶揄。当时很多人确实对之冷嘲热讽。然而，在他1857年去世以后，还吸引了数量可观的追随者，其中既有不信教的知识分子，也有宗教学者。他的认识论吸引了不少崇拜者，因为认识方面的三阶段理论对进步过程的勾勒，完全与苏格兰派的经济发展四阶段论如出一辙。这就是约翰·斯图尔特·密尔这样的人会被孔德早年著作所吸引的原因。不过，他的宗教著述也影响深远，它们具有极为深刻的反教权、反基督教倾向。反教权思想影响最深的地方是拉丁美洲，19世纪下半期，实证主义在拉美社会和知识界产生了巨大的影响力。孔德的箴言"秩序与进步"被写上巴西的国旗。

总的来说，作为信仰的"人道教"中途陨落了，但它的伦理理想，以及对人性之爱应成为人类社会及宗教团体之间的纽带的观念，却极富吸引力。一些自由开明的基督教士以及世俗作家不再相信基督教救赎观下的道德，他们希望寻求新的道德，因此而接受了孔德的思想并在欧洲和美国传播开来。如此一来，在19世纪和20世纪，人性本身成了广大信教人民顶礼膜拜的对象。

自施莱尔马赫以来，19世纪宗教思想发展具有某种不可压抑的必然逻辑。施莱尔马赫把宗教思想定位在人的主观感觉上，对上帝的认识需要通过对我们自己感觉的探索来达到。夏多布里昂强调了人类宗教史上的古迹可以引发宗教情感。卡莱尔倾向于把整个宇宙看做上帝之衣。到孔德这里，人性已经探索了自身感受、历史以及自己的认识历程，自我感觉良好，并认为最好不过于崇拜自己。于是乎，1841年，激进的德国哲学家路德维希·费尔巴哈在《基督教的本质》（*The Essence of Christianity*）里声称"一切神学都是人类学"（All theology is anthropology），就丝毫不奇怪了。

第十五章

尼采

资产阶级支配着 19 世纪中晚期欧洲的知识、文学和艺术文化。德国统一时，他们已经构建了一个自以为会永存下去的世界。火车遍布整个欧洲大陆；电缆可以使洲际之间的人们相互交流；全新设计的城市在大地上星罗棋布；巨型的汽船将欧洲制造的商品运往全球各地。

　　民族国家已是政治生活的主流。科学似乎已经解开了大自然大部分的奥秘，并通过攫取自然界来增长人类财富。毫无疑问，欧洲人生活的世界，正如赫胥黎所言，是"科学从现实中造出的新自然"。

　　然而，这种生活方式的舒适表象是虚幻的。欧洲的资产阶级很焦虑，甚至很害怕。诚如彼得·盖伊（Peter Gay）曾指出的，这是一个"烦躁"成了最普遍的疾病和行为症状的时代。中产阶级一方面害怕社会主义者，同时对上层社会也保持了一种合宜的尊敬。在各自民族国家的内部与外部，中产阶级都在搜寻种族敌人。工业革命给中产阶级打造了一个舒适天地，却也造就了新的军事摧毁力量。中产阶级对基督教的归信决非有口无心，却遭受着科学和历史研究的围攻。自由主义政治也并不像设想的那样运转。随着选举权的扩大，受惠的不止是社会主义者，似乎国家里的保守分子也得到了好处。教会、上层社会以及后来的反犹太主义者都在利用民主机制为自己的目标服务。

但令其最不安、最震惊的，可能是19世纪后半期对资产阶级世界的思想批判，至少事后来看是这样。特别关键的是，正如约瑟夫·熊彼特（Joseph Schumpeter）半个多世纪前所指出的，这种批判大部分源出于资产阶级文化本身。西方文明总是展现一种自我批判的倾向，而且在这种文化中，中产阶级比其他群体更容易具有这种自我批判的倾向。

例如，现实主义小说的作者往往自称是把科学方法运用在文学创作上，用资产阶级的信仰批评中产阶级的文化。甚而，批评的载体——作为一种文学样式的小说——很可能是所有文学形式中最有资产阶级特点的（最世俗的）。自由资产阶级否定传统体制之权威，而这种倾向也会被艺术家们效仿，否定传统文艺雅集展览的权威，代之以他们自己的作品展和画廊，却往往谋求富有的中产阶级的赏光和赞助。

资产阶级文化转向自我否定一个最明显的例子，就是19世纪后半期，用理性来抨击理性，或者用理性追求非理性。这两种倾向指向很鲜明。前一种发展成了对非理性的赞颂，可以在种族思想中看到这一倾向。后一种要复杂得多，用理性追求非理性意味着可能会赞颂非理性，也可能不会。它可能只是使人认识到"不用理性"（non-rational）的重要性，并把"不用理性"维持在理性的范围内。它也有可能会使人发现非理性，并让非理性与理性同时活跃。在某些情况下，它还有可能会使人认为理性本身几乎徒劳无功。以上每一种可能性都对资产阶级文化构成了挑战,尤其会反对启蒙运动的遗产。

在反叛实证主义、激烈抨击资产阶级文化的思潮中,最为振聋发聩的声音,来自弗里德里希·尼采(Friedrich Nietzsche)。今天几乎再没有哪个哲学家能像尼采那样声名远扬。在这个意义上,尼采连同现代主义的其他声音,以及批判中产阶级文化的观点,其实都已被中产阶级文化俘获、同化了。

尼采现在的声望来之不易,他在世时书卖得并不好,颇受冷落。他总是很难找到出版商,出版商也很难把书卖出去。直到19世纪80年代末,丹麦批评家乔治·勃兰兑斯(George Brandes)开始讨论尼采的著作,他方才声名鹊起。此后,尼采则受到各国现代作家的推崇。可是,这些早先的声誉和崇拜却是建立在对他作品的误写、乱编和近乎伪造的内容上,以一种模式来框定他的思想,恰恰与他的原意完全相悖。

勃兰兑斯1888年在哥本哈根以尼采为主题发表演讲。第二年年初,尼采精神失常,直到1900年去世。在19世纪90年代,尼采的文学代理人及执行人都是他的妹妹伊丽莎白·福斯特—尼采(Elizabeth Förster-Nietzsche)。她的丈夫本纳德·福斯特(Bernard Förster)是德国一个最极端的种族主义者和反犹太主义者。19世纪90年代,她丈夫去世了,她哥哥疯了,她则开始编辑她哥哥的著作来支持并发展她丈夫的观点和政治。福斯特—尼采夫人是唯一有权整理她哥哥文学遗作的人,她所发表出来的只是她希望发表的(她一直活到20世纪30年代)。她发表的尼采几部文集的若干版本都是不完整的。

尤其是,她把《看哪!这人》(*Ecco Homo*,或译为《尼采自传》——译按)一直拖到1908年才出版。这是尼采最后的著作之一,其中批评了反犹太主义、民族主义、种族主义、素食主义、军国主义以及强权政治。而且,她把此书制成非常昂贵的版本出版。她早先付梓的那些著作,给尼采带来了一种邪恶的名声。尼采写下的几百页的文段及格言,她1901年出版了其中一部分,更多是放到之后才公之于众,并给它们取了一个很刺激的标题——"权力意志"。这些文字都是尼采先前著作的注释,她把它们杂乱地凑在一起,并暗示说这是她哥哥最后成体系的著作。经过这一番操作,很多人都相信尼采完完全全就是一个复杂、晦涩、不系统、反犹太、暴力的民族主义、亲纳粹的人。这些印象又被《查拉图斯特拉如是说》(*Thus Spake Zarathustra*)加固了,一战时许多德国士兵的背包里就装着这本书。

一战之后,德国学术界对尼采的看法才稍稍不那么歪曲,直到二战后,美国学者才开始系统地做尼采的研究和教学。

尼采的思想经历了两个阶段的发展。在第一个阶段,尽管有不少对相反思想的辩护,他基本与浪漫主义传统站在一条线上,似乎常常都在赞美非理性。这个阶段他与瓦格纳也交往密切。

在第二个阶段,他的思想更靠近启蒙运动的主张,拥护批判主义、世界主义,认为欧洲人美好,批评民族主义。两个阶段他都对自由主义以及中产阶级文化的庸俗气持批评态度。与很多德国哲学家一样,他用理性来批驳理性,或者说是给理性限定疆界。

19世纪60年代的七年中,理查德·瓦格纳与弗里德里希·尼采引为知己。这段友谊从建立到消失,本身就是很有意味的,可以说是19世纪后期思想发展的一个征兆。尼采年轻时对音乐极其着迷,曾想当个作曲家,尤其喜欢德国古典时期的音乐。19世纪60年代早期,尼采还是个大学生,他不仅崇拜瓦格纳,也崇拜叔本华。他把瓦格纳视为叔本华所描画的那种艺术天才。1868年,尼采首次与瓦格纳会面。

第二年,尼采当上了瑞士巴塞尔大学的文献学教授,距离瓦格纳在特里伯森(Tribschen)的家不远。尼采对瓦格纳的尊敬之情溢于言表,两人的碰面多了起来。瓦格纳很高兴能有这么一个年轻学者对他马首是瞻。这不是一种平等的友谊,不过也毫不奇怪,可又确实是一种友谊。瓦格纳和妻子柯西玛会让尼采为他们采购圣诞礼物,还让他做不少别的差事。在尼采心里,瓦格纳就是能给德国、给欧洲的艺术和音乐带来重生的人,自己则是这样一个伟人的忘年交。他造访特里伯森多达二十三次。尼采的妹妹伊丽莎白也成了瓦格纳圈子的朋友。尼采还曾是拜罗伊特剧院规划设想的强烈支持者。

1872年，尼采发表了《悲剧的诞生》(*The Birth of Tragedy*)，此书的手稿和早期草稿拿给瓦格纳看过。他也把书题献给瓦格纳。对书中内容，他做了相当多的改动以让瓦格纳欢喜。原本，此书是对悲剧的研究，至少开始时是如此，可写到后来就成了对瓦格纳艺术的赞歌，声称瓦格纳的艺术是自古希腊以来欧洲所知所见的艺术的新生。书里称颂神话高于理性，并把希腊文化之衰落看做始于苏格拉底（Socrates）和欧里庇得斯（Euripides）。

《悲剧的诞生》是尼采的第一本书，初生牛犊不怕虎，它行文之大胆，立场之极端，他本人后来都不接受。不过这也是后来他对现代文化进行批判的一贯特点。经过训练，尼采成了一位古典学者和文献学家。总的来说，19世纪中期所向往的希腊生活，多是强调公元前5世纪雅典人的那种古典节制而平衡的理想，而希腊生活中非理性一面，却被视而不见。雅典的文化成就被视为理性生活的提升，其成就，用马修·阿诺德引用乔纳森·斯威夫特（Jonathan Swift）的话来形容，"甜蜜而光明"（sweetness and light）。

那时人们对希腊作此理解，也把苏格拉底作为西方理性主义之父加以崇拜，而尼采挑战了这种观念。

尼采还将希腊悲剧的根源追溯到酒神祭祀，认为希腊悲剧源自于酒神之狂热与日神之秩序的结合。酒神狄奥尼索斯与太阳神阿波罗的对比，绝对不是尼采首创的，实际上这一对反在德国文学和音乐文学中相当普遍。可是，他写悲剧的文章，却把这一对比永久地刻在了欧洲人心里。尼采说："我们必须把与太阳神阿波罗文化的艺术大厦一块石头一块石头地拆除，直至见到它所凭借的基础。"[1]* 尼采所谓的与太阳神阿波罗之秩序的限制，就相当于叔本华世界里的理念和表象。在此世界之下的是酒神狄奥尼索斯的狂热。尼采说：

> 在酒神的魔力下，不但人与人之间的团结再次得以巩固，甚至那被疏远、被敌视、被屈服的大自然也再次庆贺她与她的浪子人类言归于好。
>
> ……此时，在世界大同的福音中，人不但感到自己与邻人团结了、和解了，甚至融为一体了；仿佛"幻"的幛幔霎时间被撕破，只剩下碎片在神秘的"太一"面前瑟缩飘零。[2]**

他认为，艺术和悲剧同时需要酒神狄奥尼索斯和太阳神阿波罗。他的书并没有无限制地赞美酒神狄奥尼索斯。他认为，最高妙的希腊艺术，其精湛正在于阿波罗表象世界之下心理的内在深度。

尼采虽借用了叔本华的思想，但他比叔本华走得更远。

---

* 〔德〕尼采：《悲剧的诞生》，周国平译，三联书店1986年版，第10页。译文有所调整。

** 同上注，第6页。译文有所调整。

叔本华主张一种悲观主义和弃世，尼采却把艺术看做是对人生的肯定。希腊人通过去剧场看悲剧，确立了他们的人生和社群。艺术之所以会出问题，尤其是悲剧出问题，是因为日神精神一家独大。当酒神精神被抛弃，艺术就只能从当时的道德中去寻求它的内容和形式。在古希腊，这意味着悲剧成了搁浅在苏格拉底智思浅滩上的船舶残骸。

要理解尼采为何对苏格拉底大加挞伐又不屑一顾，我们必须要了解一点 19 世纪对苏格拉底的看法。尼采评价苏格拉底，实际上是把不少 19 世纪的关注点转换成了对公元前 5 世纪雅典的讨论。

19 世纪早期和中期，有两种对苏格拉底的诠释，一是 G. W. 黑格尔，二是乔治·格罗特。

黑格尔对苏格拉底的论述，主要见于他的《哲学史演讲录》（*Lectures on the History of Philosophy*），此书出版于黑格尔去世之后的 1832 年。不同于他的很多哲学阐释，他对苏格拉底的论述比较清晰而直截了当。但也激起了相当多的回应。

在黑格尔看来，苏格拉底与智者学派代表了希腊思想发展的一个重大转折点。智者学派首次取代了诗人及传统知识的其他声音在组织文化方面的功能，而给希腊人提供了一种新的方式来组织他们的思想。黑格尔认为智者学派很像 18 世纪的**启蒙运动者**，他们的影响导致了古代的某种启蒙运动。据黑格尔所言，智者学派所得的恶劣名声是不应当的，他认为智者学派实际上没做什么坏事，他们教给希腊人如何理智而深思熟虑地思考。这种思考方式必然会带来对传统信仰及传统道德的质疑。换句话说，他们培养了怀疑主义。但这不是他们的错；它仅仅是思考或心智发展在那个时代的结果而已。在黑格尔看来，智者学派的问题在于没有认清怀疑主义的边界。

黑格尔认为，智者学派所开始的这一思想运动，苏格拉底是其下一阶段。苏格拉底所做的就是在传统价值观和传统宗教之外，催生一种反思性道德（reflective morality）。黑格尔写道：

> 建立在精神的反思性运动之上的道德，作为精神自身向内转的道德，那时还不存在。它始于苏格拉底的时代。但随着人们的反思，个体退守回自我，不再关注既有的习俗，而只以他们自己的意愿来生活，退堕与矛盾就产生了。但精神不会停留在对抗状态，它寻求统一，在统一中有更高的原则。[3]

通过这一过程，苏格拉底引导希腊人试图在自己的主体性上发现道德方向。但苏格拉底与柏拉图不像智者学派，他们相信通过这种主体性可以寻找到客观道德实在，就像传统道德一样有约束力。但黑格尔认为，苏格拉底并没有真正做到这种转换，他的内在声音或代表他主体性的神灵只向他自己显现。苏格拉底与内在声音或神灵对话，实际上是和自己对话，向自身寻求指引及道德方向。这一强烈的主体性（主观性）导致他与其他雅典同胞相冲突。他的神灵实际上是一位新的神灵——主观之神——对它的效忠导致了**城邦**在公元前4世纪瓦解。

因此，在黑格尔看来，苏格拉底是罪有应得。但此罪不是苏格拉底的死因。雅典审判团没有给苏格拉底判必死，只是在苏格拉底拒绝认错也没能做出可行的赎罪举动之后，才对他施以死刑。他拒绝妥协，等于将他自己的良知——他自己的主体性——置于雅典的群体良知和传统之上。这是他基本的主体性观点所必然得出的逻辑结果。

因此，黑格尔认为，苏格拉底之死根本上是悲剧，因为，他写道："真正的悲剧必须是冲突的两方都各有正当的道德力量；在苏格拉底这里确实如此。"苏格拉底和雅典人民都有自己的道德，但它们是彼此不同的道德。隐藏——或许并没怎么隐藏——在黑格尔的论述中的是对道德相对性的含蓄接纳。不过，黑格尔又从这种相对性中回归，他认为苏格拉底的最终目的是找到一种确定的道德，并为智者学派所豁开的怀疑主义设定边限，这也是柏拉图以及后来的基督教的目的。

乔治·格罗特是位银行家、政治激进分子，还担任了议员，并且是 J. S. 密尔的朋友。他于1846年至1856年间出版了十二卷《希腊史》（*History of Greece*），1865年他又出版了三卷本《柏拉图以及苏格拉底的其他同伴》（*Plato, and the Other Companions of Socrates*）。格罗特在这些著作中对苏格拉底的论述，大概是维多利亚时期最有影响力的苏格拉底研究了。

格罗特一开始积极而热情地为智者学派辩护。格罗特说，智者学派之所以声名狼藉，有两个原因。其一，"Sophist"（诡辩家）和"Sophistry"（诡辩术）在现代是贬义，这种贬义被反过来回加给古代的"Sophists"（智者学派）。其二，更重要的是，人们从表面价值接受了柏拉图关于智者学派的描述，并未究其历史实情而加以批判地考察。

格罗特说，事实上智者学派与以前教诗学和狂热赞词（rhapsody）的老师并没有什么新的或者根本的区别——除了以下两点：他们比前人教得更好；授课收取费用。柏拉图把古代哲学中一切他不喜欢的地方都联系到智者学派身上。而且，在柏拉图的许多对话中，智者学派并没有宣扬什么完全不道德的东西。

智者学派所做的，就是把雅典青年培养得适于加入民主城邦生活，在格罗特看来，他们应该得到荣耀和欣赏。格罗特这样写道，他们公开表明要让雅典青年能够在雅典过一种活跃而可敬的生活，无论私人生活还是公共生活。

这样说来，智者学派从根本上说是保守的，并且对于民主的良性运转发挥了重要作用。格罗特提醒他的读者，柏拉图以苏格拉底之口，宣扬对财产权所有制、婚姻及抚养加以激进的变革。

格罗特的阐释在某些方面与黑格尔很像，我相信他第一次写的时候自己都没意识到。他们两人都认为智者学派会养成个人主义，但黑格尔认为个人主义很危险，可格罗特认为个人主义是民主正常运转的基础。

当格罗特推崇苏格拉底的时候，他的读者们都大惊失色。格罗特说，在伯罗奔尼撒战争中，当要求任何一个雅典人说出他们城邦的一位主要智者学派人物的名字，他们都会毫不犹豫地说苏格拉底。格罗特以此表明苏格拉底是智者学派中的一员。

为什么苏格拉底如此不受欢迎？依格罗特所言，苏格拉底这个智者的使命是什么？首先是把科学方法和批判理性智慧介绍给雅典人。在格罗特看来，这不可避免地会导致科学与宗教的矛盾。一般与智者学派联系在一起的雅典文化中否定式的批判、传统价值及宗教，苏格拉底把它们用于他在闹市里的教学中。苏格拉底是雅典大众世俗观念的强烈批判者，苏格拉底对科学的捍卫尤其使得他与雅典宗教直接对立。

那么，格罗特是如何解释苏格拉底之死的呢？他会认为那是个体挑战公众观念的必然后果吗？格罗特不会——就像他的朋友 J. S. 密尔在《论自由》中一样——他不会把苏格拉底看做是公共敌意的牺牲品。格罗特何以为此？不管怎么说，他都是维多利亚时代对古希腊民主最强烈的拥护者。令人惊讶的不是雅典人怎么处决苏格拉底，而是他们居然容许苏格拉底当了五十多年的牛虻。*

格罗特找到了另一个罪魁祸首，那就是宗教。是雅典宗教的力量和信仰导致了苏格拉底之死。格罗特相信，苏格拉底对他来自德尔菲神谕的信仰非常虔诚，神曾将改造他的公民同胞的使命交付给苏格拉底。格罗特这样写，苏格拉底"不只是个哲学家，更是个以哲学为工作的宗教传教士"。他把苏格拉底视为一个传播批判哲学的宗教狂热者，而苏格拉底自身植根于宗教的狂热造成了他的死亡。的确，你可以说格罗特想把苏格拉底的定罪和处决都归罪于神灵。另一位评论家亚历山大·格兰特（Alexander Grant）说，格罗特把苏格拉底转成了一种"司法自尽"（judicial suicide）。

现在我们来谈谈尼采的苏格拉底。当尼采《悲剧的诞生》写苏格拉底时，他已经对黑格尔和格罗特的观点及著作有所了解。事实上，尼采抨击的是黑格尔的苏格拉底以及格罗特的苏格拉底（这两者虽不完全相像，但有不少共同处）。换言之，尼采通过抨击苏格拉底，抨击的是前半世纪成为主观、批判理性的象征人物，抨击的是在古代世界以哲学之貌来促进科学的象征人物。

尼采比19世纪的其他思想家对格罗特的观点更了解、

---

* 苏格拉底有言：尽管听起来比较荒唐，但我就是一只牛虻，是由神赐予城邦的。我们的城邦就像一匹高贵伟大的战马，因为身躯庞大而行动有些迟缓，需要牛虻经常刺激它。

更认同。他赞同把苏格拉底比喻成传教士,他也赞同说苏格拉底之死是自己主动配合的。尼采也认为苏格拉底是古希腊批判科学思想的缩影。不过,尼采虽然很多观点来自格罗特,但他对于苏格拉底的看法依然独特。把苏格拉底作为现代思想的中心人物以及现代文化批判的核心来源,这方面尼采比别人更有过之而无不及。

在《悲剧的诞生》中,上面已经提到,尼采描绘了希腊文化妄图驱逐酒神的大灾难。在这个问题上,要责怪的戏剧作家是欧里庇得斯,但在尼采看来,欧里庇得斯不过是践行了苏格拉底的主张。两者的结合摧毁了埃斯库罗斯(Aeschylus)的悲剧,让希腊文化走上了理性主义的堕落之路。尼采说:

> 我们既已详尽了解,欧里庇得斯想把戏剧只放在梦境因素的基础上而没有成功,他的非梦境倾向反而导致非艺术的自然主义倾向,那么,我们现在要进一步探讨欧里庇得斯的审美和苏格拉底主义的性质:他的最高审美原则是"合理的才是美"(In order to be beautiful, everything must be reasonable),这可以媲美苏格拉底的格言"知识即美德"(Only he who knows is virtuous)。[4]

由于苏格拉底的传染,他死后仍带来了欧里庇得斯和希腊文化的问题,尼采称之为"深入骨髓的批判过程,胆大妄为地应用理性"[5],这种理性化导致了悲剧的消亡。

依此论述看来，苏格拉底是希腊文化中酒神狄奥尼索斯的劲敌和对手。但尼采认为苏格拉底的目标还要更加极端。他写道：

> 苏格拉底主义不仅非难既有的艺术，也非难既有的道德。苏格拉底以搜寻的眼光到处观察，而只见处处尽是真知的贫乏、偏见的猖獗，他便推断当代情况之所以荒谬恼人，主要是由于缺乏真知灼见。从此以后，苏格拉底就认为他有移风易俗的责任，他孑然一身，孤芳自赏，作为一种截然不同的文化、艺术和道德的先驱者，走入另一世界之中，我们倘能满心敬畏地触到他的衣边，也引为莫大幸事了。

尼采又说：

> 是谁敢于独持己见来否定希腊的天才呢，像荷马、品达、埃斯库罗斯、菲狄亚斯、伯理克斯，乃至阿波罗与狄奥尼索斯等天才，岂不是使我们肃然起敬，视为文化的最深渊壑和最高峰岭吗？[6]*

尼采给苏格拉底破坏性的理智主义找到了罪魁祸首，就是苏格拉底的内在声音或神灵。对于大多数人而言，直觉是创造力的来源和行为的动力，知觉则是理性的，起到阻抑的

---

* 〔德〕尼采：《悲剧的诞生》，周国平译，三联书店1986年版，第56页。译文有所调整。

作用。但苏格拉底却正好相反。他的内在自我走到了前面，总是阻止他的直觉。

> 在所有创造旺盛的人物，直觉总是一种积极创造的力量，知觉则起着批判和劝阻的作用，但是在苏格拉底则不然，是直觉从事批判，知觉从事创造——这真是一件赤裸裸的（*per defectum*）大怪事！[7]*

每当他的直觉要充溢他的时候，他内在理智的、思想的声音就前来阻止。这样，苏格拉底就像个大的创造机器，每当打开开关要运行时，他就被自己内在的理智关掉了。他选择赴死成了希腊青年过哲学生活的新榜样，而不是英雄主义的榜样。与此同时，从他对理性主义和智力的固有信心中体现出一种乐观，这使得悲剧成为不可能。

艺术家能从任何对象或任何问题的表象上发现快乐，但"理论人"（theoretical man）只会因袒露出来的真相和解释而快乐，尼采把这种"理论人"的出现归因于苏格拉底。理论观念造成了尼采所谓的：

> 严重的**谬误**，最先表现在苏格拉底身上——那是一种不可动摇的观念：认为思维循着因果律的线索，便可能达到最深的存在之渊，而且思维不但能认识存在，甚

---

* 〔德〕尼采：《悲剧的诞生》，周国平译，三联书店1986年版，第57页。译文有所调整。

且能变革存在。[8]*

在这一点上,苏格拉底可以说是未来科学之父。他在世俗世界中找到了接受死亡的理由。尼采注意到了这一点,他写道:"我们不禁要把苏格拉底看做所谓世界历史的转折点和漩涡了。"[9]**对苏格拉底而言,所有的恶都只是错,人类最高贵之事即是区分真知和谬误。

人那种不断追寻、改变的心思,会寻求新的世界来理解、改变,但最后它会发现一个不可逾越的界限。界限所在之处,悲剧又产生了,不可解释的和非逻辑的东西会又一次跳出来。界限所在之处会再一次出现伟大的酒神狄奥尼索斯。

我要指出的是,尼采关于苏格拉底大部分的观点,都直接来自乔治·格罗特那相当乏味的分析。尼采所做的,事实上,就是接受格罗特评价苏格拉底的大部分观点,认为苏格拉底是理性和科学之声,接着又按这种定性,把理性和科学带到审判台前。格罗特崇拜理性,认为理性会引导变革;可尼采讨厌理性,认为理性会窒息生命本有的直觉。他也讨厌英国功利主义,通过抨击格罗特的苏格拉底,他抨击约翰·斯图尔特·密尔所拥护的现代功利主义、现代科学,以

---

* 〔德〕尼采:《悲剧的诞生》,周国平译,三联书店1986年版,第63页。译文有所调整。

** 同上注,第64页。

及现代批判的个人主义。

尼采既然认为苏格拉底是破坏古代悲剧的古代理论人,那他又把谁作为理性的苏格拉底的反面呢?能消解掉苏格拉底、科学、批判的理性主义的力量,就是理查德·瓦格纳和他的音乐。尼采探讨了叔本华的美学,着重说明了音乐为何是古代酒神的悲剧世界的基本钥匙,以及它如何产生了一种新的象征主义。最关键的是,音乐会产生悲剧神话,"……[音乐的]这种精神本身就能产生悲剧"。[10]

音乐能够带来个体毁灭的喜悦。然而,尼采认为,当代最近的音乐没有实现这一目标。尤其是大歌剧在这方面很失败。尼采甚至说:"我们若要一针见血说明苏格拉底文化的本质,莫若称之为'歌剧文化'。"[11]* 毫无疑问,这直接援用了瓦格纳的歌剧和乐剧理论。不过,尼采认为酒神精神体验的深度有希望在德国和欧洲再度复兴。他说:

> 从德意志精神的酒神精神根基,有一种力量兴起来,这力量既然与苏格拉底文化的古代条件毫无共同之处,所以既不能用它来说明,也不能以它来辩护;反之,这力量反而被苏格拉底文化目为洪水猛兽或异端怪物。当然,我是指德国音乐,如众所周知,主要是从巴

---

* 〔德〕尼采:《悲剧的诞生》,周国平译,三联书店1986年版,第80页。

赫到贝多芬，从贝多芬到瓦格纳等音乐泰斗。[12]*

通过瓦格纳的音乐，酒神精神的深度直觉再次与日神精神的形式相结合，一种新美学、新道德的时代就要来临：

> 是的，朋友，同我一起信仰酒神生活，信仰悲剧的再生吧。苏格拉底式人物的时代过去了，您且戴上常春藤的花冠，拿着酒神杖在手上，如果虎豹躺在你脚下摇尾乞怜，您也用不着惊奇呵！现在，放胆做个悲剧英雄吧，因为您必将得救！[13]**

不用说，《悲剧的诞生》让瓦格纳很高兴。在一定意义上，此书与瓦格纳自己在19世纪50年代的理论著作一脉相承。根据当时的标准，瓦格纳和尼采都是非正统的，蔑视了学术规范。尼采没有加任何脚注。瓦格纳没有领会到，一个可以那么才华横溢地写作的人，是不会甘于一直做一个门徒，或是去完成圣诞节家庭购物的仆人。尼采与瓦格纳的分道扬镳，部分原因是尼采这个青年人的思想开始成熟。在《悲剧的诞生》之后，尼采没有再给他的书写上题赠瓦格纳，毕竟，很难再指望他会乐意接受瓦格纳的批评。

不过，尼采与瓦格纳的分裂还有一些深层原因。首先，尼采相信，当瓦格纳成了新德国中产精英追捧的对象，他已

---

* 〔德〕尼采：《悲剧的诞生》，周国平译，三联书店1986年版，第85页。译文有所调整。
** 同上注，第89页。译文有所调整。

第十五章　尼　采

经背弃了自己的艺术和文化目标。《尼伯龙根的指环》在拜罗伊特的首演让尼采深深不安，因为他本期待看到欧洲悲剧复兴，实际情况却更像是德国民族主义的一场庆典。1876年，即演出的那一年，他发表了《理查德·瓦格纳在拜罗伊特》（Richard Wagner at Bayreuth）。这是他最后的亲瓦格纳作品。

尼采与瓦格纳分道扬镳的第二个原因，也是主要原因，是尼采开始拒绝瓦格纳大部分的艺术和艺术理论。最让尼采不能接受的是歌剧《帕西法尔》，其中有潜在的基督教信仰和昭然的种族主义。那个时候，尼采不再推崇叔本华，转而拥护伏尔泰以及启蒙价值。他的音乐品味也改变了，对比才（Bizet）的《卡门》非常倾心，他认为《卡门》那鼓舞人心的旋律是对瓦格纳的矫正。尼采1888年发表了他对瓦格纳最颠覆性的批判，那时瓦格纳已经去世，其遗孀还在为人们对瓦格纳的狂热推波助澜。尼采在《瓦格纳事件》（The Case against Wagner）里指出：

> 瓦格纳的艺术是病态的。他带到舞台上的问题（纯属歇斯底里患者的问题），他痉挛的激情，他过度亢奋的敏感，他那要求愈来愈刺激的佐料的趣味，被他美化为原则的他的反复无常，以及他的男女主人公的选择（他们被看做生理类型——一条病人肖像的画廊！）——这一切描绘出一种病象，这是毫无疑问的。瓦格纳是一个神经官能症者。[14]

尼采与瓦格纳的决裂，在某种意义上是与浪漫主义遗产决裂，尽管他的思想中还有很多浪漫主义成分。他虽然认为自己与启蒙关系更密切，但还是决心要用批判来抵制理性及其应用，正如他在19世纪70年代用批判来抵制瓦格纳现象。

19世纪70年代，尼采已经得出了贯穿他后期所有著作的结论。人类将史无前例地以最极端的方式面对一个没有神的宇宙。之前有人对上帝是否存在提出过否定、质疑或断言。但尼采并不以哲学沉思的方式处理这个问题。在尼采看来，没有神的宇宙意味着人类道德史上最攸关的转折。它意味着人类不得不采取一种与超验事物无关的设定价值观。

尼采与之前科学的或理性主义的自由思想家之间的差别，可以从尼采对大卫·弗里德里希·斯特劳斯著作的批评中窥见一斑，知识分子基督教信仰的消泯与斯特劳斯有很大关系。

> 他以一种可敬的直率声明自己不再是个基督徒，但他不想扰乱别人平静的心；似乎很矛盾的是，他为了丢掉一种联系而去寻找一种联系——事实上也不是那么矛盾。他以一种野蛮的满足，披着人猿谱系学家毛绒绒的外套，把达尔文夸成了人类最伟大的恩人之一——但让我们大感不解的是，他的伦理却彻底没考虑过这个问题："我们的世界观是什么？"
>
> ……斯特劳斯还没有明白，没有什么观念可以让人变得更好或更高尚，为道德寻找基础很难，道德说教也

同样难；他要做的是找到人类善良、同情、爱心和克己的现象，这些确实存在，再从他达尔文主义的预设前提来推导并解释这些现象——不过，他更愿意一步跳到结论，以逃开解释之劳。[15]

斯特劳斯的错误实际上是那个时代所有其他大思想家都会犯的错。每个人都轻率地认为：在基督教缺场的情况下，其他类似于科学、人性、自由国家、种族或民族主义这些东西可以给道德提供基础。相反，尼采拥抱自然主义，并不是不动脑筋的乐观。尼采没有问过哪套价值观该占据支配地位，他认为这些价值观都是人类社会存在的事实，他问的是这些价值到底从哪里来。

尼采激进的道德怀疑，根源于一种同样激进的形而上学怀疑。如果狭义地看待虚无主义，或许说他是个虚无主义者还挺恰当的。尼采的哲学虚无主义否定了世界具有某种形式或内在价值。自然以及作为自然之一部分的人类，如其所是地存在着，没有善也没有恶。整个宇宙就这样如其所是地存在。没有什么在它之上或在它之内的更高价值。存在的现象里没有什么能证明一套道德理当胜过另一套道德。正如尼采曾说："根本就没有道德现象这回事，只有对现象的道德解释。"[16]

这种哲学立场把尼采引向了一种特殊的认识论模式，也引向了对基督教的攻击，以及对当时自由政治的批判。这些都和他对道德的看法相关。尼采想要解决的，是对世界作一种完全自然主义的阐释的可能性和必要性。其中究竟包含些什么内容呢？我们可以从三本书的标题中看出来：

1.《善恶的彼岸》(*Beyond Good and Evil*, 1886)——意味着人要接近世界或人生必须要超越原先所认为的道德或善恶。

2.《论道德的谱系》(*The Genealogy of Morals*, 1887)——意味着道德并不是永恒存在的，而是有其历史和发展过程。

3.《偶像的黄昏》或名曰《怎样用锤子从事哲学》(*Twilight of the Idols; or How One Philosophises with a Hammer*, 1888)——意味着摧毁现有的偶像和哲学、道德、宗教很有必要，如此才能开始新的启程。

在某种意义上，尼采呼唤的是人类要从一种根本的美学立场来面对生活。他们必须要正视生活的现象，依据他们的内心来判断，外界没有任何权威的引导。

尼采相信，世界根本上是没有形式的，人类不得不给它赋予形式。世界就是我们把它造就而成的，并没有一个我们能获取确定知识的客观世界，绝非孔德、密尔或达尔文以为的那样。

对尼采来说，科学不是真正的知识。科学只是传统或有用的知识。它之真，只是因为它让我们能在这个世界上行得通。科学只是理解世界之各种方式中的一种。它没有也不会带来终极知识。尼采推崇科学的明确和实用，但科学本身却非终极智慧或其他价值之源。尼采在《快乐的科学》(*The*

Gay Science 或译为《快乐的知识》《快乐的智慧》——译按）中写道：

> 生活不是论据——我们为自己打造了一个适于生活的世界——安置了各种体、线、面、因与果、动与静、形式与内涵；若是没有这些可信之物，无人能堪活下去！不过，那些东西并未经过验证。生活不是论据；或许生活的前提本身就有错误。[17]*

实际上，尼采几乎要说真理是工具性的。如此一来，他很接近先前实用主义的哲学阵营。对他而言，真理绝不是永恒不变的。真理就是存在于世界并能在世界里行得通的途径。

尼采不认为这种极端的怀疑主义会让人压抑或悲观。他反而认为它是自由之源泉，尽管很多人会觉得这种自由相当可怕。那么，他为何认为怀疑主义是真理之源呢？首先，他的真理观让他从基督教中解脱出来。他与易卜生（Henrik Ibsen）及其他同时代人一样，都认为现有的道德已经不具有约束力，而且根源于基督教。现有道德，不论是基督教的还是功利主义的，都是禁欲的、否定生命的。他对基督教及基督教道德的批判，深入到了欧洲道德观和道德源流的核心之处。他把基督教道德的源头一直追溯到柏拉图和犹太教。基

---

* 〔德〕尼采：《快乐的科学》，黄明嘉译，华东师范大学 2007 年版，第 204 页。译文有所调整。

督教两千年前就结合了两者最糟糕的部分,把人类变得很凡庸。

他对此最为充分的讨论见诸《论道德的谱系》。在此书中,尼采问,判断一事物为善的来源是什么。他说,"善"的判断绝对不是来自于最早知晓善的人。关于何者为善的最早衡定,一定是来自于那些强势的贵族,他们为了自己的实利而设定一种判断善恶的标准。他解释说:

> 从这个起源出发——"好"这个词从一开始就根本**没有**必要和"不自私"的行为相关联:那是道德谱系学家们的偏见。事实上,只是在贵族的价值判断衰落的时候,"自私"和"不自私"的这种全面对立才越来越被强加于人的良知——用我的话说,**群体本能**终于用言辞(而且用多数的言辞)得到了表述。[18]*

贵族定义之善的衰落,代表了民众本能压过了强健的古代贵族的本能,尼采以古希腊为强健贵族本能的代表。贵族价值评判推崇健康、强大、体格矫健而擅长战斗和角力的人。它带有一种对生命的肯定、对力量的认同。随着时间推移,它为一种民众的道德所取代,即那些教士的道德,那些否定世界的人的道德。

尼采认为,古代以色列的道德发展中就已经开始对贵族

---

* 〔德〕尼采:《论道德的谱系》,周红译,三联书店1992年版,第12页。

道德进行重估。重估的工作接下来又由基督教继续，构成了"奴隶的道德反叛"。反叛的核心是尼采所谓的"怨恨"。贵族既然已经面向外部世界并予以肯定，奴隶出于自己的地位就必然否定外在世界。奴隶必须要把自己的无力肯定变得合理，因此他就把否定变得合理而光荣。基督教道德反对权力意志，因而也否定并束缚生命。这种奴隶的道德通过基督教的胜利而遍行于欧洲。它否定了高贵，却赞美低贱、软弱、胆怯。事实上，它否定了人性。

尼采的批判之所以重要，是因为他决意要解释它的重要性。尼采之前的大多数哲学家都认为存在着普世价值。虽然对那些价值具体是什么不一定同意，但都不否认有普世价值存在。而尼采则否认那些价值的独立存在。他指出，基督教价值是来自于那些根本上无权无势的人群和阶级想要使他们权力最大化的需求，于是他们就把作为奴隶存在的价值设定得比贵族还要高尚、宝贵。不仅如此，奴隶的反叛远未结束，19世纪的革命风潮、自由主义、社会主义都让奴隶的反叛甚嚣尘上。他说：

> 法国革命使犹太教再次取得了对古典理想的更具决定意义的、更深刻的胜利，因为从此，欧洲最后的政治高贵，那盛行于17和18世纪的**法国**精神，在民众**怨恨**本能的压力下崩溃了，地球上还从未听见过这样热烈的

喝彩,这样喧嚣的欢呼![19]*

在《论道德的谱系》中另一处,尼采还说现代自由主义只是对基督教的接续,他批评两者都否定人性。

尼采认为,禁欲的理想造成了深远的影响。它给人类提供了一种意义,尤其给苦难提供了意义。它妨碍了人类直面存在原本毫无意义的赤裸现实。而且,禁欲的理想也带来了高昂的代价:

> 我们不能再缄口不谈那全部追求本来所要表达的东西,禁欲主义诱导着这种东西去仇恨人类,甚而仇恨动物界,甚而仇恨物质;禁欲主义理想诱导它憎恶感官、憎恶理性本身,诱导它畏惧幸福和美丽;诱导它要摆脱一切幻觉、变化、生长、死亡、渴望甚至于摆脱追求本身。让我们鼓起勇气面对现实:这一切都意味着**一种虚无意志**、一种反生命的意志,意味着拒绝生命最基本的生存条件。但它还是一种"意志"(will)……最后还是让我用开头的话来结尾:宁可让人追求**虚无**,也**不能**无所追求……[20]**

对道德的终极考察最后显示出,否定生命的道德甚至也以唯意志论为基础。消极的禁欲本身也不是禁欲的,它只是

---

* 〔德〕尼采:《论道德的谱系》,周红译,三联书店 1992 年版,第 35 页。

** 同上注,第 136 页。

权力意志的另一种方式，尼采认为权力意志是一切有意识的存在物的特征。

因此，人类的问题就是找到一种意欲的方式，或安置价值的方式，以肯定生命而不是否定生命。在尼采看来，这根本地包含着一种精英的贵族道德。贵族必须要压倒群众。它所表明的不只是对基督教的否定，也是对一切当代资产阶级意识形态的否定——包括自由主义、功利主义、民族主义、种族主义、素食主义，等等。所有这些都将道德定位的关注点集中在算计结果上，因而就定义而论，它们都是奴隶道德的不同形式。

能够给生活赋予肯定道德的存在者，就是超人（Übermensch），这个词在 20 世纪初被称为"Superman"。它首见于《查拉图斯特拉如是说》一书，概念颇为模糊。超人是肯定生命者，是快乐的、无疚的、本能的，并且能够掌控自己的本能倾向。他似乎存在于未来，因为尼采曾说人类是连接野兽和超人之间的桥梁。在尼采的心目中，超人是一种理想的存在，如果人类丢弃掉基督教和现代自由主义的禁欲理想，人类就有可能成为超人。

近来的评论家往往把这个词中性化，过度引申了尼采的本意，这种做法恐怕是错误的。毫无疑问，尼采从没有认为希特勒这种人会是他所说的超人，尼采心目中的超人更类似于歌德。但无论如何，"超人"都显然不能与自由价值观相容。现在有些人想把尼采"超人"观念以及尼采其他哲学包容进资产阶级文化中，在我看来，这比资产阶级文化妄图同化19世纪主要批评资产阶级文化的观念还要更离谱。

我们这门课程所讲授的这段欧洲思想史，是从卢梭开始的，最后以尼采为结束，这绝非偶然。尼采是卢梭思想的一个最深刻的批判者。卢梭既反对贵族社会，也反对资产阶级社会，他的解决方案是完全平等的社会，然而他所爱的是古代社会的公民道德，可那存在于全然不平等的社会中。他为未来规划的是一幅平等的图景，他对社会的描述，似乎是《圣经》讲的人类堕落的世俗版本。他后来又批评了那些一厢情愿自视甚高地认为自己在道德和经济方面都高于别人的人，认为就是自此而产生了现代社会的弊端，因此想以绝对平等主义来拒斥这种问题。他也想树立起公共意志（General Will）和公民宗教（Civil Religion），认为人们应当甘愿为之付出生命。

尼采彻底痛恨这种观点。他崇敬的是那些卓尔不群的古人。他从卢梭的著述中嗅到了柏拉图的气息，也嗅到了犹太-基督教之世俗化的气息。尼采的思想暗示了卢梭之激进其实是缺乏真正思想的勇气。卢梭把人类描绘成来自自然状态、特性未定而要亲手塑造自身特性的生物，他的观念核心，其实是虚无主义，但卢梭从那里折回了。在此后一个世纪的欧洲思想生活中，被尼采推到思想之前端及核心处的，就是卢梭过去埋下的虚无主义。对尼采而言，人性真是不定的。人必须要确定人性，而尼采发现他同时代的所有意识观念都无法完成这个使命。

注释

Chapter 1: Rousseau's Challenge to Modernity

1. Sophie d'Houdetot quoted in Paul Johnson, *Intellectuals* (New York: Harper & Row, 1988), 2, as quoted in Lester Crocker, *Jean-Jacques Rousseau* (2 vols, New York: Macmillan, 1968-73), vol. I, 353.
2. Jean-Jacques Rousseau, *Emile or On Education*, trans. A. Bloom (New York: Basic Books, 1979), 39-40.
3. Jean-Jacques Rousseau, *Discourse on the Sciences and Art* in *The Basic Political Writings*, trans., ed., Donald A. Cress (Indianapolis: Hackett Publishing Co., 1987), 4.
4. *ibid.*, 4-5.
5. *ibid.*, 6-7.
6. *ibid.*, 5.
7. *ibid.*, 7-8.
8. *ibid.*, 12.
9. *ibid.*, 12.
10. *ibid.*, 13.
11. *ibid.*, 17.
12. Rousseau, *Discourse on the Origin and Foundations of Inequality Among Men*, in *Basic Political Writings*, *op. cit.*, 37-8.
13. Thomas Hobbes, *Leviathan*, ed. Richard Tuck (Cambridge: Cambridge University Press, 1996), 89.
14. Rousseau, *Inequality*, in *Basic Political Writings*, 38.
15. *ibid.*, 38.
16. *ibid.*, 57.
17. Following Jean Starobinski, *Jean-Jacques Rousseau: Transparency and Obstruction*, trans. Arthur Goldhammer (Chicago: University of Chicago Press, 1988), 297ff.
18. Rousseau, *Inequality*, in *Basic Political Writings*, 65.
19. Starobinski, *Jean-Jacques Rousseau*, 299.
20. Jean Jacques Rousseau, *On the Social Contract*, Book I, in *Basic Political Writings*, *op. cit.*, 141.

21. *ibid.*, 141.
22. *ibid.*, 144.
23. *ibid.*, 148.
24. *ibid.*, 150.
25. *ibid.*, 163.
26. *ibid.*, 163.
27. *ibid.*, 226.

Chapter 2: Tocqueville and Liberty

1. T.H. Huxley, *Collected Essays: Volume 1. Methods and Results* (Cambridge: Cambridge University Press, 2011), 51.
2. Alexis de Tocqueville, *Democracy in America*, ed. Isaac Kramnick (New York and London: Norton, 2007), vol. I, 13.
3. *ibid.*, 19.
4. *ibid.*, 12.
5. *ibid.*, vol. I., chap. xiv, 196.
6. *ibid.*, 197.
7. *ibid.*, 198.
8. *ibid.*, vol. I., chap. xv, 210.
9. James Madison, 'Federalist No. 10', in *The Federalist*, ed. J.E. Cooke (Middletown, CT: Wesleyan University Press, 1961); Niccolò Machiavelli, 'Discourses on Livy', ed. John M. Najemy, *The Cambridge Companion to Machiavelli* (Cambridge: Cambridge University Press, 2010).

Chapter 3: J.S. Mill and the Nineteenth Century

1. J.S. Mill, *The Collected Works of John Stuart Mill: I. Autobiography and Literary Essays*, ed. John M. Robson and Jack Stillinger (Abingdon: Routledge, 2013), 107.
2. Thomas Carlyle, 'Sartor Resartus: The Life and Opinions of Herr Teufelsdröckh', in *The Works of Thomas Carlyle*, ed. Henry Duff Traill (Cambridge: Cambridge University Press, 2010), 187.
3. David Ricardo, *On the Principles of Political Economy and Taxation*, in *The Works and Correspondence of David Ricardo: Volume 1, On the Principles of Political Economy and Taxation*, ed. Pierro Sraffa (Cambridge: Cambridge University Press, 1981).
4. Mill, *Autobiography, op. cit.*, 113.
5. *ibid.*, 114.
6. *ibid.*, 137–8.
7. *ibid.*, 193.
8. J.S. Mill, *On Liberty and Other Writings*, ed. Stefan Collini (Cambridge: Cambridge University Press, 1989), 65.
9. *ibid.*, 132–3.

Chapter 4: The Turn to Subjectivity

1. John Wesley, *Works*, ed. F. Baker, 26 vols (Oxford: Oxford University Press, 1975), vol. I, 23–4.
2. Jean-Jacques Rousseau, *Emile, or, On Education: includes Emile and Sophie, or, The Solitaries*, ed. Christopher Kelly and Allen Bloom (Hanover, NH: Dartmouth College Press, 2010), 425.
3. *ibid.*, 428.
4. *ibid.*, 438.
5. *ibid.*, 449.
6. *ibid.*, 451–2.

7. *ibid.*, 454.
8. *Immanuel Kant's Critique of Pure Reason*, trans. Norman Kemp (London: Macmillan, 1933; repr. 1964), B XVI, 22–3.
9. Arthur Schopenhauer, *Two Essays: I. On the Fourfold Root of the Principle of Sufficient Reason, II. On the Will in Nature. A Literal Translation*, trans. Mme Karl Hillebrand (London: George Bell, 1889; repr. Cosimo: New York, 2007), 131–2.

Chapter 5: Medievalism and the Invention of the Renaissance

1. Richard Hurd, *Letters on Chivalry and Romance* (London: Millar, 1762).
2. *Lectures on the History of Literature, Ancient and Modern, from the German of Frederick Schlegel*, trans. J.G. Lockert (Edinburgh and London: William Blackwood and Sons, 1861), lecture vii, 180.
3. *ibid.*, lecture vii, 202–3.
4. *ibid.*, lecture viii, 221.
5. *ibid.*, lecture viii, 222–3.
6. Heinrich Heine, *The Romantic School and Other Essays*, ed. Jost Hermand and Robert C. Holub (New York: Continuum, 2002), 49.
7. Thomas Carlyle, 'Past and Present' [Chap. xvi, 'St Edmund'], in *The Works of Thomas Carlyle*, ed. Henry Duff Traill (Cambridge: Cambridge University Press, 2012), 118.
8. *ibid.*, 133.
9. John Ruskin, *The Stones of Venice: Volume II. The Sea Stories* (London: Smith, Elder & Co., 1853), 161–2.
10. *ibid.*, 163.
11. *ibid.*, 165.
12. John Ruskin, *The Stones of Venice: Vol. III. The Fall* (London: Smith, Elder & Co., 1853), 12.
13. *ibid.*, 95.
14. *ibid.*, 107.
15. *ibid.*, 112.

Chapter 6: Nature Historicised

1. Peter J. Bowler, *The Eclipse of Darwinism* (Baltimore; London: Johns Hopkins University Press, 1983), 3–19.
2. Quoted in Ernst Mayr, *The Growth of Biological Thought: Diversity, Evolution, and Inheritance* (Cambridge, MA: Belknap Press of Harvard, 1982), 353.
3. Charles Lyell, *Principles of Geology*, 4 vols (London: John Murray, 1835), II, 429–30.
4. *ibid.*, 433.
5. Charles Darwin, *On the Origin of Species*, 6th edition (London: John Murray, 1872), 63.
6. *ibid.*, 63–4.
7. T.H. Huxley, *Collected Essays*, 9 vols (London: Macmillan, 1893–4), IX: 'Evolution and Ethics and Other Essays', 81–2.

Chapter 7: Darwin and Creation

1. Thomas Huxley, 'The Origin of Species' (1860), in *Collected Essays*, 9 vols (London: Macmillan, 1893–94), vol. II: 'Darwiniana', 52.
2. The play (1955), loosely based on this trial, was made into a 1960 film starring Spencer Tracy and Fredric March. Peter Goodchild's play was broadcast by the BBC in 2009, and a film starring Brian Dennehy as Clarence Darrow and Fred Thompson as William Jennings Bryan, was released in 2011.
3. William Paley, *Natural Theology* (Philadelphia: John Morgan, 1802), 306.
4. *ibid.*, 309.

5. *ibid.*, 314.
6. *ibid.*, 127.
7. *ibid.*, 339.
8. *ibid.*, 348.
9. *ibid.*, 348.
10. *ibid.*, 340.
11. Darwin to John Lubbock, 22 Nov. 1859, repr. in *The Life and Letters of Charles Darwin, including an Autobiographical Chapter*, 3 vols, ed. Francis Darwin (London: John Murray, 1887), vol. II, 215.
12. Thomas Malthus, *An Essay on the Principle of Population* (London: J. Johnson, 1798), XIX.15 (395).
13. *Life and Letters of Darwin*, vol. I, 394.
14. Louis Agassiz, *The Structure of Animal Life. Six lectures Delivered at the Brooklyn Academy of Music in January and February, 1862* (New York: Scribner, 1866), 122. Quoted in Neal Gillespie, *Charles Darwin and the Problem of Creation* (Chicago: University of Chicago Press, 1979), 27.
15. *Report of the Twenty-Eighth Meeting of the British Association for the Advancement of Science Held at Leeds in September 1858* (London: John Murray, 1859), xc.
16. Leonard Huxley, *The Life and Letters of Thomas Henry Huxley*, 2 vols (New York: Appleton), vol. I, 182. Quoted in Gillespie, *Charles Darwin and the Problem of Creation*, 32.
17. Quoted in Gillespie, *Charles Darwin and the Problem of Creation*, 76.
18. Charles Darwin, *On the Origin of Species by Means of Natural Selection, or the Preservation of Favoured Races in the Struggle for Life*, 1st edn (London: John Murray, 1859), 490.
19. Darwin to J.D. Hooker, 13 July 1856. Repr. in Charles Darwin, *More Letters of Charles Darwin: A Record of his Work in a Series of Hitherto Unpublished Letters*, eds Francis Darwin and A.C. Seward, 2 vols (London: John Murray, 1903), vol. I, 94.
20. These passages first appear in the second edition of *On the Origin of Species* (London: John Murray, 1860), 481, 489–90.
21. *ibid.*, 490.
22. Darwin to Asa Gray, 22 May 1860. Repr. in *Life and Letters*, vol. II, 311–12.

Chapter 8: Marx and the Transcendent Working Class

1. Ludwig Feuerbach, *The Essence of Christianity*, trans. from the second German edition by Marian Evans (New York: Calvin Blanchard, 1855), 267.
2. Karl Marx, 'On the Jewish Question' (1843) in *Early Writings*, ed. Lucio Colletti (London: Penguin, 1992), 216.
3. Karl Marx, 'Economic and Philosophical Manuscripts' (1844) in *ibid.*, 324–5ff.

Chapter 9: The Cult of the Artist

1. John Ruskin, *The Works of John Ruskin*, ed. E.T. Cook and Alexander Wedderburn, 39 vols (London: George Allen, 1903–1912), vol. IV, 239.
2. Sir Joshua Reynolds, 'Discourse IX', *The Discourses of Sir Joshua Reynolds* (London: James Carpenter, 1842), 166.
3. Jean François de Saint-Lambert, 'Génie', *Encyclopédie, ou dictionnaire raisonné des sciences, des arts et des metiers*, ed. Denis Diderot and Jean le Rond d'Alembert (Paris: André le Breton et al. 1751–1772), vol. VII (1757), 582–4 (582).
4. *ibid.*, 582–3.
5. Alexander Pope, *The Works of Shakespear*, ed. Alexander Pope, 6 vols (London, 1725), vol. I, 3.
6. M.H. Abrams, *The Mirror and the Lamp: Romantic Theory and the Critical Tradition* (Oxford: Oxford University Press, 1953).

7. Alexander Pope, 'An Essay on Criticism' (1709), Part II, line 97.
8. Johann Gottlieb Fichte, *Werke*, ed. I.H. Fichte (Berlin: Walter de Gruyter, 1971), vol. I, 284.
9. *ibid.*
10. Friedrich Wilhelm Joseph Schelling, *The Philosophy of Art*, ed. and trans. Douglas W. Stott (1802-03; Minneapolis: University of Minnesota Press, 1989), 31-2.
11. James Engells, *The Creative Imagination: Enlightenment to Romanticism* (Cambridge, MA: Harvard University Press, 1981), 305.
12. Samuel Taylor Coleridge, *Biographia Literaria*, 2 vols (London: West Fenner, 1817), vol. I, 295-6.
13. Friedrich Schiller, *On the Aesthetic Education of Man in a Series of Letters*, ed. and trans. Elizabeth M. Wilkinson and L. A. Willoughby (Oxford: Clarendon Press, 1967), 27-9.
14. *ibid.*, 55-7.
15. *ibid.*, 215-7.
16. This distinction can be found in Friedrich von Schlegel, *Dialogue on Poetry and Literary Aphorisms* (1800a), trans., intro., and ann. Ernst Behler and Roman Struc (University Park: Pennsylvania State University Press, 1968).
17. Percy Bysshe Shelley, 'A Defence of Poetry', in *Essays, Letters from Abroad, Translations and Fragments*, ed. Mary Wollstonecroft Shelley (London: Edward Moxon, 1840), 1-57 (45-6).
18. *ibid.*, 47.
19. *ibid.*, 49.
20. René Wellek, 'The Concept of "Romanticism" in Literary History: II. The Unity of European Romanticism', *Comparative Literature*, 1.2 (Spring, 1949), 147-72 (147).
21. Novalis, *Novalis Schriften. Die Werke Friedrich von Hardenberg*, ed. Richard Samuel, Hans-Joachim Mahl and Gerhard Schulz, 5 vols (Stuttgart: Kohlhammer, 1960-88), 685-6; quoted in Ernst Behler, *German Romantic Literary Theory* (Cambridge: Cambridge University Press, 1993), 183.
22. *ibid.*
23. *ibid.*, vol. III, 569; quoted in Behler, 204.

Chapter 10: Nationalism

1. Benedict Anderson, *Imagined Communities: Reflections on the Origin and Spread of Nationalism* (London: Verso, 1983, 2006 edn), 85.
2. Ernst Moritz Arndt, *The War of Liberation* (1913), quoted in Marvin Perry, *Sources of the Western Tradition. Volume II: From the Renaissance to the Present* (Belmont, CA: Cengage Learning, 2012), 171.
3. Jules Michelet, 'À M. Edgar Quinet', *Le Peuple*, ed. Paul Viallaneix (Paris: Flammarion, 1974), 67-8. The English translation of this letter is given in F. Haskell, *History and its Images* (New Haven, CT: Yale University Press, 1993), 252.
4. Giuseppe Mazzini, *Essays: Selected from the Writings, Literary, Political, Religious of Joseph Mazzini*, ed. William Clark (London: Walter Scott, 1880). Quoted in *The Western Heritage since 1789*, Combined Volume, ed. Donald Kagan, Steven E. Ozment and Frank Turner (Upper Saddle River, NJ: Prentice Hall, 2010), 596.
5. Prague Slav Congress Manifesto (1848) quoted in *The Western Heritage*, ed. Kagan, Ozment and Turner, 651.
6. Sergei Uvarov, quoted in Nicholas Valentine Riasanovsky, *Nicholas I and Official Nationality in Russia, 1815-1855* (Berkeley: University of California Press, 1959), 73-4.
7. Lord Acton, 'Nationality', *The Home and Foreign Review* (July, 1862).

Chapter 11: Race and Anti-Semitism

1. Les Back and John Solomos, eds, *Theories of Race and Racism: A Reader* (New York: Taylor & Francis, 2002).
2. Arthur Gobineau (Comte de), *The Inequality of Human Races*, ed. Oscar Levy, trans. Adrian Collins (London: Heinemann, 1915).
3. Houston Stewart Chamberlain, *Foundations of the Nineteenth Century*, 2 vols, trans. John Lees (London: John Lane, The Bodley Head, 1912).
4. Alexis de Tocqueville, *The European Revolution and Correspondence with Gobineau*, ed. John Lukacs (New York: Doubleday Anchor Books, 1959), 227.

Chapter 12: Wagner

1. Jack M. Stein, *Richard Wagner and the Synthesis of the Arts* (Detroit: Wayne State University Press, 1960), 78.
2. Arthur Schopenhauer, *The World as Will and Idea*, trans. R.B. Haldane (London: Kegan Paul, Trench, Trübner & Co., 1909), vol. I, Book 10.
3. *ibid.*, vol. I, Book 2.
4. *ibid.*
5. *ibid.*, vol. I, p. 257, cited in Ulrich Pothast, *The Metaphysical Vision: Arthur Schopenhauer's Philosophy of Art and Life and Samuel Beckett's Own Way to Make Use of It* (New York: Peter Lang, 2008), 64.
6. Schopenhauer, *World as Will*, vol. I. Book 3.
7. Arthur Schopenhauer, *Philosophical Writings*, ed. Wolfgang Schirmacher (New York: Continuum, 1994), 131.

Chapter 13: The Ideology of Separate Gender Spheres

1. John Stuart Mill, *The Subjection of Women* (New York: Cosimo, 2008), 16.
2. Jean-Jacques Rousseau, *Emile*, trans. Allan Bloom (New York: Basic Books, 1979), Book V, 357.
3. *ibid.*, 361.
4. *ibid.*, 363.
5. Mary Wollstonecraft, *A Vindication of the Rights of Man and a Vindication of the Rights of Woman and Hints*, ed. Sylvana Tomaselli (Cambridge: Cambridge University Press), 74.
6. *ibid.*, 89.
7. *ibid.*, 94.
8. *ibid.*, 113.
9. *ibid.*, 117.
10. George Sand, *The Autobiography of George Sand*, ed. Thelma Jurgrau (Albany, NY: State University of New York Press, 1991), 936.
11. George Sand, *Indiana*, trans. Sylvia Raphael (Oxford: Oxford University Press, 1994), 190.
12. George Eliot, *Middlemarch*, ed. David Carroll (Oxford: Oxford University Press, 1996), Book 1, chapter 7, 58.

Chapter 14: Old Faiths and New

1. Thomas Carlyle, *Sartor Resartus*, ed. W.H. Hudson (London: J.M. Dent, 1908), Book III, chapter 2.
2. Friedrich Schleiermacher, *On Religion*, ed. and trans. Richard Crouter (Cambridge: Cambridge University Press, 1988), 102.
3. *ibid.*, 133.
4. *ibid.*, 138.

5. Franklin Le Van Baumer, ed. *Main Currents of Western Thought* (New Haven: Yale University Press, 1978), 483.
6. Carlyle, *Sartor Resartus*, Book I, chapter 10.
7. *ibid.*

Chapter 15: Nietzche

1. Friedrich Nietzsche, *The Birth of Tragedy and Other Writings*, ed. Raymond Geuss, Ronald Speirs, trans. Ronald Speirs (Cambridge: Cambridge University Press, 1999), Section 3, 22.
2. *ibid.*, Section 1, 18.
3. G.W.F. Hegel, *Lectures on the Philosophy of World History: Introduction*, intro. Duncan Forbes, trans. H.B. Nisbet (Cambridge: Cambridge University Press, 1975), 62.
4. Nietzsche, *Birth of Tragedy*, Section 12, 62.
5. *ibid.*
6. *ibid.*, Section 13, 66.
7. *ibid.*
8. *ibid.*, Section 15, 73.
9. *ibid.*, 74.
10. *ibid.*, Section 16, 76.
11. *ibid.*, Section 19, 89.
12. *ibid.*, 94.
13. *ibid.*, Section 20, 98.
14. Friedrich Nietzsche, *The Anti-Christ, Ecce Homo, Twilight of the Idols, and Other Writings*, ed. Aaron Ridley, Judith Norman, trans. Judith Norman (Cambridge: Cambridge University Press, 2005), Section 5, 242.
15. Friedrich Nietzsche, *Untimely Meditations*, ed. Daniel Breazeale, trans. R.J. Hollingdale (Cambridge: Cambridge University Press, 1997), 29.
16. Friedrich Nietzsche, *Beyond Good and Evil*, ed. Rolf-Peter Horstmann, Judith Norman, trans. Judith Norman (Cambridge: Cambridge University Press, 2002), Part 4, 108, 64.
17. Friedrich Nietzsche, *The Gay Science*, ed. Barnard Williams, trans. Josefine Nauckhoff, Adrian del Caro (Cambridge: Cambridge University Press, 2001), Section 121, 117.
18. Friedrich Nietzsche, *On the Genealogy of Morality*, ed. Keith Ansell-Pearson, trans. Carol Diethe (Cambridge: Cambridge University Press, 1994), Part 1, 2, 13.
19. *ibid.*, 16, 35.
20. *ibid.*, Part 3, 28, 128.

人名简释表

梅耶·霍华德·艾布拉姆斯（Abrams, Meyer Howard, 1912—）：美国文学批评家，以对浪漫主义的评论著称，尤其是著作《镜与灯》（*The Mirror and the Lamp*）。

约翰·阿克顿勋爵（Acton, Lord John, 1834—1902）：英国天主教历史学家、政治家、作家。

埃斯库罗斯（Aeschylus，公元前525/524—公元前456/455）：古希腊三大悲剧大师之首，其他两位为索福克勒斯（Sophocles）和欧里庇得斯（Euripides）。

路易斯·阿加西斯（Agassiz, Louis, 1807—1873）：瑞士生物学家、地质学家、医学家，后为哈佛大学教授。

马修·阿诺德（Arnold, Matthew, 1822—1888）：英国诗人、文化批评家。

恩斯特·莫里茨·阿恩特（Arndt, Ernst Moritz, 1769—1860）：德国爱国作家、诗人。

希波的奥古斯丁（Augustine of Hippo, 354—430）：亦被称做圣·奥古斯丁，早期基督教神学家。

查尔斯·奥斯丁（Austin, Charles, 1799—1874）：英国律师，边沁主义者。

米哈伊尔·巴枯宁（Bakunin, Mikhail, 1814—1876）：俄国革命家，自由社会主义者。

杰里米·边沁（Bentham, Jeremy, 1748—1832）：英国哲学家，功利主义创立者。

奥托·冯·俾斯麦（Bismarck, Otto von, 1815—1898）：普鲁士保守政治家，主导了1871年德国统一。

乔治·比才（Bizet, Georges, 1838—1875）：法国浪漫主义作曲家。

约翰·弗里德里希·布卢门巴赫（Blumenbach, Johann Friedrich, 1752—1840）：德国医学家、生理学家、人类学家。他是首先把人类当做自然史研究对象的人之一。

乔治·布兰代斯（Brandes, Georg, 1842—1927）：丹麦批评家、学者。

皮埃尔·保尔·布罗卡（Broca, Pierre Paul, 1824—1880）：法国医学家、外科医生、解剖学家、人类学家。

威廉·巴克兰（Buckland, William, 1784—1856）：英国神学家、地质学家、古生物学家，威斯敏斯特大教堂教士，后升任教长。

乔治—路易斯·布丰伯爵［Buffon, Georges-Louis（Comte de），1707—1788］：法国自然学家、数学家、宇宙学家。

埃德蒙·柏克（Burke, Edmund, 1729—1797）：爱尔兰政治家、哲学家。

约翰·加尔文（Calvin, John, 1509—1564）：法国神学家，新教改革期间担任牧师，建立了基督教神学体系，领导了日内瓦和瑞士的宗教改革运动。

托马斯·卡莱尔（Carlyle, Thomas, 1795—1881）：苏格兰哲学家，以《旧衣新裁》一书闻名。

恩斯特·卡西尔（Cassirer, Ernst, 1874—1945）：德国哲学家。

埃德温·查德威克爵士（Chadwick, Sir Edwin, 1800—1890）：英国社会改革家。

休斯顿·斯图尔特·张伯伦（Chamberlain, Houston Stewart, 1855—1927）：英国作家，理查德·瓦格纳的女婿。

罗伯特·钱伯斯（Chambers, Robert, 1802—1871）：苏格兰

出版商、地质学家、进化思想家，《自然创造史的遗迹》(*The Vestiges of the Natural History of Creation*)一书的匿名作者，此书引发了论战风暴。

弗朗索瓦—勒内·德·夏多布里昂(Chateaubriand, François-René de, 1768—1848)：法国作家、政治家、外交家、历史学家。

乔治·克劳森爵士(Clausen, Sir George, 1852—1944)：英国画家。

塞缪尔·泰勒·柯勒律治(Coleridge, Samuel Taylor, 1772—1834)：英国诗人、文学批评家，威廉·华兹华斯的好友，英国浪漫主义的奠基人。

奥古斯特·孔德(Comte, Auguste, 1798—1857)：法国哲学家，社会学之父，实证主义开创者。

雅克—路易·大卫(David, Jacques-Louis, 1748—1825)：法国新古典风格画家，后支持法国大革命。

查尔斯·达尔文(Darwin, Charles, 1809—1882)：英国自然学家，以对进化论的贡献而著称。

伊拉斯谟·达尔文(Darwin, Erasmus, 1731—1802)：英国医学家、自然哲学家，英国中部启蒙运动的关键思想家，查尔斯·达尔文的祖父。

勒内·笛卡尔(Descartes, René, 1596—1650)：法国哲学家、数学家，科学革命和西方哲学的关键人物。

德尼·狄德罗(Diderot, Denis, 1713—1784)：法国哲学家，与达朗伯(Jean le Rond d'Alembert)共同发起编写《百科全书》，担任主编和撰写者。

约瑟夫·多布罗夫斯基(Dobrobsky, Josef, 1753—1829)：波西米亚语言学家、历史学家，捷克复国运动核心人物。

埃米尔·涂尔干（Durkheim, Émile,1858—1917）：法国社会学家。

乔纳森·爱德华兹（Edwards, Jonathan,1703—1758）：美国传教士、神学家，普林斯顿大学校长。

奥古斯塔斯·艾格（Egg, Augustus,1816—1863）：维多利亚时代艺术家，以三联幅画作《过去与现在》（Past and Present, 1858）闻名。

阿尔伯特·爱因斯坦（Einstein, Albert,1879—1955）：理论物理学家，生于德国，相对论的提出者。

乔治·艾略特（Eliot, George, 1819—1880）：玛丽·安·伊万斯（Mary Anne Evans）的笔名，英国小说家、翻译家，维多利亚时代文学巨匠。

拉尔夫·沃尔多·爱默生（Emerson, Ralph Waldo, 1803—1882）：美国散文作家、诗人，领导了19世纪的超验运动。

弗里德里希·恩格斯（Engels, Friedrich,1820—1895）：德国社会科学家、政治理论家，1848年与卡尔·马克思合作撰写了《共产党宣言》。

欧里庇得斯（Euripides,公元前480—406）：古雅典三大悲剧大师之一，另外两位是埃斯库罗斯和索福克勒斯。

路德维希·费尔巴哈（Feuerbach, Ludwig, 1804—1872）：德国哲学家、人类学家，以《基督教的本质》最为出名，奠定了卡尔·马克思思想的基础。

约翰·戈特利布·费希特（Fichte, Johann Gottlieb, 1762—1814）：德国哲学家，德国唯心主义创始人。

本纳德·福斯特（Förster, Bernard,1843—1889）：极端反犹太主义煽动者，哲学家尼采的妹夫。

伊丽莎白·福斯特—尼采

(Förster-Nietzsche, Elisabeth, 1846—1935)：哲学家弗里德里希·尼采的妹妹。

让·奥诺雷·弗拉戈纳尔(Fragonard, Jean-Honoré, 1732—1806)：法国画家。

爱德华·A. 弗里曼(Freeman, Edward A., 1823—1892)：英国历史学家、自由派政治家。

弗朗西斯·高尔顿(Galton, Sir Francis, 1822—1911)：维多利亚时代博学家，查尔斯·达尔文的表弟。

朱塞佩·加里波第(Garibaldi, Giuseppe, 1807—1882)：意大利将军、政治家，意大利统一之父。

路德维格·盖耶(Geyer, Ludwig, 1779—1821)：德国演员、剧作家、画家。

爱德华·吉本(Gibbon, Edward, 1737—1794)：英国历史学家、政治家，以其六卷本《罗马帝国衰亡史》闻名。

阿瑟·戈宾诺伯爵[Gobineau, Arthur (Comte de), 1816—1882]：法国贵族，小说家、作家。

亚历山大·格兰特爵士(Grant, Sir Alexander, 1826—1884)：英国教育学家，亚里士多德研究者，爱丁堡大学校长。

阿萨·格雷(Gray, Asa, 1810—1888)：被誉为19世纪美国最重要的植物学家。

约翰·理查德·格林(Green, John Richard, 1837—1883)：英国历史学家。

乔治·格罗特(Grote, Geoge, 1794—1871)：英国政治激进派，古典历史学家。

大卫·哈特利(Hartley, David, 1705—1757)：英国哲学家，联想主义心理学的先驱。

格奥尔格·威廉·黑格尔(Hegel, Georg Wilhelm, 1770—1831)：德国哲学家，德国唯心主义主要人物。

海因里希·海涅（Heine, Heinrich, 1797—1856）：德国诗人、记者、散文作家、文学批评家。

荷马（Homer）：古希腊最伟大的史诗作家，《伊利亚特》及《奥德赛》的作者。

约瑟夫·道尔顿·胡克爵士（Hooker, Sir Joseph Dalton, 1817—1911）：19世纪伟大的探险家、植物学家，查尔斯·达尔文的好友。

理查德·赫德（Hurd, Richard, 1720—1808）：英国主教、作家，《关于骑士制度与传奇的信札》（Letters on Chivalry and Romance）一书是浪漫主义的先声。

安妮·哈钦森（Hutchinson, Anne, 1591—1643）：清教精神导师，参与了1636年至1638年震动马萨诸塞湾殖民地的唯信仰论辩论。

托马斯·亨利·赫胥黎（Huxley, Thomas Henry, 1825—1895）：英国生物学家。

托马斯·霍布斯（Hobbes, Thomas, 1588—1679）：英国政治哲学家，因其出版于1651年的著作《利维坦》而广为人知。

维克多·雨果（Hugo, Victor, 1802—1885）：法国诗人、小说家、戏剧家，浪漫主义核心人物。

大卫·休谟（Hume, David, 1711—1776）：苏格兰哲学家、历史学家、经济学家，以经验主义和怀疑主义著称。

约瑟夫·休谟（Hume, Joseph, 1777—1855）：苏格兰医生，激进政治分子。

詹姆斯·赫顿（Hutton, James, 1726—1797）：苏格兰地质学家、医学家，率先提出均变论，以地质时间而非圣经时间来解释地球。

亨利克·易卜生（Ibsen, Henrik, 1828—1906）：挪威剧作家、戏

剧导演、诗人。

康内留斯·詹森（Jansen, Cornelius, 1585—1638）：伊普尔天主教主教，詹森主义运动之父。

威廉·琼斯爵士（Jones, Sir William, 1746—1794）：盎格鲁-威尔士哲学家，古印度研究学者。

本杰明·乔伊特（Jowett, Benjamin, 1817—1893）：英国神学家，柏拉图著作的翻译者，牛津大学巴利奥尔学院院长。

伊曼努尔·康德（Kant, Immanuel, 1724—1804）：德国哲学家，现代哲学核心人物。

约翰·济慈（Keats, John, 1795—1821）：英国浪漫诗人。

鲁德亚德·吉卜林（Kipling, Rudyard, 1865—1936）：英国短篇故事作家、诗人、小说家。

罗伯特·诺克斯（Knox, Robert, 1791—1862）：苏格兰外科医生、解剖学家、动物学家。

奥古斯特·冯·科策布（Kotzebue, August von, 1761—1819）：德国戏剧家、作家，1819年被卡尔·路德维格·桑谋杀。

艾尔弗雷德·克房伯（Krupp, Alfried, 1907—1967）：德国实业家，二战时的军火制造商和供应商。

让-巴蒂斯特·拉马克（Lamarck, Jean-Baptiste, 1744—1829）：法国自然学家，进化观念的先驱。

莱顿·弗里德里克爵士（Leighton, Lord Frederic, 1830—1896）：英国画家、雕塑家。

弗拉基米尔·伊里奇·（乌里扬诺夫）·列宁［Lenin, Vladimir Iyich（Ulyanov）, 1870—1924］：俄国共产主义革命者。

卡尔·林奈（Linnaeus, Carl, 1707—1778）：瑞典植物学家、医学家、动物学家，现代生物分类学鼻祖。

约翰·洛克(Locke, John, 1632—1704):英国哲学家。

爱德华·朗(Long, Edward, 1734—1813):英国殖民地行政官,历史学家,《牙买加史》的作者。

路易十六(Louis XVI of France, 1754—1793):1774年开始为法国国王,法国大革命中被处死。

巴伐利亚的路德维希二世(Ludwig II of Bavaria, 1845—1886):巴伐利亚国王,任期自1864到去世,瓦格纳的赞助人。

马丁·路德(Luther, Martin, 1483—1546):德国修道士、神学家,新教改革的发起人。

斯巴达的吕库古(Lycurgus of Sparta, 约公元前820—公元前730):斯巴达立法者,为斯巴达社会建立了以军事为导向的改革,他的改革指向斯巴达三种美德:平等、强健、简朴。

查尔斯·赖尔爵士(Lyell, Sir Charles, 1797—1875):英国律师,19世纪最著名的地质学家。

约翰·雷姆赛·麦克库洛赫(McCulloch, John Ramsay, 1789—1864):苏格兰经济学家、作家、编辑,在李嘉图1823年去世之后领导了李嘉图经济学派。

尼可罗·马基雅维利(Machiavelli, Niccolò, 1469—1527):意大利历史学家、政治家、哲学家,意大利文艺复兴的核心人物。

詹姆斯·麦迪逊(Madison, James, 1751—1836):美国政治家、政治理论家,第四任美国总统(1809—1817)。

托马斯·马尔萨斯(Malthus, Thomas, 1766—1834):英国牧师、学者,以《人口论》著称。

托马斯·曼(Mann, Thomas, 1875—1955):德国小说家。

简·马舍特(Marcet, Jane,

1769—1858）：写作科学普及读物的成功先驱，古典经济学思想的普及作家。

威廉·马尔（Marr, Wilhelm, 1819—1904）：德国"反犹太主义"的鼓动者和传播者。

约翰·马丁（Martin, John, 1789—1854）：英国浪漫主义画家。

卡尔·马克思（Marx, Karl, 1818—1883）：德国哲学家，革命社会主义者。

朱塞佩·马志尼（Mazzini, Giuseppe, 1805—1872）：意大利政治家、记者，意大利统一之核心人物。

菲利克斯·门德尔松（Mendelssohn, Felix, 1809—1847）：德国作曲家。

克莱门斯·冯·梅特涅（Metternich, Klemens von, 1773—1859）：奥地利政治家，1809年至1848年任奥地利帝国外交部长。

贾科莫·梅耶贝尔（Meyerbeer, Giacomo, 1791—1864）：普鲁士歌剧作曲家。

儒勒·米什莱（Michelet, Jules, 1798—1874）：法国历史学家。

哈丽雅特·泰勒·密尔（Mill, Harriet Taylor, 1807—1858）：哲学家，女权倡导者，第二任丈夫为约翰·斯图尔特·密尔，因她对密尔的影响而广为人知。

詹姆斯·密尔（Mill, James, 1773—1836）：约翰·斯图尔特·密尔之父，苏格兰历史学家、经济学家、政治理论家、哲学家，与大卫·李嘉图共同创立了古典经济学。

约翰·斯图尔特·密尔（Mill, John Stuart, 1806—1873）：英国哲学家、政治经济学家、公务员，功利主义的倡导者。

圣·乔治·杰克逊·米瓦特（Mivart, St. George Jackson, 1827—1900）：英国生物学家，

起初信奉自然选择学说,后来强烈反对。

威廉·拿骚·莫尔斯沃斯(Molesworth, William Nassau, 1816—1890):英国教士、历史学家、高教会派成员。

查尔斯-路易斯·孟德斯鸠男爵[Montesquieu, Charles-Louis, (Baron de), 1689—1755]:法国社会评论家、政治思想家。

本尼迪克·奥古斯丁·莫雷尔(Morel, Bénédict Augustin, 1809—1873):法国精神病专家,在退化论领域很有影响力。

F. 马克斯·穆勒(Müeller, F. Max, 1823—1900):德国哲学家,牛津教授。

约翰·亨利·纽曼(Newman, John Henry, 1801—1890):圣公会牧师,后为罗马天主教会红衣主教,牛津运动的领导者。

艾萨克·牛顿(Newton, Sir Isaac, 1643—1727):英国物理学家、数学家,科学革命的核心人物。

马克斯·诺尔道(Nordau, Max, 1849—1923):犹太复国运动领袖,作家、社会批评家,以《退化论》一书著称。

诺瓦利斯(Novalis, 1772—1801):原名弗里德里希·冯·哈登贝格(Friedrich von Hardenberg),德国诗人、作家,德国早期浪漫主义哲学家。

理查德·欧文(Owen, Sir Richard, 1804—1892):英国生物学家、古生物学家,查尔斯·达尔文公开的反对者。

威廉·佩利(Paley, William, 1743—1805):英国教士、基督教护教论者、哲学家,其《自然神学:或自然现象中神之存在与属性的证据》一书从自然中可观察到的神设计痕迹来论证上帝的存在,以自然神学观点而著名。

布莱士·帕斯卡(Pascal, Blaise, 1623—1662):法国数学家、物理学家、作家、基督教哲学家。

卡尔·皮尔逊(Pearson, Karl, 1857—1936):数理统计的创始人,优生学家。

伯里克利(Pericles, 公元前495—公元前429):古希腊著名政治家、演说家。

彼得大帝(Peter the Great, 1672—1725):彼得一世,原名彼得·阿列克谢耶维奇,俄国沙皇。

路易斯·菲利普(Philippe, Louis, 1773—1850):1830年至1848年间七月王朝的法国国王,1848年被迫退位,流亡到英国。

柏拉图(Plato,公元前428/423—348/347):古希腊哲学家、数学家,苏格拉底弟子。

约瑟夫·普里斯特利(Priestley, Joseph, 1733—1804):英国神学家、非主流牧师、自然哲学家、政治理论家,以发现氧气著称。

乔舒亚·雷诺兹(Reynolds, Sir Joshua, 1723—1792):著名画家,英国皇家学会首任会长。

大卫·李嘉图(Ricardo, David, 1772—1823):英国政治经济学家,古典经济学创始人。

约翰·阿瑟·洛巴克(Roebuck, John Arthur, 1802—1879):英国政治家,与激进派及功利主义改革者关系密切。

让-雅克·卢梭(Rousseau, Jean-Jacques, 1712—1778):日内瓦哲学家,其著作影响了法国大革命和启蒙运动以来的西方思想。

约翰·罗斯金(Ruskin, John, 1819—1900):维多利亚时代英国文艺批评领袖。

让-弗朗索瓦·德·圣-兰伯特(Saint-Lambert, Jean François de, 1716—1803):法国诗人、哲学家、军官。

圣西门伯爵［Saint Simon（Comte de），1760—1825］：法国空想社会主义者，开创了圣西门团体。

卡尔·路德维格·桑（Sand, Carl Ludwig, 1795—1820）：德国学生，因谋杀保守剧作家科策布而于次年被处决。

乔治·桑（Sand, George, 1804—1876）：阿曼婷·露西·奥罗尔·杜邦的笔名，法国小说家。

奥古斯特·威廉·施莱格尔（Schlegel, August Wilhelm, 1767—1845）：德国诗人、翻译家、批评家，与其弟卡尔·威廉·弗里德里希同为德国浪漫主义的领袖人物。

卡尔·威廉·弗里德里希·施莱格尔（Schlegel, K. W. F, 1772—1829）：德国诗人，文学批评家，哲学家，与其兄奥古斯特·威廉同为浪漫主义核心人物。

弗里德里希·施莱尔马赫（Schleiermacher, Friedrich, 1768—1834）：德国神学家、哲学家，试图把启蒙批评与新教神学综合到一起。

阿瑟·叔本华（Schopenhauer, Arthur, 1788—1860）：德国哲学家，《作为意志与表象的世界》的作者。

约瑟夫·阿罗伊斯·熊彼特（Schumpeter, Joseph Alois, 1883—1950）：美国经济学家，以1911年的《经济发展理论》最为著名。

沃尔特·司各特（Scott, Sir Walter, 1771—1832）：苏格兰历史小说家、剧作家、诗人。以《罗布·罗伊》（*Rob Roy*）和《湖上夫人》（*The Lady of the Lake*）等著作在19世纪声名卓著。

亚当·塞奇威克（Sedgwick, Adam, 1785—1873）：现代地质学的开创人之一，达尔文的剑桥学友,后成为达尔文的反对者。

纳索·威廉·西尼尔(Senior, Nassau William, 1790—1864):英国经济学家,政府经济和社会政策顾问。

威廉·莎士比亚(Shakespeare, William, 1564—1616):英国诗人、剧作家。

乔治·本纳德·萧伯纳(Shaw, George Bernard, 1856—1950):爱尔兰剧作家,伦敦经济学院的联合创始人之一。

珀西·比希·雪莱(Shelley, Percy Bysshe, 1792—1822):英国主要浪漫诗人之一。

亚当·斯密(Smith, Adam, 1723—1790):苏格兰道德哲学家,苏格兰启蒙运动的核心人物,经济学家,以1776年发表的《国富论》闻名。

苏格拉底(Socrates,公元前470/469—公元前399):古希腊哲学家,西方哲学传统的奠基人。

雅典的梭伦(Solon of Athens,公元前638—公元前558):雅典政治家、立法者、诗人。

索福克勒斯(Sophocles,公元前497/496—公元前406/405):古希腊三大悲剧作家之一,另外两位分别是埃斯库罗斯、欧里庇得斯。

赫伯特·斯宾塞(Spencer, Herbert, 1820—1903):英国哲学家、生物学家。

巴鲁赫·斯宾诺莎(Spinoza, Baruch, 1632—1677):即本尼迪克特·德·斯宾诺莎,荷兰哲学家。

热尔曼娜·德·斯塔尔(Staël, Germaine de, 1766—1817)即斯塔尔夫人(Madame de Staël),法国女作家,祖籍瑞士,拿破仑的主要反对者之一,欧洲浪漫主义作家。

大卫·弗里德里希·斯特劳斯(Strauss, David Friedrich, 1808—1874):德国神学家、作

家,因否认耶稣基督的神圣性而臭名昭著。

威廉·斯塔布斯(Stubbs, William, 1825—1901):英国历史学家,牛津主教。

乔纳森·斯威夫特(Swift, Jonathan, 1667—1745):盎格鲁-爱尔兰讽刺文学家、随笔作家。

艾尔弗雷德·丁尼生爵士(Tennyson, Lord Alfred, 1809—1892):维多利亚时代英国桂冠诗人。

阿历克西·德·托克维尔(Tocqueville, Alexis de, 1805—1859):法国政治思想家、历史学家。

罗伯特·托伦斯上校(Torrens, Colonel Robert, 1780—1864):军事领袖、政治经济学家、下院议员,在大卫·李嘉图之前就发现了国际贸易的比较优势理论,并在1815年付诸文字。

J. M. W. 透纳(Turner, J. M. W, 1775—1851):英国浪漫风景画家。

马克·吐温(Twain, Mark, 1835—1910):本名塞缪尔·兰亨·克莱门(Samuel Langhorne Clemens),他1885年发表的《哈克贝利·费恩历险记》(亦称《顽童流浪记》)被视为"美国最伟大的小说"之典范。

谢尔盖·乌瓦罗夫(Uvarov, Sergey, 1786—1855):俄国古典学者,沙俄尼古拉一世时期的著名政治家。

克洛蒂尔·德·沃克斯(Vaux, Clotide de, 1815—1846):法国作家、诗人,孔德的人道教乃受其启发。

维吉尔(Virgil, 公元前70—公元前19):古罗马奥古斯都时代诗人,以史诗《埃涅阿斯纪》(Aeneid)闻名,传统中被誉为罗马最伟大的诗人之一。

伏尔泰(Voltaire,1694—1778):弗朗索瓦-马利·阿鲁埃(François-Marie Arouet)的笔名,法国启蒙哲学家、作家、历史学家。

理查德·瓦格纳(Wagner, Richard,1813—1883):德国作曲家、指挥家。

柯西玛·瓦格纳(Wagner, Cosima,1837—1930):弗朗兹·李斯特之女,第二任丈夫为理查德·瓦格纳。

艾尔弗雷德·罗素·华莱士(Wallace, Alfred Russell,1823—1913):英国自然学家、探险家、独立学者,提出了自然选择的进化理论。

汉弗莱·沃德夫人(Ward, Mrs. Humphry,1851—1920):玛丽·奥古斯塔·沃德的笔名,英国小说家,马修·阿诺德的侄女。

乔赛亚·韦奇伍德(Wedgwood, Josiah,1730—1795)英国陶瓷匠,韦奇伍德公司创始人,使陶瓷制作产业化而受到赞誉,著名的反奴运动活动家。

约翰·卫斯理(Wesley, John,1703—1791):圣公会牧师,基督教神学家,因与其弟查尔斯·卫斯理开创了循道会运动而广受尊敬。

塞缪尔·威尔伯福斯(Wilberforce, Samuel,1805—1873):英国主教,因1860年与托马斯·亨利·赫胥黎就自然选择理论辩论而出名。

奥斯卡·王尔德(Wilde, Oscar,1854—1900):爱尔兰作家、诗人。

威廉·惠威尔(William Whewell,1794—1866):英国博学家、圣公会教士、哲学家、科学神学家、科学史学家,剑桥大学三一学院院长。

伍德罗·威尔逊(Wilson, Woodrow,1856—1924)美国第28任总统,1913—1921在任。

约翰·J. 温克尔曼（Winckelmann, Johann J., 1717—1768）：德国艺术史学家、考古学家。

乔治·维特菲尔德（Whitfield, George, 1714—1770）：亦称为乔治·怀特菲尔德（George Whitefield），圣公会传教士，在英国和美国推动大觉醒运动，循道宗及信仰复兴运动的创始人之一。

罗杰·威廉姆斯（Williams, Roger, 约1603—1683）英国新教神学家，政教分离的早期倡导者。

玛丽·沃斯通克拉夫特（Wollstonecraft, Mary, 1759—1797）：英国作家，《女权辩护》的作者。

弗吉尼亚·伍尔芙（Woolf, Virginia, 1882—1941）：英国作家，现代主义者。

威廉·华兹华斯（Wordsworth, William, 1770—1850）：英国浪漫诗人。

托马斯·杨（Young, Thomas, 1773—1829）：英国博学家、科学家、语言学家。

尼古拉斯·路德维希·冯·辛生道夫（Zinzendorf, Nikolaus Ludwig von, 1700—1760）：德国宗教与社会改革家，摩拉维亚教会主教。

延伸阅读

Textbooks to accompany the lectures

Donald Kagan, Steven Ozment and Frank M. Turner, *The Western Heritage*, 10th edn, Upper Saddle River, NJ: Prentice Hall, 2010. Published both as two volumes and as a single, combined volume. The textbook originally set to accompany these lectures. A survey reader/text book, the chief merit of which is its scholarly standard and immense chronology, which starts in the ancient world.

James C. Livingston, *Modern Christian Thought*, 2nd edn, Upper Saddle River, NJ: Prentice Hall, 2006. A two-volume survey from the Enlightenment to the late twentieth century. Extremely useful for scoping theological concepts and debates no longer familiar.

Single-volume histories and conceptual approaches

M.H. Abrams, *The Mirror and the Lamp: Romantic Theory and Critical Tradition*. Oxford: Oxford University Press, 1953. Classic survey and taxonomy of different rhetorical formulations of a subjective (or romantic) aesthetic as it emerged and distinguished itself from 'classical' forebears.

J.W. Burrow, *The Crisis of Reason: European Thought 1848–1914*, New Haven, CT: Yale University Press, 2000. Not an easy book, but a notable volume because of the vast terrain covered, the attention to science, and Burrow's awareness of the world beyond the English-speaking world, in particular Germany.

Ernst Mayr, *The Growth of Biological Thought: Diversity, Evolution, and Inheritance*, Cambridge, MA: The Belknap Press, 1985. An excellent single-volume history providing necessary context for evolutionary thinking.

Karen Offen, *European Feminisms 1700–1950, a Political History*, Stanford, CA: Stanford University Press, 2000. Essential overview.

Anthony Pagden, *The Enlightenment and Why It Still Matters*, Oxford: Oxford University Press, 2013. Restatement of the case for the Enlightenment.

Daniel L. Pals, *Seven Theories of Religion*, Oxford: Oxford University Press, 1996. Pals offers brief and cogent introductions to seven classic theories of religion. While these are mostly from the twentieth century, Chapter 4 addresses Marx, and the volume, taken as an entity, is evidence itself for the self-consciousness of modernity where religion is concerned, and the breaking-down of dominant orthodoxies towards heterogeneity. A useful companion to Livingston, above.

Peter Hanns Reill, *Vitalizing Nature in the Enlightenment*, Berkeley: University of California Press, 2005. A major contribution that muddies one conventional view of the Enlightenment as being reducible to instrumental reason.

Leslie Stevenson, David L. Haberman and Peter Matthews Wright, *Twelve Theories of Human Nature*, 6th edn, Oxford: Oxford University Press, 2013. Essential reading.

Jonathan Wolff, *An Introduction to Political Philosophy*, Oxford: Oxford University Press, 2006. An accomplished introduction to political philosophy, with strong coverage of Rousseau and Mill.

Chapter 1: Rousseau's Challenge to Modernity

Richard Cobb, *Reactions to the French Revolution*, Oxford: Oxford University Press, 1972. Cautions against an overly literal discussion of Rousseau's influence in practical terms.

Nicholas Dent, *Rousseau*, Abingdon, UK: Routledge, 2005. Deliberately aimed at students with no prior knowledge of Rousseau, as an introduction to the man and his thought.

Karl Popper, *The Open Society and its Enemies, Vol. 1*, London: Routledge, 1945. Abrasive clash with Rousseau's legacy, which is also traced to Plato.

Patrick Riley, *The Cambridge Companion to Rousseau*, Cambridge: Cambridge University Press, 2001. Useful primer that includes Rousseau's political thought but also considers his interest in education, religion, music, theatre and psychology.

David Trimble, *Rt. Hon. David Trimble's Nobel Peace Prize Acceptance Speech*, delivered in Oslo on December 10th 1998, see: http://www.davidtrimble.org/speeches_nobelprize.htm. A remarkable meditation by the future First Minister of Northern Ireland on Rousseau's contemporary political resonance.

Chapter 2: Tocqueville and Liberty

Hugh Brogan, *Alexis de Tocqueville: A Life*, New Haven, CT: Yale University Press, 2007. A modern, accessible and comprehensive biography of Tocqueville.

Harvey C. Mansfield, *Tocqueville: A Very Short Introduction*, Oxford: Oxford University Press, 2010. An accessible introductory overview of the man and his thought.

Alexis de Tocqueville, *Democracy in America*, ed. Isaac Kramnick, New York: Norton, 2007: 673–683. Imparts a flavour of the initial British reaction to Tocqueville's thought, through this reprinted essay in the *London Review* by J.S. Mill, from 1835.

Chapter 3: J.S. Mill and the Nineteenth Century

Nicholas Capaldi, *John Stuart Mill: A Biography*, Cambridge: Cambridge University Press, 2004. An accessible and scholarly biography.

Stefan Collini, *Public Moralists, Political Thought and Intellectual Life in Great Britain 1850–1930*, Oxford: Clarendon, 1991. Situates liberalism across a deliberately longer chronology.

J.A. Froude, *Thomas Carlyle: A History of the First Forty Years of his Life, 1795–1835*, 2 vols, London, 1882. A contemporary critique of Mill's belief that virtue led to happiness.

Allen C. Guelzo, *Abraham Lincoln: Redeemer President*, Grand Rapids, MI: Eerdmans, 1999. Chapter 3 involves a striking account of Mill's influence on the young Lincoln, especially Mill's religious scepticism and belief in a doctrine of 'philosophical necessity'.

Boyd Hilton, *A Mad, Bad and Dangerous People? England 1783–1846*, Oxford: Oxford University Press, 2008. Situates Mill's thinking in the great social, political and financial debates of the early Victorian period.

John Stuart Mill, *On Liberty and Other Writings*, ed. Stefan Collini, Cambridge: Cambridge University Press, 1989. Scholarly edition, the introduction to which includes a valuable overview of the intellectual contexts that shaped Mill's world.

John Stuart Mill, *On Liberty*, David Bromwich and George Kateb, eds, New Haven, CT: Yale University Press, 2003. Another critical edition with six essays that bring Mill's legacy to bear on early twenty-first-century issues.

William Thomas, *The Philosophical Radicals: Nine Studies in Theory and Practice, 1817–1841*, Oxford: Oxford University Press, 1979. A classic portrait of the politically engaged writing that shaped the young Mill's thinking.

Chapter 4: The Turn to Subjectivity

Bryan Magee, *The Philosophy of Schopenhauer*, rev. edn, Oxford: Oxford University Press, 1997. An excellent single volume dealing with all aspects of Schopenhauer's life and thought.

Roger Scruton, *Kant*, Oxford: Oxford University Press, 2001. A vigorous and clear introduction to an exceptionally complex philosophy.

Robert Wokler, *Rousseau*, Oxford: Oxford University Press, 2001. Positions Rousseau's philosophy within a visionary ideal of mankind's self-realisation towards unconditional freedom as individuals.

Chapter 5: Medievalism and the Invention of the Renaissance

William J. Bouwsma, *The Waning of the Renaissance 1550–1640*, New Haven, CT: Yale University Press, 2000. Brilliant revision of the understanding of the Renaissance that began with Jacob Burckhardt.

Jacob Burckhardt, *The Civilization of the Renaissance in Italy*, London: Phaidon Press, 1945. Originally published in 1860, this work was perhaps the most influential nineteenth-century account of the triumph of humanist Renaissance values over those of the Middle Ages.

Walter Pater, *Studies in the History of the Renaissance*, Oxford: Oxford University Press, 2010. Modern edition of a classic nineteenth-century account of the Renaissance. See the Preface in particular.

Roy Porter and Mikulas Teich, *Romanticism in National Context*, Cambridge: Cambridge University Press, 1988. An important set of essays charting the turning-away from the contemporary world across nineteenth-century Europe.

W.K. Wimsatt and Cleanth Brooks, *Literary Criticism: A Short History*, New York: Knopf, 1957. See Chapter 24. A powerful meditation on the way different generations understood their relationship to their ancestors. The authors show how Renaissance thinkers looked back reverentially to an earlier Golden Age, much as some individuals in the nineteenth century considered the Renaissance.

Chapter 6: Nature Historicised

Neal Gillespie, *Charles Darwin and the Problem of Creation*, Chicago: University of Chicago Press, 1979. The theological and sociological grounds behind Darwin's conversion from creationist to evolutionist.

William Irvine, *Apes, Angels, and Victorians: The Story of Darwin, Huxley, and Evolution*, New York: McGraw-Hill, 1955. A classic account.

Robert J. Richards, *Darwin and the Emergence of Evolutionary Theories of Mind and Behavior*, Chicago: University of Chicago Press, 1987. An account of the impact of Darwin on psychology.

Frank M. Turner, *Between Science and Religion: The Reaction to Scientific Naturalism in Late Victorian England*, New Haven, CT: Yale University Press, 1974. Demonstrates how religiously minded 'scientific naturalists' found other avenues and forms of belief to satisfy their spiritual inclinations after Darwin.

Chapter 7: Darwin and Creation

Peter J. Bowler, *Evolution: The History of an Idea*, 4th edn, Berkeley, CA: University of California Press, 2009. Valuable single-volume account.

Peter J. Bowler, *The Eclipse of Darwinism*, Baltimore, MD: The Johns Hopkins University Press, 1983. A reminder that around 1900 there was a great loss of momentum in the 'Darwinian Revolution', owing to Darwin's inability to explain the mechanism of inheritance and speciation.

Adrian Desmond and James Moore, *Darwin: The Life of a Tormented Evolutionist*, London: Michael Joseph, 1991. Scholarly biography of Darwin.

Dov Ospovat, *The Development of Darwin's theory: Natural history, Natural Theology and Natural Selection 1838–1859*, Cambridge: Cambridge University Press, 1981. Shows how there was a theological basis for much of Darwin's original 1838–44 theory.

Chapter 8: Marx and the Transcendent Working Class

Rolf Hosfeld, trans. Bernard Heise, *Karl Marx, an Intellectual Biography*, New York: Berghahn, 2013. Slender volume offering a lively portrait that stands tall of legacy debates for a timely re-assessment.

Jonathan Sperber, *Karl Marx. A Nineteenth-Century Life*, New York: W.W. Norton, 2013. Reliable and comprehensive biography.

Edmund Wilson, *To the Finland Station: A Study in the Writing and Acting of History*, London: Penguin, 1991. Originally published in the USA in 1940, this classic study of the revolutionary tradition in European intellectual history discusses the way Marxist thought paradoxically drew on the religious traditions it sought to destroy.

Chapter 9: The Cult of the Artist

Rosemary Ashton, *The German Idea: Four English Writers and the Reception of German Thought, 1800–1860*, Cambridge: Cambridge University Press, 1980. Clear study of the impact of German romantic ideas on key figures in the English Romantic tradition (Carlyle, Coleridge, Eliot and Lewes).

Ernst Behler, *German Romantic Literary Criticism*, Cambridge: Cambridge University Press, 1993. Useful passages on Schelling, Fichte, and Novalis, among other German Romantic philosophers.

Hugh Honour, *Romanticism*, New York: Harper & Row, 1979. Still highly regarded, one-volume consideration of the Romantic revolution.

Richard A. Lofthouse, *Vitalism in Modern Art, c. 1900–1950: Otto Dix, Stanley Spencer, Max Beckmann and Jacob Epstein*, Lewiston, NY: Edwin Mellen Press, 2005. Considers the complex intermingling of theological and aesthetic categories in the late nineteenth century, and how this was expressed in the early twentieth century in Britain and Germany.

Peter Paret, *German Encounters with Modernism, 1840–1945*, Cambridge: Cambridge University Press, 2001. The reception of modern art in Germany, seen through the lens of social and political developments in Germany.

William Vaughan, *Romanticism and Art*, rev. edn, London: Thames & Hudson, 1994. Well-established single volume guide to fine arts in the Romantic period.

Chapter 10: Nationalism

Isaiah Berlin, 'Kant as an unfamiliar source of nationalism', in Henry Hardy, ed., *The Sense of Reality: Studies in Ideas and their History*, London: Farrar Straus Giroux,1998. Argues suggestively that some aspects of Enlightenment thought, such as its hostility to supranational imperial polities, helped clear a path for later nationalisms.

James Joyce, *Ulysses*, London: Penguin, 2000. Consider the Cyclops chapter in James Joyce's 1922 modernist novel, where he ridicules the chauvinism and self-regard of the new cultural nationalism sweeping Europe in the late nineteenth century.

Jürgen Habermas, trans. Thomas Burger, *The Structural Transformation of the Public Sphere: An Inquiry into a Category of Bourgeois Society*, Cambridge, MA: MIT Press, 1989. An influential study of modern nationalism amongst other phenomena, that emphasises the powerful role of a monoglot media in creating the conditions that produced the modern nation state.

Elie Kedourie, *Nationalism*, London: Hutchinson University Library, 1983. A classic presentation of the so-called 'modernist' interpretation of nationalism that saw it as 'a doctrine invented in Europe at the beginning of the nineteenth century'.

C.E. Schorske, *Fin-de-siècle Vienna: Politics and Culture*, Cambridge: Cambridge University Press, 1992. Describes the appeal of mid-nineteenth-century nationalisms such as the *Grossdeutsch* ideal in Vienna with reference to their powerful critique of 'non-national monarchical state systems'.

Fritz Stern, *The Politics of Cultural Despair: A Study in the Rise of the Germanic Ideology*, Berkeley: University of California Press, 1961. Still influential meditation on the escapist and paranoid aspects of the nationalist worldview.

Chapter 11: Race and Anti-Semitism

Brigitte Hamann, *Hitler's Vienna, A Portrait of the Tyrant as a Young Man*, London: Tauris Parke, 2010. Scholarly corrective to many inaccurate biographies of Hitler, as well as an excellent portrait of a particular intellectual and cultural milieu.

Winthrop D. Jordan, *The White Man's Burden: Historical Origins of Racism in the United States*, Oxford: Oxford University Press, 1974. While ostensibly treating a non-European subject, the earlier chapters provide invaluable context for Britain and Europe as well, the earliest experience of Empire and the broader context of slavery.

Robert Miles and Malcom Brown, *Racism*, 2nd edn, London: Routledge, 2003. This edition provides an excellent single-volume overview of key ideas, taking account of globalisation.

Panikos Panayi, *An Immigration History of Britain: Multicultural Racism Since 1800*, Harlow: Pearson, 2010. Useful historical overview and consideration of the rise and meaning of multiculturalism.

Kevin Repp, *Reformers, Critics and the Paths of German Modernity: Anti-politics and the Search for Alternatives, 1890–1914*, Cambridge, MA: Harvard University Press, 2000. An excellent reminder of the complexity of categories of thinking in fin-de-siècle Germany, particularly regarding anti-Semitism.

Chapter 12: Wagner

Jonathan Carr, *The Wagner Clan*, London: Faber & Faber, 2007. An excellent and also entertaining account of the phenomenon beyond the man, resulting in a protait of German cultural history.

Bryan Magee, *Wagner and Philosophy*, London: Penguin, 2000. An intellectual history of Wagner, still a benchmark for lucidity in a field scattered with too many sensational accounts, and an expansion of Magee's earlier and still valuable *Aspects of Wagner* (1968, 1988).

Chapter 13: The Ideology of Separate Gender Spheres

Tim Dolin, *George Eliot*, Oxford: Oxford University Press, 2005. Timely reassessment of one of the towering figures of nineteenth-century letters, placed in historical as well as literary context.

Belinda Jack, *George Sand: A Woman's Life Writ Large*, London: Vintage, 2001. Comprehensive and much-needed consideration of George Sand and her significance.

Sarah Knott and Barbara Taylor, eds, *Women, Gender and Enlightenment*, Basingstoke: Palgrave Macmillan, 2005. Far-reaching series of essays that consider the Enlightenment and gender.

Barbara Taylor, *Wollstonecraft and the Feminist Imagination*, Cambridge: Cambridge University Press, 2003. Re-reads Wollstonecraft's feminism as the product of radical British utopian Enlightenment ideas.

Chapter 14: Old Faiths and New

Peter J. Bowler, *Reconciling Science and Religion: The Debate in Early-Twentieth-Century Britain*, Chicago: University of Chicago Press, 2001. Although principally addressing myriad debates in early-twentieth-century Britain, their context is Victorian.

Anne Harrington, *Reenchanted Science: Holism in German Culture from Wilhelm II to Hitler*, Princeton, NJ: Princeton University Press, 1996. Well-established consideration of similar terrain to Bowler's study, but in Germany; the point being the considerable complexity that defined this period in which 'belief' and 'non-belief' were rarely clear-cut.

Richard J. Helmstadter and Bernard Lightman, eds, *Victorian Faith in Crisis: Essays on Continuity and Change in Nineteenth-Century Religious Belief*, Stanford, CA: Stanford University Press, 1990. An excellent and by now classic set of essays exploring the inherent subtleties and ambiguities of what had formerly been seen as a straightforward 'loss of faith' in the face of 'advancing reason'.

Chapter 15: Nietzsche

Keith Ansell-Pearson, *Nietzsche contra Rousseau*, Cambridge: Cambridge University Press, 1991. Nietzsche's moral and political thought compared to Rousseau's.

Peter Berkowitz, *Nietzsche, The Ethics of an Immoralist*, Cambridge, MA: Harvard University Press, 1995. An accessible account of Nietzsche's life-long preoccupation with ideas such as love, justice, fairness and human dignity. Rejects the later claim that Nietzsche's philosophy was based purely on an amoral adulation of power.

Lesley Chamberlain, *Nietzsche in Turin: An Intimate Biography*, London: Picador, 1997. A portrait of Nietzsche's creative processes at work during the year he completed *The Gay Science* in 1888, his last year of sanity.

Michael Allen Gillespie, *Nihilism before Nietzsche*, Chicago: University of Chicago Press, 1995. Reconstructs the neglected history of the origins and development of nihilism.

Richard J. Hollingdale, *Nietzsche: The Man and His Philosophy*, Cambridge: Cambridge University Press, 1999. Accessible introduction to Nietzsche, being a biography as well as a critical introduction to his thought.

Anthony K. Jensen, *Nietzsche's Philosophy of History*, Cambridge: Cambridge University Press, 2013. The first serious attempt to write an account of Nietzsche's philosophy of history, and its relevance to subsequent historiography.

Adam Lecznar, 'Aryan, German or Greek? Nietzsche's Prometheus between antiquity and modernity', *Classical Receptions Journal*, 5.1 (2013), 1–35. Charts Nietzsche's reception of antiquity through his changing views of the ancient mythical Greek figure, Prometheus.

Ben Macintyre, *Forgotten Fatherland: The Search for Elisabeth Nietzsche*, London: Bloomsbury, 1993. Entertaining and overdue consideration of Nietzsche's sister, who misappropriated Nietzsche's reputation for her own purposes.

Mark S. Thatcher, *Nietzsche in England, 1890–1914*, Toronto: Toronto University Press, 1970. Still the main account of Nietzsche's reception in late Victorian and Edwardian Britain.

Julian Young, *Nietzsche's Philosophy of Art*, Cambridge: Cambridge University Press, 1992. Well-received construction of Nietzsche's aesthetic thought, in many respects the key to his whole philosophy.

索引

Abrams, M.H. 53
Acton, Lord 173
adaptation 96, 110
Aeschylus 254
Afghanistan 125
African-Americans 190
Agamemnon 148
Agassiz, Louis 112
'Age of Emancipation' 125
Albanians 156
Albert Memorial, London 136
Alexander I (Russia) 171
America *see* United States
Anderson, Benedict 160
Andes 92
Anglo-Saxons 187
animism 240
Anti-Corn Law League 38, 40
antinomianism 54, 56
anti-Semitism 187-91 *see also* Jews
  Burschenschaften 166
  functions of 164
  Parsifal 206
  power of attraction of 191
  use of institutions of democracy by anti-Semites 244
  Wagner 194, 198, 206
Apollo 248, 254, 257
appearances 62-3
Arndt, Ernest Moritz 163

Arnold, Matthew 187, 237, 247
Art and Revolution (Richard Wagner) 196
Arthur, King 71, 73
artists 136-54
  classic art, perceptions of 150
  critics and legislators 137
  imagination 144-7
  mechanical and liberal arts 138
  nineteenth century 151
  poetry 151, 153
  print cultures and 154
  Romanticism 149-52
  Schopenhauer 203-6
  sundry other views: Novalis 153-4; Plato 138; Reynolds 139; Ruskin 137; Saint-Lambert 140-1; Schiller 148-9; Winckelmann 140
The Art-Work of the Future (Richard Wagner) 196, 199
'Aryans' 180-3, 185, 187, 206
Asian-Americans 190
Athens 26, 247, 249-53
Atlantic Ocean 22
atonement 55, 236
St Augustine 53, 191
Austin, Charles 36
Austria 155-6, 166, 169-70
Austrian Succession, War of the 4
Autobiography (John Stuart Mill) 36, 48, 94, 239

Bach, Johann Sebastian 257
Bacon, Francis 9, 105
Bakunin, Mikhail 195
Balkans 156, 161
Basel, University of 247
Baumer, Franklin le Van x
Bavaria 201
Bayreuth
   Cosima carries forward 207
   Herman Levi conducts 198
   Nietzsche sees *The Ring* 257
   Nietzsche supports 247
   vexed location 201
   Wagner moves to 196
Beagle 92, 94, 95, 102, 103 *see also* Darwin, Charles
Bebel, August 122
Beethoven, Ludwig van 195, 257
Bentham, Jeremy 35–6, 39, 43, 46
Berlin, University of 126
Beyond Good and Evil (Friedrich Nietzsche) 260
Bible *see also* Christianity; God; Jesus of Nazareth; religion
   classics and 81
   Francis Bacon on 105
   God revealing himself 53
   Gospels 235
   historical validity questioned 234–7
   in *Emile* 227
   Jowett on 237
   Lyell and 92
   Matthew Arnold on 237
   polygenesis and 179
   Schleiermacher and 228, 230
   translation into German 166
Biographia Literaria (Samuel Taylor Coleridge) 146
The Birth of Tragedy (Friedrich Nietzsche) 247, 253, 257
Bismarck, Otto von 196, 207
Bizet, Georges 258
Blumenbach, Johann Friedrich 178
Boileau, Nicolas 152
Bolsheviks 123–4
Bonn, University of 126
bourgeoisie *see* middle classes
Bowler, Peter 86
Brandes, George 245
Brazil 242
Bridgewater Treatises (William Paley) 106
Britain *see also* England; Scotland
   constitutional reform 35
   geology pre-eminence 92

'Irish problem' 156
   Mazzini and Garibaldi 169
   Montesquieu's idea of 31
   policy in Jamaica 179
   Protestantism 73, 76
   radicalism 36
British Association for the Advancement of Science 105–6, 113
British Museum 77
Broca, Paul 180
Bryan, William Jennings 104, 268
Buckland, William 91
Buffon, Georges Comte de 87, 88, 178
Bulgarian language 161
Bulgarians 156
Bülow, Cosima von 194, 207, 247 *see also* Wagner, Richard
Burke, Edmund
   danger in democracy 32
   French Revolution 26, 69
   political obligation 29
   Rousseau and 212
   Ruskin and 82
   Wollstonecraft replies to 213
Burschenschaften 166
Byron, Lord 76, 152

Calvinism *see also* Christianity; Protestantism
   acceptance of Darwin 93
   Carlyle and 231
   Gobineau and 191
   James Mill 35
   Rousseau and 18, 19, 56
   Wesley rejects 66
Cambridge University
   creation studies 113
   Darwin at 93–4, 95, 102
   Greek required 224
   J.S. Mill taught at 38
   Paley at 109
Camden Society 75
Capital (Karl Marx) 122, 124, 125, 134
capitalism 124–5, 130, 135
Carlsbad Decrees 166
Carlyle, Thomas 73–9
   Darwin adapts 118
   God and the universe 242
   influence of 121, 236
   Sartor Resartus 226–7, 231–4
   utilitarianism, an opinion 39
   Wagner and 200
Carmen (Georges Bizet) 258

The Case against Wagner (Friedrich Nietzsche) 258
Cassirer, Ernst 191
cathedrals, medieval 72 *see also* Gothic architecture; Middle Ages
Catherine the Great 171
Caucasians 178
Celtic languages 180
Celts 187
Cervantes, Miguel 150
Chadwick, Edwin 36
Chamberlain, Houston Stewart 181, 185–6, 207
Chambers, Robert 96
change 87
Charles Darwin and the Problem of Creation (Neal Gillespie) 112 *see also* Darwin, Charles
Chartism 38
Chateaubriand, François René de 72, 230–1, 242
Chopin, Frédéric 217
Christ Church, Oxford 76 *see also* Oxford University
Christendom or Europe (Novalis) 69
Christianity 53–6 *see also* Bible; Calvinism; God; Jesus of Nazareth; Protestantism; religion; Roman Catholicism
  architecture 71–2
  art, value of 75–6
  Comte and 241–2
  Darwin and 94
  David Friedrich Strauss dismantles 259
  demise of 226
  ethics without theology 238
  French politics, early 19th century and 27
  Gobineau on 183
  Hegel on 251
  historical validity of Bible and 234–7
  Marxism and 125
  Middle Ages 69, 73
  moral basis questioned 114, 236
  Newman on 87
  Nietzsche attacks 260–5
  Parsifal 206, 258
  Renaissance 80–2
  Rousseau and 5–6, 14–15, 19
  Schleiermacher on 228–31
  slavery opposed 179
  under siege 244
  universal vision 157–8
  Wagner and 200, 206
Church of England 55, 56, 105

'Civil Religion' 18–19, 265
civil servants 37, 39
classical art 150
Code Napoléon 213 *see also* Napoleon Bonaparte
Cold War xiii
Coleridge, Samuel Taylor 38, 47, 146–7, 152
College of William and Mary, Virginia x
Commune, Paris 184
communism 125, 130, 132, 155
The Communist Manifesto (Karl Marx and Friedrich Engels) 122, 124, 132–4
Comte, August 175, 182, 224, 238–42
'The Condition of England Question' 73–4
The Condition of the English Working Class (Friedrich Engels) 131
'The Confession of the Savoyard Vicar' (Jean-Jacques Rousseau) 56–9, 227 *see also Emile* (Jean-Jacques Rousseau)
Confessions (St Augustine) 53
Confessions (Jean-Jacques Rousseau) 2, 3, 56
Congress of Vienna 155–6
Connecticut 25, 54
A Connecticut Yankee at the Court of King Arthur (Mark Twain) 73
conscience 58–9
contrivance 107–9
Copenhagen 245
Copernicus, Nicolaus 1, 61
Corn Laws 38, 40
Counter-Reformation 80
Cours de philosophie positive (August Comte) 239
Creator *see* God
Critique of Judgment (Immanuel Kant) 63, 144
Critique of Practical Reason (Immanuel Kant) 63
Critique of Pure Reason (Immanuel Kant) 61
Croats 170
Crusades 70
Czechoslovakia 125
Czechs 156

Darrow, Clarence 104, 268
Darwin, Charles 85–9, 92–100, 109–120
  bulwark of utmost civilisation xii
  careful nature 96
  early years 93–4
  evolution 85–7, 95
  his ideas embraced 175
  Lyell and 92–3

natural selection 85–6, 95–8, 103, 114, 116
Origin of Species 97–9
overall views 117
Paley and xi, 106, 109
religion and 102–4, 116–120
Schopenhauer and 205
Social Darwinism 98–100, 188
Special Creation 111–15, 118
Strauss praises 259
voyage of the *Beagle* 94
Darwin, Emma 103
Darwin, Erasmus (brother) 94
Darwin, Erasmus (grandfather) 93
Darwinism Today: A Discussion of Present Day Scientific Criticism of the Darwinian Selection Theories (Vernon Kellogg) 86
David, Jacques-Louis 213, Plates 10 and 11
De l'Allemagne (Madame de Staël) 152
The Death of Socrates (Jacques-Louis David) 213, Plate 10
The Decline and Fall of the Roman Empire (Edward Gibbon) 44
Defence of Poetry (Percy Shelley) 151
degeneration 183–5, 189
Degeneration (Max Nordau) 184
Delphic oracle 253
The Deluge (John Martin) 91, Plate 4
democracy 26–9
  anti-Semites using institutions of 244
  Burke's view of 32
  Democracy in America 31
  Mill, J.S. and Tocqueville 49
  pluralism 34
Democracy in America (Alexis de Tocqueville) 25–6, 29, 31, 32
Descartes, René 52, 53, 145
The Descent of Man (Charles Darwin) 115, 179, 224
despotism 32–4
determinism 93, 131
Devil 185
Dickens, Charles 38
Diderot, Denis 3, 138, 151
Dijon, Academy of 3, 6
ding an sich 62–4, 142, 143, 202
Dionysus 248–9, 253–7
Directory (French Revolution) 230
Discourse on the Origin and Foundations of Inequality Among Men (Jean-Jacques Rousseau) 3, 9–10, 15, 19
Discourse ... on this Question ... Whether the Restoration of the Sciences and the Arts Contributed to the Purification of Mores? (Jean-Jacques Rousseau) 3, 6–9
Discourses (Niccolò Machiavelli) 34
Discourses Delivered to the Students of the Royal Academy (Sir Joshua Reynolds) 139
Disney World 68
Disneyland 68
division of labour 78–9, 131–2
Dobrovsky, Joseph 161
Doctrine of Rent 42
Dresden 194, 195
Dresden Opera 195
Dresden revolution 196–7
Dudevant, Casimir 217
Durkheim, Emile 224
Dwight Chapel, Yale 68

East India Company 37
Ecce Homo (Friedrich Nietzsche) 245
Ecole Polytechnique 239
The Economic and Philosophic Manuscripts of 1844 (Karl Marx) 124, 129
economics 40–4
The Economist 100
Edinburgh 232
Edinburgh, University of 93, 95, 231
education 165–6
  Emile 15
  of women 209, 212, 215, 221–4
Edwards, Jonathan 5
ego 64, 144
Einstein, Albert 21
Eliot, George xii, 222
emancipation 128, 129
Emerson, Ralph Waldo 232
Emile (Jean-Jacques Rousseau)
  'Confession of the Savoyard Vicar' 56–9, 227
  divided bourgeoisie 134
  educational utopianism 15
  emphasising the personal 56
  Kant impressed by 60
  key to Rousseau's thought 4–5
  Rousseau and women 210–12, 214, 218
  Wollstonecraft's critique 214–15
empiricism 1, 59, 63, 143
Encyclopedia (ed. Denis Diderot) 3, 138, 140
Engell, James 145
Engels, Friedrich 131, 132, 133
England *see also* Britain
  art 82
  colonies 179

Ireland and 156, 187
political economy in 129
Scotland and 161
English language 162
English people 187
the Enlightenment
  arts and poverty 138
  Bible criticised 234
  French 125
  German 125
  Heine on Schlegel 72
  John Stuart Mill's upbringing 43
  liberalism and 24
  Marx and 193
  Middle Ages criticised 67
  new morality required 235
  Nietzsche and 246, 258
  polygenesis 179
  rejected 65
  Rousseau and 4, 6, 60
  Saint-Simon and 239
epiglottis 108
Essay on Government (James Mill) 38
Essay on the Development of Christian Doctrine (John Henry Newman) 87
Essay on the Inequality of the Human Races (Arthur de Gobineau) 182
Essay on the Principle of Population (Thomas Malthus) 95, 99, 110
Essays and Reviews (biblical criticism) 237
The Essence of Christianity (Ludwig Feuerbach) 127, 242
ethnic groups 155, 157, 173 *see also* nationalism
eugenics 188–91
Eugenics Education Society 189
Euripides 247, 253–4
Evangelical Awakening 54–6 *see also* Protestantism
'The Eve of St Agnes' (John Keats) 73
evolution 84–7, 89–92 *see also* Darwin, Charles
  Darwin adopts 95
  Darwin's overall argument 117, 118
  fundamentalist drive against 104
  Huxley fosters acceptance of 100–1
external, the 53
extinction (of species) 88–9, 114

February Revolution (1917) 123
The Federalist Papers (James Madison) 34
Feuerbach, Ludwig 127, 130, 131, 242
Fichte, Johann Gottlieb 64, 143, 144–5

finches, Galapagos 94, 95
Finnish language 161
First Discourse (Jean-Jacques Rousseau) 3, 6–9
First World War 21, 123, 246
Fitzroy, Captain 94
The Flying Dutchman (Richard Wagner) 195
Förster, Bernard 245
Förster-Nietzsche, Elizabeth 245
Foundations of the Metaphysics of Morals (Jean-Jacques Rousseau) 63
Foundations of the Nineteenth Century (Houston Stewart Chamberlain) 185–6
The Fragment on Government (Jeremy Bentham) 35
Fragonard, Jean-Honoré 210, Plates 8 and 9
France
  colonies 179
  Enlightenment in 125
  French language in 160
  Gobineau's theories 183
  intellectual life 184
  Leipzig, Battle of 166
  museum for political and cultural history 165
  socialism in 129
Franco-Prussian War 184
Franks 183
Fraser's Magazine 232
freedom 66, 148–9, 216
Freeman, Edward A. 187
French (language) 158, 160
French Revolution
  armies of 167
  changes wrought by 22, 24, 86
  David supports 213
  democracy and 27
  era commencing with 21
  excesses of 26, 174, 230
  Gobineau's tract 182
  Musée des Monuments Français 165
  Nietzsche on 263
  positivist calendar and 241
  racial thought reacts against 178
  rationalism, scepticism and 72
  Rousseau honoured 4
  Saint-Simon and 239
  Wagner, Jews and 198
  women as seen by 210, 213
  writers opposing 69
Freud, Sigmund 21, 225
Friedrich, Caspar David 208, Plate 7

Galapagos Islands 94, 95
Galton, Francis 188–9
Garden of Eden
　Rousseau's version of 10, 14
　Ruskin on 77, 81, 82
Garibaldi, Giuseppe 169
Gay, Peter 243
The Gay Science (Friedrich Nietszche) 261
The Genealogy of Morals (Friedrich Nietzsche) 260, 261, 263
General Will 17, 126, 265
genetics 86
Geneva 3, 6, 18, 56
'Genius' (Jean-François, Marquis de Saint-Lambert) 140
The Genius of Christianity (François René de Chateaubriand) 72, 230
geology 90–2, 114
Georgia (US) 55
German (language) 162, 166, 180
The German Ideology (Karl Marx and Friedrich Engels) 124, 131
German Society for Racial Hygiene 190
Germans
　French taste of 197
　Habsburgs and 169
　Leipzig (Battle of) celebrations 166
　mysticism 72
　nationalists' view 155, 156
　philosophers 64–5, 233
　radicalism 121, 198
　resistance to Napoleon 163
Germany
　'Aryan myth' in 181
　Bayreuth, a problem 201
　Dionysus and 256–7
　French imperialism towards 167
　intellectual life 184
　Jews in 125, 128, 189–90
　Kant's legacy 143, 228
　Lenin's agreement with 123
　Marx's influences 126
　Nietzsche and 246
　Poles in 173
　religion in 54
　Social Democratic Party 121–2, 134, 197
　Soviet Pact of 1940 125
　unification 156, 163, 171, 196–7, 201, 243
　Wagner lionised 257
　Wagner's hopes for 195
Gesamtkunstwerk 199, 205
Geyer, Ludwig 194
Gibbon, Edward 44
Gillespie, Neal 112, 116, 117

Gobineau, Count Arthur de 181–5, 191
God *see also* Bible; Christianity; Jesus of Nazareth; religion
　Carlyle's view 242
　'Confession of the Savoyard Vicar' 58
　creation of species 112
　Darwin's views 118–20
　death of announced 226
　extinction of species and 88–9
　Feuerbach on 127, 130
　human sin and 5
　Indiana references 219–20
　Middle Ages and Renaissance 81
　morality of doubted 114, 236
　natural selection and 116
　nature providing evidence for 105, 106
　Nietzsche's approach 259
　Paley and 110
　revealing himself 53
　Schelling on 145–6
　Schleiermacher on 229–30
　Schopenhauer on 65
　Spinoza's viewpoint 64
　Tocqueville on 28–9
　Wesley's message 56
Godhead 72
Goethe, Johann Wolfgang von 199, 264
The Good Mother (Jean-Honoré Fragonard) 210, Plate 8
Gospels 235 *see also* Bible; Jesus of Nazareth
Gothic architecture 68–9, 71–2, 76–7, 79–83
'Grand Opera' 194, 196, 197, 198, 256
Grant, Alexander 253
Gray, Asa 103, 118–19
'Great Internalisation' 52
Greece, classical 247–56
　ancient nobility located in 262
　Gothic and 68
　nineteenth-century fascination for 67
　Ruskin discards 82
　Schiller's model 148
　study of 221–4
　Wagner on 199–201, 206
　Winckelmann on 140
Greek (classical language) 161, 180
Greeks (modern) 156
Green, John R. 187
Greene, John 116
Grote, George
　History of Greece 38
　interpretations of Socrates 249, 251–3, 256
　Philosophic Radicals 36

growth (economic) 23
Grundrisse 124 *see also Capital*

Habsburgs 162, 167, 169, 173
Hard Times (Charles Dickens) 38
Hardenberg, Friedrich von *see* Novalis
Harkness Tower, Yale 68
Hartley, David 36
Hebrew (language) 161 *see also* Jews
Hebrew people 235
Hegel, Georg Wilhelm Friedrich
   German theologians and 235
   Marx works through 124, 126–9, 135
   on Socrates 249–53
   world history and world spirit 64
Heine, Heinrich 72
Herder, Johann Gottfried 160
historicism 126, 160, 234
history 67–8, 131, 162–5, 239
History of Ancient Art (Johann J. Winckelmann) 140
History of Greece (George Grote) 38, 251
History of India (James Mill) 44
History of Jamaica (Edward Long) 179
The History of the Bohemian Language and Old Literature (Joseph Dobrovsky) 161
Hitler, Adolf 264
Hobbes, Thomas 10–11, 14, 105
Homer 53, 141, 254
Hooker, Joseph Dalton 97, 113, 117
Houses of Parliament 77
Hugo, Victor 73
Hume, David
   Athenian democracy 26
   doubts cast on empiricism 1, 59, 143
   influences Kant 60
   Newtonian physics and 62
   passion and reason 11–12
   Philosophic Radicalism 39
Hume, Joseph 36
Hungarians 156
Hungary 125, 170
Hurd, Richard 68
Hutchinson, Anne 54
Hutton, James 91
Huxley, Thomas Henry
   Darwin's Bulldog 103–4
   defending evolution 85
   Europeans' new world 243
   Lyell and 92
   rejects special creation 113
   social Darwinism 100–1
   'the New Nature' 22
   women, his view 224

Ibsen, Henrik 261
'Idylls of the King' (Alfred Lord Tennyson) 73
imagination 144–7
'Imagined Communities' 160
In Memoriam (Alfred Lord Tennyson) 114
India 162, 181
Indiana (George Sand) 218–20
Indo-European languages 180–1
intellectuals
   Academy of Dijon and 6
   alienation of in Russia 172
   artists and 154
   Descartes and 52
   embrace nationalism 157–8, 160
   Gobineau and 184
   Mazzini as 167
   Rousseau's ground-breaking role 1–2
Intellectuals in a Revolutionary Age xii
Ireland 156, 173
Irish (people) 187
Iron Law of Wages 42–3
Israel 262
Italians 155, 156
Italy 167, 169

Jacobins 213
Jamaica 179
Jansenism 57, 191
Jena 166
Jesus of Nazareth *see also* Bible; Christianity; God; religion
   denial of Jewishness of 185
   feeding of the five thousand 234
   grail community of *Parsifal* 206
   Protestant Evangelical Awakening 55
   sentimentalised view of 236
   Strauss on the Gospels 235
Jewry in Music (Richard Wagner) 197–8
Jews *see also* anti-Semitism
   emancipation 129
   in Germany 125, 128, 189–90
   Wagner's son-in-law on 185
Jones, Sir William 180
Journal for Racial and Social Biology 190
Jowett, Benjamin 237
Judaism 236, 261
July Monarchy (France) 181

Kant, Immanuel 60–6
   appearances 62–3
   Copernican Revolution of 1
   Critique of Pure Reason 61

knowledge 62
mind 61–4
post-Kantian philosophy 142–4, 202
reason 63
Rousseau and 62–6
Schiller and 147
Schleiermacher develops 228
Keats, John 73, 231
Kellogg, Vernon 86
Kentucky 25
Kipling, Rudyard 191
knowledge 62
Knox, Robert 180, 187
Königsberg 60
Kotzebue, August von 166
Krupp, Alfred 188

labour 129–30
labour, division of 78–9, 131–2
Labour Theory of Value 43
'The Lady of Shalott' (Alfred Lord Tennyson) 73
Lamarck, J.B.P.A, Chevalier de 88–90, 100
language 158–62
Laplace, Pierre-Simon 99
Latin (language)
 attitudes to learning 224
 demise of 158, 161
 Greek and 222
 in Middle Ages 67
Latin (people) 183
Latin America 242
Law of the Three Stages 175
Lectures on Dramatic Art and Literature (A.W. Schlegel) 150
Lectures on the History of Literature Ancient and Modern (Friedrich Schlegel) 69
Lectures on the History of Philosophy (Georg Wilhelm Hegel) 249
'Legislators' 18, 137, 148
Leighton, Lord 137
Leipzig, Battle of 166
Lenin 123–4
Letters on Chivalry and Romance (Richard Hurd) 68
Letters on the Aesthetic Education of Man (Friedrich Schiller) 147
Levi, Herman 198
Leviathan (Thomas Hobbes) 10
liberalism 23–5
 Mazzini and 167, 169
 Montesquieu and 33
 women and 216
liberty 31–2, 34, 49–50, 208–9

Lictors Bring Back to Brutus the Bodies of his Sons (Jacques-Louis David) 213, Plate 11
Liebknecht, Wilhelm 121
The Life of Jesus Critically Examined (David Friedrich Strauss) 235
Linnaean Society 97
Linnaeus, Carolus 21, 88
Liszt, Franz 194
literacy 162
Literature and Dogma (Matthew Arnold) 237
Locke, John
 associationist psychology 21
 empiricism of attacked 59, 143
 hailed a genius 141
 human mind theories after 61
 Kant and 62
 Sartor Resartus and 232
 states of nature 10–11, 14
Lohengrin (Richard Wagner) 195
London 94, 123, 167, 221
Long, Edward 179
Louis XVI, King 4
Louis Napoleon 241
Lubbock, John 109
Ludwig II (Bavaria) 195–6
Luther, Martin 55, 166
Lutherans 125
Lycurgus of Sparta 18
Lyell, Charles 90, 91–2, 97, 106

Macedonia 26
Machiavelli, Niccolò 19, 34
Madison, James 34
Magdeburg 194
Main Currents of Western Thought (ed. Franklin le Van Baumer) x
Malthus, Thomas
 Darwin and 95, 99
 Essay on the Principle of Population 110–11
 harsh view of nature 117
 Iron Law of Wages 42
 James Mill and 36
 no longer persuasive 114
 Philosophic Radicalism 39
 population and stagnation 40
Manchester 40
Manifesto see Communist Manifesto
Mann, Thomas 207
Marr, Wilhelm 190
Martin, John 91, Plate 4
Marx, Karl 121–35

bourgeoisie 133
capitalism 124-5, 130, 135
communism 130, 132
early years 125-6
effect of writings 124-5
emancipation 128, 129
Enlightenment and 193
Feuerbach and 127
Hegel's influence 126-7, 128, 135
historicism and 126
labour 129-30, 131-2
Philosophic Radicalism 39
Positivists and 175
posthumous burden of thinking about xi
proletariat 133-4, 135
religion 129, 135
revolution 122, 134
role of the state 128-9
Tocqueville and 34
Wagner and 198
Massachusetts 54
Mazzini, Giuseppe 167, 169, 171
McCulloch, John 39
Die Meistersinger (Richard Wagner) 195
Mendelssohn, Felix 198
Mensheviks 123
Merovingians 165
Methodism 45, 55, 56, 66
Metternich, Klemens von 72, 166
Meyerbeer, Giacomo 194, 198
Michelet, Jules 165
Middle Ages 67-77, 79-82
   Carlyle and 73
   French Revolution and 69
   Gothic architecture 71-2, 77, 79
   Renaissance and 76
   Saint-Simonianism 73
   Schlegel 69-73
middle classes
   eugenics and 189
   Marx's bourgeoisie 133-4
   perceived problems for 243-4
   Philosophic Radicals and 38-9
   poetry and 139
   Ricardo's analysis 42
   threats to 184-5
Middlemarch (George Eliot) 222-4
Mill, James 35-9
   importance of 36
   John Stuart Mill and 43-4
   middle classes 42
   Philosophic Radicalism 36-9
Mill, John Stuart 35-51
   childhood 44

Comte attracts 241
Darwin and 94
Grote and 251, 252
Harriet Taylor 46-8
mental crisis 45
Nietzsche attacks principles of 256
On Liberty 46, 252
Saint-Simon and 239
Tocqueville and 48-9
women 50-1, 209
Milton, John 141
mind 61-4, 143
Mivart, St George Jackson 103
Modern Painters (John Ruskin) 137
Molesworth, William 36
monogenesis 179 *see also* race
Montesquieu, Charles Louis de Secondat,
   Baron 1, 31-3
morality 250-1
Moravia 55
Morel, Bénédict Augustin 184
Moscow 163
Moses 18
Mueller, F. Max 181
Munich 196
Musée des Monuments Français 165
museums 164-5
music 204
Music Drama 196, 199
The Music of the Future (Richard Wagner) 206
Musset, Alfred de 217
mysticism 53-4, 72
myth 200

Naples, Kingdom of 167
Napoleon (Bonaparte)
   democracy into tyranny 26
   French Revolution and 230
   German states defeat 163
   nationalism in Germany after 166
   rationalism and scepticism 72
Napoleon III 241
Napoleonic Wars 198
nation states 23
nationalism 155-74
   challenging the status quo 156
   decline of Latin and 158
   defining 155, 167-8
   education and 165-6
   ethnic groups that qualified 157
   history as a tool for 162-5
   language and 158-62
   liberalism and 167, 169

Lord Acton on 173
religion and 157–8
various forms of 171–3
Natural History Museum, London 113
natural selection 95–8 *see also* Darwin, Charles
   finding facts in support 114
   God and 116
   Huxley's position 104
   pluralistic thought on evolution 85–6
   religious implications 103
   Spencer rejects 100
natural theology 105–6, 109–11, 114–17 *see also* religion
Natural Theology (William Paley) 106, 109
nature 106–11, 114
'The Nature of Gothic' (John Ruskin) 77
Nazis 190, 201
Netherlands 179
New York 25
Newman, John Henry, Cardinal xi, 87, 216
newspapers 159
Newton, Isaac
   firm acceptance of 21
   hailed as a genius 141
   Kant protects legacy of 60, 62
   portrayal of science 105
   Rousseau and 1, 9
Nibelungen 71
Nicholas I (Russia) 171
Nietzsche, Elizabeth 247
Nietzsche, Friedrich 245–9
   Christianity and 259–65
   on Socrates 253–7
   re-interpretation of classical Greece 247–9
   sister's editing and publishing of 245–6
   Wagner and 246–7, 256–8
Nordau, Max 184
Nordic people 181, 183
Normans 70–1
Norwegian (language) 161
Notre Dame de Paris (Victor Hugo) 73
La Nouvelle Heloise (Jean-Jacques Rousseau) 56
Novalis 69, 149, 152–4

Official Nationality programme 171–2
Ohio 25
On Liberty (John Stuart Mill) 46, 48–50, 252
On Religion: Speeches to its Cultured Despisers (Friedrich Schleiermacher) 228

'On the Interpretation of Scripture' (Benjamin Jowett) 237
'On the Jewish Question' (Karl Marx) 128, 129
On the Natural Variety of Mankind (Johann Friedrich Blumenbach) 178
On the Study of Celtic Literature (Matthew Arnold) 187
Opera and Drama (Richard Wagner) 197, 199
The Origin of Species by Means of Natural Selection or The Preservation of Favoured Races in the Struggle for Life (Charles Darwin) 97–9, 102–4, 113–17
   Darwin tries to avoid other issues 119
   footnotes 179
   Paley echoed in 109
   publication 85
Ospovat, Dov 116
Ottoman Empire 156, 169
Owen, Richard 113, 115
Oxford University
   Greek required 224
   Huxley's Romanes Lecture 100–1
   J.S. Mill on curriculum 38
   John and Charles Wesley 55
   Ruskin at 76

paganism 81–2
Palestine 235
Paley, William xi, 94, 106–10, 120
Pan-Slav Congresses 169
Pan-Slav nationalism 171
Pantheon, Paris 4
Papacy 167
Paris 6, 194
Paris Commune 184
Paris Museum 88
Parliament (Westminster) 156, 161
Parsival (Richard Wagner) 196, 206, 207, 258
Pascal, Blaise 53, 57
Past and Present (Thomas Carlyle) 73, 78
patriotism 29–31
Pearson, Karl 188
Peloponnesian war 252
Pericles 26
Persian language 180
Peter the Great 171
philology 161, 180 *see also* language
Philosophic Radicalism 36–41
Pitt Rivers Museum, Oxford 82
pity 12

Planer, Minna 194
Plato
  Bible to be treated the same as 237
  bureaucratic vision 50
  Christian morality and 261
  Nietzsche, Rousseau and 265
  poetry and the arts corrupt 138
  Rousseau as intellectual heir 19
  Sophists and 250, 251-2
Plato, and the Other Companions of Socrates (George Grote) 251
poetry 139, 151, 153
Poland 156, 157, 163, 172
Poles 170, 173
Polybius 31
polygenesis 179-80 *see also* race
Poor Law Commission 37
Pope, Alexander 141, 142
positivism 175, 238-41, 245
Prague 169, 195
Preface to the Epistle of the Romans (Martin Luther) 55
The Prelude (William Wordsworth) 154
Priestley, Joseph 26, 93
Principles (David Ricardo) 41
Principles of Geology; Being an Attempt to Explain the Former Changes of the Earth's Surface, by Reference to Causes now in Operation (Charles Lyell) 90, 91
print cultures 154, 158-60
proletariat 133-4, 135
Prometheus 75
Protestantism 53-6 *see also* Christianity; Roman Catholicism
  Bible and 234
  Emile and 227
  Evangelical Awakening 54-6
  in America 104
  in Ireland 173
  Kant and others influenced by 63, 65
  Religion of Humanity and 241
  Ruskin guided by 76
  Schleiermacher's importance 228, 231
  universal Christian vision and 157
  Victorian Britain 73
Prussia 60, 156, 170-1, 221
Prussians 163
public health 190
Puritans 54

Quadrangle, Yale University 68
Quakers 54

race 175-92
  anti-Semitism 187-91
  Aryanism 180-1
  Celts and Anglo-Saxons 187
  Chamberlain's theories 185-6
  characteristics of racialist thinking 176-7
  eugenics 188-91
  Gobineau's theories 181-5
  racial hygiene 190
  science and 177-8
  slavery and 179-80
  social Darwinism 188
The Races of Man (Robert Knox) 180, 187
Racine, Jean 152
reason
  bourgeoisie and 244-5
  Kant 63
  Rousseau and Hume 11-12
  Schopenhauer 65, 202
  Voltaire 1
Reflections (Edmund Burke) 213
Reform Bill, 1832 37
Reformation 80, 234
Reign of Terror 26 *see also* French Revolution
religion 53-9, 102-6 *see also* Bible; Christianity; God
  Chateaubriand 230-1, 242
  Comte's new system for 241-2
  Darwin and 102-4, 116-20
  Feuerbach on 127
  Marx on 129, 135
  nationalism and 157-8
  Sartor Resartus 226-7, 232-4
  Schleiermacher 228-31, 242
  science and 111-12
  Socrates and 253
  Tocqueville on 28, 29
Religion of Humanity 241-2
Religion Within the Boundaries of Reason Alone (Immanuel Kant) 63, 228
Renaissance 79-83
  art of 76
  assumptions dating from 139
  classical tradition and 53
  moral development and 6
  nineteenth-century fascination for 67
  Ruskin on its inferiority 80-3
  suggested invention of 68
Ressentiment 262, 263
revolution 122, 134
Reynolds, Sir Joshua 139
'The Rhinegold' (Richard Wagner) 200
Rhineland 125, 127

Ricardo, David 36, 39, 41, 42
Richard Wagner: Man and Artist 136 *see also* Wagner, Richard
Richard Wagner at Bayreuth (Friedrich Nietzsche) 258
Rienzi (Richard Wagner) 194
The Ring of the Nibelung (Richard Wagner) 195, 196, 200-1, 257
Robert Elsmere (Mrs Humphrey Ward) 237-8
Roebuck, Arthur 36
Roland 71
Roman Catholicism *see also* Christianity; Protestantism
   Chateaubriand and 230-1
   Darwin's enemy and 103
   divine revelation in 53
   in *Emile* 227
   German states 54
   Gothic style and 76, 80
   post-Napoleonic revival 230
   Schlegel's writings 72
   universal Christian vision and 157
Romanes Lectures 100
Romanians 156
Romanovs 162
The Romantic School (Heinrich Heine) 72
Romanticism 149-52, 193, 196
Rome, classical 34
Romulus 18
Rose, Paul 189
Rousseau, Jean-Jacques 1-20
   artist as social critic 137
   background 3
   Civil Religion 18-19
   conscience 58-9
   dualisms 5
   Emile 4-5, 15, 56, 60, 227
   General Will 17, 126
   George Sand and 218
   Hegel and 126
   intellectuals, creation of 1-2
   Kant and 60, 62-6
   Legislators 18
   Marx and 128, 134, 135
   Nietzsche criticises 265
   observes moral decline 7-8
   paranoia of 4
   personality cult around 4
   Protestantism and 56-60
   religion as sentiment 228
   Schiller and 147-8
   Schleiermacher picks up from 228
   Second Discourse 9-10, 15

sincerity, father of 2
Social Contract 15-19
society 13
Sparta 8-9
St Augustine and 53
state of nature 10-14
supreme importance of 1
women, his view of 210-15, 217, 218, 225
Royal Society 105
Ruskin, John 76-83
   Gothic revival and 82-3
   influence of 121
   Modern Painters quoted from 137
   Renaissance 80-3
Russia
   empire 169
   low level of industrialisation 123
   nationalists protest 155, 156
   post-Soviet Union 125
   serfdom abolished 209
   Tsars and 171-3
Russian Academy 161
Russian (language) 161, 162
Russian Orthodox church 171
Russians 172
Ruthenians 170

Saint-Lambert, Jean-François, Marquis de 140-1
Saint-Simon, Henri de 239
Saint-Simonianism 73
Samson of Tottington, Abbot 74-5, 77
Sand, George 217-21
Sand, Karl 166
Sanskrit 180
Sartor Resartus (Thomas Carlyle) 226-7, 232-3
Saxons 187
Saxony 195
Schelling, Friedrich von 143, 145-6
Schiller, Friedrich 143, 147-9
Schlegel, A.W. 150
Schlegel, Friedrich 69-73, 75
Schlegel brothers 143, 149
Schleiermacher, Friedrich 228-31, 242
Schopenhauer, Arthur 202-6
   Chamberlain and 185-6
   Nietzsche and 246-7, 248, 256, 258
   on reason 65
Schumpeter, Joseph 244
science 102-6
   Nietzsche on 261
   race and 177-8, 187-8, 190

Shelley attacks 151
Socrates as father of 255
Special Creation and 111-13
Scientific Revolution 6
Scotland 138, 161
Scott, Sir Walter 73
Second Discourse (Jean-Jacques Rousseau) 3, 9-10, 15, 19
Second Treatise of Government (John Locke) 10
Second World War 125, 201, 246
secularisation 226
Sedgwick, Adam 91, 112
Senior, Nassau 39
Serbo-Croat (language) 161
Serbs 156, 170
Seven Years War 4
Shakespeare, William 141, 150, 152, 153
Shaw, George Bernard 73, 201
Shelley, Percy Bysshe 137, 151
'Siegfried' (Richard Wagner) 200, 207
sin 5
sincerity 2
slavery 179, 180, 209
Slavic races 169, 170
Slovaks 170
Slovene language 161
Slovenes 156
Smith, Adam
    Darwin and 93
    deplores state interference 128
    Philosophic Radicals 39
    recasting economic thought 1
    Ruskin and 78, 79
    Tocqueville and 31
    Wealth of Nations 67
The Social Contract (Jean-Jacques Rousseau) 15-19, 63-4, 135
social Darwinism 98-100, 188 *see also* Darwin, Charles
Social Democratic Party (Germany) 121-2, 134, 197
Social Democratic Party (Russia) 123
Social Statics (Herbert Spencer) 100
socialism 122-5, 129
society 13
Socrates 186, 247-57
Solon 18
Sophists 249-52
Sophocles 254
Sorbonne 221
South America 92
Soviet Union xiii, 123-5, 155 *see also* Russia
Spain 167

Sparta 8-9, 18, 26
Special Creation 111-15, 118
species 88, 95-6
Spencer, Herbert 85, 99-100, 224
Spinoza, Baruch 64
Spirit of the Laws (Baron de Montesquieu) 1, 31
St Joan (George Bernard Shaw) 73
St Pancras Station, London 82
St Petersburg 123
Staël, Madame de 152
Starobinski, Jean 14
states of nature 10-14
Stendhal 152
The Stones of Venice (John Ruskin) 76
Strauss, David Friedrich 200, 235-6, 259
Stubbs, Bishop 187
The Subjection of Women (John Stuart Mill) 50, 209
'survival of the fittest' 101
Swift, Jonathan 247
The Swing (Jean-Honoré Fragonard) 210, Plate 9
Switzerland 195
Système de politique positive (Auguste Comte) 240-1

Tannhäuser (Richard Wagner) x, 195
Taylor, Harriet 46-8, 50
Tennyson, Alfred, Lord 73, 114, 117
Teutonic people 181
theology *see* natural theology; religion
Theory of the Earth (James Hutton) 91
Third Republic (France) 184
Three-Stage Theory (Auguste Comte) 239-40
Thus Spoke Zarathustra (Friedrich Nietzsche) 246, 264
Tocqueville, Alexis de 25-34
    democracy xiii, 26-9, 31, 32, 34
    despotism 32-4
    Gobineau, critique of 191-2
    John Stuart Mill and 48-9
    liberty 31-2, 34
    patriotism 29-31
    religion 28, 29
Torrens, Robert 39
Total-Art-Work 199, 200, 201
Transmutation of Species 87-8, 95
Trans-Siberian Railway 21-2
Tribschen 247
Tristan and Isolde (Richard Wagner) 195, 205
Tsars, Russian 123, 171-2

'The Turn to Subjectivity' (Immanuel Kant) 142
Turner, Frank ix–xii
Turner, J.M.W. 76, 135, 137, Plate 5
Twain, Mark 73
'The Twilight of the Gods' (Richard Wagner) 200
Twilight of the Idols; or How One Philosophises with a Hammer (Friedrich Nietzsche) 260

Übermensch 264
Ukrainian (language) 161
Ulyanov, Vladimir Illich *see* Lenin
uniformitarianism 91–2
Unitarians 46, 95, 213
United States
　constraints on freedom 216
　Democracy in America 25–6, 32–3
　emancipation of slaves 179
　evangelic awakening 56
　fundamentalists against evolution 104
　Gothic revival 82–3
　liberal and radical immigrants 170–1
　Middle Ages portrayal accepted 73
　racial thinking 178, 190
　Tocqueville's opportunity 27
　travelling in 21
universities 106, 166, 221
University College, London 37
Utilitarian Society 44
utilitarianism 35–6, 39, 256
Uvarov, Count S.S. 171–2

'The Valkyrie' (Richard Wagner) 200
The Variation of Plants and Animals Under Domestication (Charles Darwin) 115, 119
Vaux, Clothilde de 241
Venice 76, 77, 79, 80, 82–3
The Vestiges of Creation (Robert Chambers) 96
Victorians
　Grote and Athenian democracy 252
　Mazzini and Garibaldi cults 169
　Protestantism 73
　religious world of 93, 102
　Ruskin and the Gothic 79
　Ruskin, Burke and 82
　science in universities 106
　Special Creation 111
Vienna, Congress of 155–6
Vincennes 3

A Vindication of the Rights of Woman (Mary Wollstonecraft) 213
Virgil 53
Voltaire
　critical of Rousseau 4, 6
　Nietzsche champions 258
　polygenesis 179
　reason and satire 1
　wages 42
Wagner, Richard 193–203, 205–7
　anti-Semitism 194, 198, 206
　Bayreuth 196, 201
　biography of 136
　classical Greeks and 199–200, 206
　creative years 195
　early years and personal life 194
　'Grand Opera' dismissed by 197, 198
　Middle Ages agenda 69
　myth, use of 200
　Nietzsche and 246–7, 256–8
　Ring cycle 200–1
　Schopenhauer and 202–6
　son-in-law 185
　writings on music 196–7
Wagner, Race and Revolution (Paul Rose) 189
Wallace, Alfred Russel 97, 110, 115, 116
War of the Austrian Succession 4
Ward, Mrs Humphrey 237
Wartburg 166
Washington, George 21
Wealth of Nations (Adam Smith) 40, 67
Wedgwood, Josiah 93
Weimar 195
Wellek, René 152
Wesley, Charles 55
Wesley, John 5, 55–6, 65, 66
Westminster Abbey 102, 103
Westminster Review 38
Whewell, William 91–2, 112
Whigs 37
'White Man's Burden' 191
Whitfield, George 54
Wilberforce, Bishop Samuel 103
Wilde, Oscar 154
will 203–6
The Will to Power (Friedrich Nietzsche) 246
Williams, Roger 54
Wilson, Woodrow 171
Winckelmann, Johann J. 140, 199
Wollstonecraft, Mary 213–17, 220–1
Woman at a Window (Caspar David Friedrich) 208, Plate 7

women 208–25
　　classical languages and 221–4
　　Comte's new system and 241
　　French Revolution and 210, 213
　　George Sand and *Indiana* 217–21
　　J.S. Mill on 50–1
　　miscellaneous thinkers' opinions 225
　　mystical tradition and 54
　　Rousseau on 210–15, 217, 218, 225
　　universities admit 221
　　Wollstonecraft on 213–17, 220–1

Wordsworth, William 45, 47, 154
The World as Will and Idea (Arthur Schopenhauer) 202

Yale Intellectual History of the West xii
Yale University ix–x, 68
Young, Thomas 180

Zinzendorf, Count 54
Zurich 221

著作权合同登记号　图字：01-2016-0094
图书在版编目(CIP)数据

从卢梭到尼采：耶鲁大学公选课/(美)弗兰克·M.特纳(Frank M. Turner)著；(英)理查德·A.洛夫特豪斯(Richard A. Lofthouse)编；王玲译.—北京：北京大学出版社，2017.7
ISBN 978-7-301-28019-5

Ⅰ.①从… Ⅱ.①弗… ②理… ③王… Ⅲ.①思想史—欧洲—近代 Ⅳ.①B504

中国版本图书馆 CIP 数据核字(2017)第 022590 号

Copyright © 2014 Frank M. Turner Charitable Remainder Trust. Originally published by Yale University Press.

书　　　名	从卢梭到尼采——耶鲁大学公选课 CONG LUSUO DAO NICAI——YELU DAXUE GONGXUAN KE
著作责任者	〔美〕弗兰克·M.特纳　著　〔英〕理查德·A.洛夫特豪斯　编　王　玲　译
责任编辑	柯　恒　陈晓洁
标准书号	ISBN 978-7-301-28019-5
出版发行	北京大学出版社
地　　　址	北京市海淀区成府路 205 号　100871
网　　　址	http://www.pup.cn　http://www.yandayuanzhao.com
电子信箱	yandayuanzhao@163.com
新浪微博	@北京大学出版社　@北大出版社燕大元照法律图书
电　　　话	邮购部 62752015　发行部 62750672　编辑部 62117788
印　刷　者	三河市北燕印装有限公司
经　销　者	新华书店
	850 毫米×1168 毫米　32 开本　13.25 印张　251 千字 2017 年 7 月第 1 版　2023 年 6 月第 7 次印刷
定　　　价	59.00 元

未经许可，不得以任何方式复制或抄袭本书之部分或全部内容。
版权所有，侵权必究
举报电话：010-62752024　电子信箱：fd@pup.pku.edu.cn
图书如有印装质量问题，请与出版部联系，电话：010-62756370